URGENCIAS DEL LATINOAMERICANISMO
EN TIEMPOS DE GLOBALIZACIÓN CONFLICTIVA

TRIBUTO A JOHN BEVERLEY

Urgencias del Latinoamericanismo en Tiempos de Globalización Conflictiva

Tributo a John Beverley

Elizabeth Monasterios Pérez, editora

Raleigh, North Carolina

© 2020 Elizabeth Monasterios Pérez

All rights reserved for this edition © 2020 Editorial A Contracorriente

Library of Congress record available at
https://lccn.loc.gov/2020037074

ISBN: 978-1-9452-3457-6 (paperback)
ISBN: 978-1-9452-3458-3 (ebook)

This work is published under the auspices of the Department of Foreign Languages and Literatures at the North Carolina State University.

Distributed by the University of North Carolina Press
www.uncpress.org

A la memoria de Roberto Fernández Retamar

AGRADECIMIENTOS

A Martha Mantilla, co-organizadora del Simposio que dió origen a este libro: JOHN BEVERLEY AND THE URGENCY OF LATIN AMERICANISM IN TIMES OF CONFLICTING GLOBALIZATION (University of Pittsburgh, 29-30 de marzo, 2018); Greg Dawes, editor y fundador de Editorial A Contracorriente, por el aliento que desde el principio le brindó al proyecto; Christian Modrak, que diseñó la imagen de la portada, Gay Beverley, por su tiempo, su consejo y su amistad; a los autores reunidos en estas páginas y a los colegas, amigos y estudiantes que desde los congresos de LASA (Barcelona 1918, Boston 1919), JALLA (Rio Branco, 2018) y la Asociación de Estudios Bolivianos (Sucre, 2019), enriquecieron mis reflexiones en torno al debate latinoamericanista. Mis agradecimientos van también al apoyo institucional de la Kenneth P. Dietrich School of Arts & Sciences, el Center for Latin American Studies, el University Center for International Studies y el Humanities Center, en la University of Pittsburgh, por su apoyo en las distintas etapas de la producción de este libro.

ÍNDICE

Introducción 1
Elizabeth Monasterios Pérez

The Failure of Latin America 29
John Beverley

1. TESTIMONIOS

Algo sobre John Beverley 49
Roberto Fernández Retamar

Conversing with John Beverley 52
Margaret Randall

John Beverley: Mixing the Professional and the Personal 61
Marc Zimmerman

2. EL POTENCIAL TEÓRICO DE PENSAR MÁS ALLÁ DE LOS PARADIGMAS

John Beverley y el paradigma perdido de la igualdad 77
Sergio Villalobos-Ruminott

Latinoamericanismos pos 9/11 99
Ileana Rodríguez

Urgencias que retornan: Violencia, género y vulnerabilidad 119
Ana Forcinito

Testimonios mutantes y literatura de hijos 137
Adriana Pitetta

3. LITERATURA, POST-LITERATURA Y POLÍTICAS DE LA CULTURA: LO QUE DICEN LOS DEBATES ACTUALES

Diáspora y exilio en Cardoza y Aragón:
Conversación con la post-literatura 153
Leonel Delgado Aburto

Yuxtaponer el documento: Parámetros sutiles para otra ética
(entre la cita y la oralidad en Dalton y Cardenal) 165
Áurea María Sotomayor-Milleti

Fiction and Document: *Los Libros, Los diarios de Emilio Renzi*
and "*Homenaje a Roberto Arlt*" 184
Daniel Balderston

4. LA CIRCUNSTANCIA GLOBAL: TRANSNACIONALISMOS, POST-HUMANISMOS Y DEBATES POR LAS SOBERANÍAS CULTURALES

25 Years Later, Notes on *The Postmodernism Debate in Latin America*
After 28 Years of American Warfare in the Middle East, the
'War on Terror', and the 'Clash of Civilizations' 195
Michael Aronna

The Transnational Novel in the Twenty-First Century:
Interrogating the Theory of Hibridez/Hybridity 212
Sara Castro-Klaren

The Architecture of the Venezuelan Violent State.
"El ascensor" (2014) by Mercedes Franco 235
Vicente Lecuna

"Detour to Paradise" or "Problem from Hell"?
Whither the "Process of Cholification"? 246
Javier Sanjinés C.

La nueva urgencia del latinoamericanismo 269
Ariel C. Armony

5. LA QUERELLA DE LAS UTOPÍAS Y FORMAS POLÉMICAS
DE PENSAR EN EL NUEVO MILENIO

Marxism and Subalternity 283
Bruno Bosteels

Continente de esperanza profunda 293
Julieta Paredes

6. EPÍLOGO: BECAUSE WE HAVE
SO MANY STORIES TO TELL...

Jonathan Arac 303
John Markoff 305
Ulises Juan Zevallos Aguilar 308
Eric Beverley 315

7. SERIE FOTOGRÁFICA 319

Introducción

Elizabeth Monasterios Pérez
UNIVERSITY OF PITTSBURGH

Sobre las diversas formas de propiedad y sobre las condiciones sociales de existencia se levanta toda una superestructura de sentimientos, ilusiones, modos de pensar y concepciones de vida diversos y plasmados de un modo peculiar.
— *Karl Marx, El 18 Brumario de Luis Bonaparte*

Latin America as a civilization, if that is indeed possible or even desirable, will be socialist or it will not be. The failure of socialism in the twentieth century is coextensive with the failure of Latin America.
—*John Beverley, "The Failure of Latin America"*

Pocas veces el mundo de la academia crea espacios deliberativos en los que la reflexión teórica no queda desvinculada del ámbito afectivo de la sociabilidad, sino que lo incorpora y hasta privilegia. Algo así sucedió en la Universidad de Pittsburgh en Marzo 2018, cuando el retiro de John Beverley de la actividad docente convocó a una comunidad muy heterogénea de escritores, activistas y críticos literarios que sin necesariamente coincidir en sus percepciones y vivencias del proceso cultural latinoamericano, compartían preocupaciones orientadas a dialogar con el pensamiento de John Beverley, con el legado del grupo latinoamericano de Estudios Subalternos del que fue co-fundador y, muy particularmente, con los desafíos que la actual reconfiguración mundial le está planteando al latinoamericanismo, empujándolo a incorporarse en el horizonte de lo que ya es un mundo conflictivamente globalizado y desentendido de las fracturas que él mismo genera. Discutir con qué estrategias, incertidumbres, voluntad autocrítica y carga histórica camina el latinoamericanismo hacia este devenir-global del mundo, permitió abordar algunas de las cuestiones más acuciantes del pensamiento crítico latinoamericano en torno a la viabilidad o inviabilidad de las utopías sociales y soberanías culturales que (todavía) se disputan en la región.

El balance que dejaron las discusiones de Pittsburgh mostró que en la edad global la región ya no está exigiendo "nuevos paradigmas" para que la crítica y los críticos articulen comprensiones inteligentes de la realidad latinoamericana, sino más bien nuevas sensibilidades para dialogar con los factores de cambio de esa realidad. Quedó claro que a diferencia de los "cambios" que llegaron a fines del siglo XX y principios del XXI, abiertamente vinculados al protagonismo de movimientos sociales, demandas indígenas y políticas culturales de "izquierda", los que ahora experimentamos llegan direccionados en sentidos distintos y en contextos de profunda deslegitimación de la izquierda política. En menos de dos décadas, un siglo que se había iniciado en medio de intervenciones sociales y culturales suficientemente orgánicas como para crear crisis en los modelos de mundialización neoliberal, giró hacia reformismos conservadores que re-orientaron a fondo el campo ideológico. Sin necesariamente borrar sus diferencias, "derechas" e "izquierdas" se fagocitaron mutuamente. Las primeras confiscando estrategias antisistémicas y tornándolas instrumentales a sus intereses—como puede apreciarse en la retórica de libertad, derecho a la vida, soberanía nacional, derechos humanos o protección a la democracia que esgrimen los Estados imperialistas. Las segundas, domesticando sus radicalidades, acomodándose al poder salvacionista del Mercado y sucumbiendo a las mismas lógicas de corrupción que caracterizaron a los gobiernos neoliberales de los 90. Los análisis más sesudos interpretaron esas contradicciones desde el discurso de la desesperanza, la frustración y el resentimiento hacia una izquierda acomodaticia que, una vez más, exponía sus deslealtades y fracasos. Sobre ellos se legitimaron las nuevas mayorías que llevaron a un Macri, un Bolsonaro o un Piñera a la cabeza de naciones desengañadas. Poco se reflexionó sobre factores que podían haber contribuido a mejores entendimientos de la *derrota,* como las limitaciones de la democracia liberal, tan abiertamente atada al servicio del capital; o las inconsecuencias políticas de la izquierda tanto con los horizontes transformadores que abrieron los movimientos sociales, como con al giro epistemológico y descolonizador que los saberes indígenas le dieron a los presupuestos modernos, anteponiendo al individualismo de Mercado la dimensión de lo colectivo y a la temporalidad desarrollista la temporalidad de la Madre Tierra. Tampoco se reflexionó seriamente sobre el excedente desestructurante que la acción feminista le imprimió al latinoamericanismo cuando se desincronizó de formas patriarcales de inteligencia, vengan éstas de la "derecha", de la "izquierda", o de los mismísimos movimientos indígenas. Menos aún se consideró que la corrupción administrativa, si bien irritante, podría no ser el problema de fondo en la crisis del llamado socialismo del siglo XXI. Como argumenta el filósofo boliviano Rafael Bautista, desde que la corrupción se hizo cultura política con el neoliberalismo, su práctica nunca había detonado reacciones comparables al encono con que hoy día las derechas impugnan a las izquierdas. Sostiene Bautista que si de verdad la corrupción pesara tanto como factor determinante de la política, "hace rato que el neoliberalismo tendría que haber desaparecido" (Bautista 344).

Pensar un latinoamericanismo en la edad global no debiera hacernos pasar por alto aquello hacia lo cual apuntan estas interpelaciones. Tampoco habría que desestimar una crítica a la idealización que suele hacerse de los quiebres que produce una insurgencia, sea ésta social, política o cultural. La socióloga británica Alison Spedding nos recuerda que desarticular procesos coloniales resulta particularmente difícil porque las jerarquías de poder tienden siempre a reciclarse, y porque "incluso cuando algunos actores sí creen que están imponiendo un quiebre, los cambios revolucionarios tardan en llegar a toda la sociedad y, en varios casos, las élites establecidas eventualmente logran mantener su posición bajo otros nombres u otros puestos" ("Quemar el archivo: Un ensayo en contra de la Historia" 379-380 y "Descolonización" 104).

Lúcidos, los análisis de Spedding llaman la atención sobre dos coyunturas interrelacionadas que la teoría cultural suele dejar de lado: los cambios revolucionarios *tardan* en llegar, y sus actores históricos *no están exentos* de reproducir las mismas dinámicas contra las que se rebelaron. Distintas experiencias revolucionarias ratifican el diagnóstico. Basta pensar en Nicaragua, Venezuela o Bolivia, países en los que opciones políticas que parecían difuntas se ven resucitadas y hasta certificadas democráticamente en el marco de una lógica global que empuja a odiar a aquellos que, desde los márgenes de la nación, se atrevieron a interpelarla, quedando finalmente atrapados en dinámicas similares a las que buscaban erradicar. Pensemos por ejemplo en el "Proceso de Cambio" boliviano, que habiendo reconocido los derechos jurídicos de la Madre Tierra y su no mercantilización (Ley N° 071 de 21 de diciembre 2010), recayó en políticas desarrollistas y prácticas extractivistas que convierten a esa "Madre" en sujeto de explotación y trizan el pacto social que legitimaba al primer presidente indígena de América Latina.

¿Cómo sobrevivir el hundimiento de los ideales? Lanzarse a la teorización de la derrota tal vez no sea la mejor opción. Más productivo sería intentar comprender por qué los actores históricos revolucionarios no consiguen detener la reproducción de las mismas dinámicas contra las que se rebelan (centralización del poder, colonialismo, patriarcalismo, desarrollismo, corrupción, etc.) ni respetar ganancias constitucionales que ellos mismos establecieron (gobernar "obedeciendo" o respetando a la Madre Tierra, reconocida como sujeto de derecho por las nuevas legislaciones de Bolivia y Ecuador). Importante también sería observar que estas aporías no están únicamente inscritas en el contexto latinoamericano. Alain Badiou ha llamado la atención sobre el advenimiento, en Sudáfrica, "d'une bourgeoisie noire qui partage le pouvoir ancien des coloniaux blancs et abandonne les masses à leur pauvreté et à leur soumission forcée" [de una burguesía negra que comparte el antiguo poder de los colonos blancos y abandona a las masas a su pobreza y sumisión forzadas] ("Entretien..."). Žižek, en el contexto de lo que Rancière caracterizó como la "difícil prueba ética que deben superar los israelíes", propuso

> to abandon the idea that there is something emancipatory in extreme experiences, that they enable us to clear the mess and open our eyes to the ultimate truth of a situation. Or, as Arthur Koestler, the great anti-Communist convert, put it concisely: "If power corrupts, the reverse is also true; persecution corrupts the victims, though perhaps in subtler and more tragic ways". ("We need to examine the reasons why we equate criticism of Israel with antisemitism")

> [abandonar la idea de que hay algo emancipador en experiencias extremas, que nos permiten despejar el desorden y abrir los ojos a la verdad última de una situación. O, como Arthur Koestler, el gran converso anticomunista, expresó de manera concisa: "Si el poder corrompe, lo contrario también es cierto; la persecución corrompe a las víctimas, aunque quizás de maneras más sutiles y más trágicas". ("Necesitamos examinar las razones por las que comparamos la crítica de Israel con el antisemitismo")]

Anclado en un marxismo heterodoxo emergente del convulsionado Estados Unidos de la década de los 60, el trabajo de John Beverley confrontó estas paradojas del campo revolucionario tanto a nivel del pensamiento como de la acción. Implacable, la confrontación lo llevó a cuestionar la capacidad transformadora de los proyectos literarios de la izquierda letrada, a sobrevivir las derrotas históricas de la izquierda revolucionaria, y a involucrarse críticamente con los distintos paradigmas teóricos que orientaron la reflexión latinoamericanista a lo largo de los últimos cincuenta años: transculturación, heterogeneidad conflictiva, testimonio, subalternidad, posmodernismo, feminismo, postcolonialidad, posthegemonía, descolonización, entre los más significativos. Todo esto, aderezado con una exquisita dosis de inteligencia, provocación y sentido del humor, que le creó la imagen de *enfant terrible* y temible, porque sus escritos e intervenciones intelectuales abrieron crisis profundas en los sistemas cerrados del canon literario latinoamericano, del hispanismo peninsular, y de la teoría cultural.

Sin nunca claudicar al cuestionamiento de las lógicas de la desigualdad ni plegarse a coyunturas históricas que, como la derrota Sandinista o la caída del muro de Berlín, empujaron a los más cautos a descreer de la acción revolucionaria, Beverley sobrevivió el naufragio de los ideales desde posturas rigurosamente críticas y una porfiada confianza en un marxismo heterodoxo que le permitió pensar su trabajo como "una forma de marxismo" originada en la "crisis del socialismo y del nacionalismo revolucionario" (*Latinamericanism after 9/11*, 111. Mi traducción).

Más que de "resistencia", me atrevo a proponer que el suyo es un pensamiento de "sobrevivencia", en cuanto no se deja domesticar, menos aún desorientar por victorias de turno que si bien le permiten a la lógica de la desigualdad ejercer sus posibilidades, resultan insuficientes para contener las desarticulaciones que éstas producen en la sociedad. Son esas desarticulaciones las que hacen posible que a cada victoria de la desigualdad le sigan, como espectros, las *interrupciones de los subalternos,* expresadas, durante los últimos años del siglo XX y la primera década del XXI, a través de insurgencias indígenas, movimientos sociales y primaveras democráticas que hoy parecen desvanecerse. En sus últimos trabajos Beverley enfrenta esta dinámica recurrente y, con la misma sagacidad crítica que caracterizó sus primeros escritos, plantea que en América Latina las interrupciones de los subalternos no solo se cristalizan a medias, sino que, en sus fracasos, se expresa el "fracaso" de la región y de la intelectualidad arielista y neoconservadora de izquierda para construir un proceso civilizatorio distintivo, sin emulaciones que lo sateliticen y subordinen al diseño maestro responsable del sistema-mundo-moderno-capitalista. Llegamos así al argumento de fondo del último Beverley, expuesto por primera vez en la conferencia magistral que ofreció en Pittsburgh:

What I want to think about here is Latin America as a failed civilization. Failed in relation to what? Failed in relation to China and India in particular, in the period that extends from the end of World War two to the present. If in 1945, Latin America as a whole, especially Brazil, Argentina and the Southern Cone, and Mexico, was somewhat ahead of China and India, it is now clearly behind, in terms of demographic and economic growth, on the one hand, and status or influence in the world, on the other.

[...] Latin America as a civilization, if that is indeed possible or even desirable, will be socialist or it will not be. The failure of socialism in the twentieth century is co-extensive with the failure of Latin America.

[Lo que quiero es pensar América Latina como una civilización fallida. ¿Fallida en relación a qué? Fallida en relación a China y la India en particular, en el período que se extiende desde el final de la Segunda Guerra Mundial hasta el presente. Si en 1945 América Latina en su conjunto (especialmente Brasil, Argentina, el Cono Sur y México) estuvo algo por delante de China y la India, ahora está claramente por detrás en términos de crecimiento demográfico y económico, por un lado, y en status o influencia en el mundo, por otro.

[...] América Latina como civilización, si eso es posible o deseable, será socialista o no será. El fracaso del socialismo en el siglo XX es coextensivo al fracaso de América Latina].

Estamos sin duda ante una propuesta provocativa y desafiante, pero definitivamente vacía de derrotismo apocalíptico, porque inmediatamente después de pronunciar diagnóstico tan severo, Beverley aclara que el "socialismo" que ha fracasado no constituye todo el socialismo. Es apenas el que la izquierda tradicional y partidista articuló "desde arriba" de la sociedad. Queda abierta la posibilidad de un socialismo

> inflected from below by the social movements, by feminism, by indigenous Afro-Latin American and Asian-Latino, by queer thought—a socialism not so centered on the state and the cultural uniformity of nationalism, open to intra-culturalism, to new identities, sexual difference, women's rights, to different ideas of governance, different ideas of history and territoriality, different forms of both social property and forms of the market.

> [producido desde abajo por los movimientos sociales, por el feminismo, por indígenas, afrolatinoamericanos y asiático-latinos, por el pensamiento gay. Un socialismo no tan centrado en el estado y la uniformidad cultu-

ral del nacionalismo, abierto al interculturalismo, a nuevas identidades, a las diferencias sexuales, a los derechos de las mujeres, a diferentes ideas de gobierno, de la historia y la territorialidad, a diferentes formas tanto de propiedad social como de Mercado].

A diferencia de sus escritos anteriores, sobredeterminados por una tendencia a convertir al Estado en sujeto, en los últimos se advierte la "entrada" de proyectos civilizatorios y lógicas culturales con agencia propia, como los protagonizados por movimientos sociales, insurgencias indígenas o demandas feministas. La ironía del argumento es que, si bien estos nuevos actores históricos no son los que llevaron a América Latina a su "fracaso como civilización", tampoco escapan a la pregunta incómoda: ¿reproducirán, a la larga, las mismas dinámicas contra las que se rebelaron?

En su prefacio a *Descolonizar el saber, reinventar el poder*, Boaventura de Sousa Santos sorprendió al latinoamericanismo al proponer que "vivimos en tiempos de preguntas fuertes y respuestas débiles", entendiendo por "preguntas fuertes" aquellas que interpelan críticamente los fundamentos mismos que abren horizontes de posibilidad, y por "respuestas débiles" aquellas que no pueden asumir ni reducir esa complejidad. El trabajo de John Beverley puede muy bien ser pensado como una constelación de "preguntas fuertes" que no se resuelven con "respuestas débiles". Se puede también sostener que es esa complejidad la que hace de su trabajo una intervención intelectual radicalmente creativa y desestructurante de saberes canónicos y estrategias convencionales para dialogar con América Latina. *Urgencias del latinoamericanismo en tiempos de globalización conflictiva. Tributo a John Beverley* es simultáneamente un homenaje a esas "preguntas fuertes" que John le ha planteado (y continúa planteándole) al latinoamericanismo, y un esfuerzo colectivo por evadir las "respuestas débiles" que se les pueda dar. El libro se inaugura con la conferencia magistral que John Beverley ofreció en el Simposio Internacional que la Universidad de Pittsburgh organizó en su honor en marzo 2018. Inquietante desde su mismo título: "The Failure of Latin America" [El fracaso de América Latina], esta conferencia hace evidente la urgencia de un latinoamericanismo atento a las mayores frustraciones y desafíos de la región: la (irresuelta) cuestión de la igualdad, la dificultad de constituir un proceso civilizatorio distintivo, y la dificultad de insertarse con soberanía y capacidad de impacto e influencia en el "brave new world of neoliberal globalization" [valiente nuevo mundo de la globalización neoliberal].

A la conferencia de Beverley le siguen cinco secciones que recogen debates y trabajos presentados en el Simposio y un Epílogo que reproduce algunas de las historias y relatos que colegas, discípulos y familiares de John compartieron con el público. En sus últimas páginas, el libro incluye una serie fotográfica del itinerario vital de John Beverley.

La primera sección, titulada **Testimonios**, reúne la contribución de tres protagonistas/testigos del latinoamericanismo de la segunda mitad del siglo XX: el maestro cubano Roberto Fernández Retamar (1930-2019), cuya participación en el homenaje a Beverley fue probablemente una de sus últimas intervenciones públicas; la feminista norteamericana Margaret Randall, y el crítico literario norteamericano Marc Zimmerman. Difícilmente podrían encontrarse mejores palabras para iniciar este libro que aquellas de Fernández Retamar refiriéndose al trabajo de Beverley como "una obra que nos es fundamental, pues enlaza admirablemente lo mejor de los Estados Unidos con lo mejor de nuestra América". Mientras escribo estas páginas quiero pensar que *lo mejor de nuestra América* apunta a enfrentar con creatividad, no con derrotismo, las ambivalencias, contradicciones y fracasos del proceso civilizatorio latinoamericano, y que *lo mejor de los Estados Unidos* acompaña ese ejercicio crítico como aliado estratégico, no como patrón. Así lo muestra la intervención de Margaret Randall, titulada "Conversing with John Beverley" [Conversando con John Beverley]. Randall recoge el fascinante contexto de los años setenta, cuando al calor de la revolución cubana y en plena Guerra Fría, se articuló un activismo latinoamericanista involucrado en la lucha por transformaciones sociales sostenibles en América Latina en primer lugar, pero también en Estados Unidos. Randall recuerda que el *testimonio* fue precisamente el género literario y el instrumento político que en esos años le dio voz a quienes desde la lucha armada y distintas geografías intentaban cambiar el rumbo de la historia—a ellos y a ellas se los conceptualizará más tarde como protagonistas de los estudios subalternos. Resalta, en el trabajo de Randall, la extraordinaria confianza que toda una generación de intelectuales y activistas puso en la lucha armada y en la ética revolucionaria como vías "seguras" hacia la construcción de un mundo distinto al que proponía el "imperio". Así auratizada la acción revolucionaria, sus derrotas no podían sino ser atribuidas al error de haber "misjudged how far the Empire was willing to go in its efforts to defeat equality" [juzgado mal hasta qué punto el Imperio estaba dispuesto a ir en sus esfuerzos por derrotar la igualdad]." En su balance general de la derrota revolucionaria Randall admite que si bien los activistas más incondicionales de aquella generación (Beverley incluido) no han abandonado sus convicciones, tienden ahora a análisis más matizados de los hechos, continúan preguntándose "qué es lo que no funcionó y por qué", y depurando los alcances de su pensamiento. Significativamente, anota que un aspecto en el que la "evolución" del pensamiento de John y del suyo propio coincidieron, fue en el reconocimiento de que el feminismo "must go hand in hand with social change" [debe ir mano a mano con el cambio social] y que la mayor lección de los 70 y 80 fue haber comprendido que las luchas de los subalternos deben ser realizadas por los subalternos mismos, no por agentes que los representen y/o hablen por ellos. Si alguna observación se le puede hacer a estos planteamientos es haberse detenido en un reconocimiento de "our own fatal mistakes" [nuestros propios errores fatales] y de lo difícil que resulta enmendarlos en medio del "cruel globalism we have today" [cruel globalismo que tenemos hoy día].

La contribución de Marc Zimmerman, "Mixing the Professional and the Personal" [Mezclando lo personal y lo profesional] le obsequia a este volumen páginas encariñadas que además de destilar un exquisito sentido del humor, ensayan una narrativa simultáneamente académica, creativa e íntima, para hablar del amigo, del colega y del crítico literario que inventó ese género "postliterario" conocido como *testimonio*. Zimmerman recoge momentos constitutivos del pensamiento de John que permiten contextualizar el horizonte epistemológico en el que floreció su latinoamericanismo. Todos sabemos que su formación literaria se dio en el peninsularismo, pero leyendo a Zimmerman advertimos lo determinante que en ella fue la primera generación de intelectuales españoles asentados en universidades norteamericanas a raíz del exilio provocado por la guerra civil española. Fueron esos maestros quienes iniciaron al joven Beverley en las visiones críticas de España, del barroco y de la literatura española (Américo Castro), en las lecturas de Cervantes y el interés por el contexto en el que se desarrolla el texto literario (Joaquín Casalduero), en la interpretación marxista de la literatura (Carlos Blanco Aguinaga), y en la sensibilidad hacia la poesía y la literatura comparada (Claudio Guillén). Zimmerman nos va mostrando como esos maestros fueron pronto reemplazados por un joven profesor norteamericano (Fredric Jameson) que en 1969 había organizado un Grupo Literario Marxista en la University of California, San Diego, y teorizaba el ideario de la *New Left*, los movimientos pacifistas y la Revolución cubana. Con ese entrenamiento y al calor de esas discusiones, John Beverley se lanzó a la construcción de un latinoamericanismo tajantemente crítico, que en su interpelación al privilegio del canon literario derivó en una interpelación a la intelectualidad "letrada" que producía literatura y crítica literaria "de izquierda". Queda sugerido en el trabajo de Zimmerman, que Beverley fue quien primero percibió en el latinoamericanismo una profunda desconexión entre la literatura y las políticas de izquierda y los actores sociales que enfrentaban herencias coloniales y políticas capitalistas adheridas a los Estados nacionales. A ese "fracaso" de la izquierda y de la literatura para formar comunidad con sectores desprotegidos de la sociedad, John respondió con un género anti-literario (el testimonio), una teoría pos-moderna y post-literaria (los estudios subalternos latinoamericanos) y el contundente diagnóstico del "fracaso de América Latina" para consolidar transformaciones revolucionarias y viabilizar demandas emergentes de los sectores populares de la sociedad. Si el trabajo de Margaret Randall concluye con un reconocimiento de errores, el de Zimmerman aborda la pregunta incómoda: "how can we overcome the idea that the oppressed are somehow necessarily virtuous?" [¿cómo podemos superar la idea de que los oprimidos son necesariamente virtuosos?]; percibe una insuficiencia en el marxismo para entender "the dismal failures of the left and the fatal attractions of the right" [los funestos fracasos de la izquierda y las fatales atracciones de la derecha] y se pregunta: "what theoretical framework holds any of the needed keys?" [¿qué marco teórico contiene alguna de las claves necesarias?]

La siguiente sección, titulada **El potencial teórico de pensar más allá de los paradigmas**, ofrece un conjunto de reflexiones que ponen a prueba la capacidad del latinoamericanismo de inspiración beverleana para tender puentes entre lo que fueron formas históricas de comprender el latinoamericanismo y los estudios de área, y los desafíos de la globalización, entendida como un ciclo expansivo de acumulación capitalista en el que las culturas nacionales se integran (o desintegran) en corrientes de mundialización cultural, y la actividad humana en su conjunto en lógicas mercantiles y corporativas. La sección se inicia con un trabajo de Sergio Villalobos-Ruminott significativamente titulado "John Beverley y el paradigma perdido de la igualdad". En su propuesta central, Villalobos sostiene que el latinoamericanismo atraviesa momentos de crisis debido precisamente al cambio epocal que produjo la globalización, y que esa crisis podría inducir un regreso productivo a las tensiones teóricas que fundamentaron la obra de Beverley. Con esa premisa, se lanza a una cuidadosa revisión crítica de los momentos cumbre del trabajo de John, desde su temprana desconfianza en el potencial político y democrático de la literatura, hasta su apuesta por un hipotético momento post-neoliberal en el continente y por la "igualdad" como horizonte irrenunciable de la política. A partir de esa revisión, elabora una bien intencionada crítica del trabajo intelectual de Beverley, primero discutiendo lo que identifica como "la problemática del subalternismo" y luego elaborando la inquietante idea de un "criollismo tardío" en su obra. En el primer caso, llama la atención sobre los riesgos de instrumentalizar el subalternismo—y por extensión el testimonio—como funcionales a la articulación exitosa de una hegemonía "desde abajo" sin considerar la flexibilidad inherente a los subalternos (que pueden tomar el estado sin necesariamente romper con el neoliberalismo) ni la capacidad de transformación del mismo neoliberalismo (que puede apoderarse de las estrategias del subalterno). En el segundo caso, conjetura que, al privilegiar el principio hegemónico de comprensión de la política, Beverley estaría reproduciendo el comportamiento político de la modernidad, que encuentra en el control del poder estatal la única vía de empoderamiento. A esa recaída en la lógica moderna Villalobos caracteriza como "una suerte de criollismo tardío" que, descontando la incorporación de las diferencias, "no parece diferenciarse mucho de la agenda reformista del criollismo tradicional en su momento nacional-desarrollista". En ambos casos la lógica de la modernidad determina los fines y continúa produciendo formas de desigualdad. Villalobos concluye su reflexión invitando a radicalizar la "inteligente crítica de Beverley al paradigma criollista y neo-arielista" a fin de paralizar la racionalidad que lo estimula. Implícita, queda la urgencia de construir el campo posible de un latinoamericanismo suficientemente lúcido para no detenerse ante los fracasos que experimenta la emancipación política.

El trabajo de Ileana Rodríguez ("Latinoamericanismos pos 9/11") lleva el debate precisamente en esa dirección. En su propuesta central, propone un escrutinio del estado actual del latinoamericanismo prestando atención a cómo se construye el campo cuando la reflexión la ejecutan las mujeres y cuando lo hegemónico es desplazado hacia lo poshegemónico. Para Rodríguez ya no se trata de reconocer que el feminismo "must go hand in hand with social change" [debe ir mano a mano con el cambio social] ni de cuestionar proyectos hegemónicos con narrativas anti-hegemónicas, sino de ahondar en las singularidades teóricas y conceptuales que el feminismo le imprime al latinoamericanismo, y en una necesaria revisión crítica de los procesos políticos de derecha y de izquierda. La propuesta resulta sumamente interesante porque sus desafíos llegan articulados por una co-fundadora del Grupo Latinoamericano de Estudios Subalternos y entrañable compañera de ruta de Beverley.

De entrada, Rodríguez percibe que la crítica escrita por mujeres "no compra la vuelta al comunismo ni comulga con la historia de la marea rosa". Ilustrativos al respecto son trabajos como los de Jean Franco y Josefina Saldaña, que exponen la modernidad inherente a la derecha y a la izquierda, dejando ver que tanto en la imaginación desarrollista como en la revolucionaria sobrevive el modelo de desarrollo ideado en la Guerra Fría. Son factores excedentes a ese modelo (indígenas, mujeres, culturas populares del subdesarrollo, etc.) los que problematizan tanto las políticas de derecha como las de izquierda y, en el terreno académico, captan la atención de intelectuales del primer mundo que, para conocerlos, elaboran paradigmas teóricos que en opinión de Rodríguez reproducen el guión moderno de pensar al Estado como asunto central de lo político. Desplazar el guión moderno, abrirse a horizontes poshegemónicos, admitir la incapacidad del Estado como mediador, se presenta entonces como una urgencia del latinoamericanismo pos 9/11. Rodríguez entiende que esa iniciativa está ya desarrollada en la crítica escrita por mujeres—por ejemplo en los trabajos de Ana Forcinito, Laura Podalsky y Sayak Valencia que examina en su trabajo.

La conclusividad de algunos argumentos de Rodríguez, particularmente el planteamiento de que la reflexión de las mujeres "no compra la vuelta al comunismo ni comulga con la historia de la marea rosa", se ve cautamentemente relativizada en el trabajo de Ana Forcinito, que desde el título ("Urgencias que retornan: Violencia, género y vulnerabilidad") anuncia un diálogo con las agendas políticas de género. Enfocada en la "marea feminista" que a partir de 2015 surgió en Argentina con las luchas de las mujeres contra el patriarcado, el feminicidio y el capitalismo, Forcinito examina el rol determinante que en ellas tuvo el testimonio en cuanto movilizador de luchas sociales y articulador de deseos y demandas colectivas.

Al quedar en evidencia la actualidad de lo testimonial queda también en evidencia la actualidad de los debates que lo rodean, que Forcinito aborda revisitando la controversial intervención de Beatriz Sarlo sobre el testimonio y la respuesta de John Beverley a esa intervención. Para quienes consideran que el mayor debate sobre el testimonio estuvo protagonizado por las descalificaciones de David Stoll a Rigoberta Menchú, en 1999, las páginas de Forcinito mostrarán que casi diez años después se produjo otro gran debate a raíz de los cuestionamientos de Sarlo a la autoridad moral del testimonio como argumento de verdad para la reconstrucción del pasado y de la memoria. En la base de sus cuestionamientos estaba la convicción de que más importante que "recordar" el pasado desde la subjetividad personal de la voz subalterna, siempre subjetiva, es "entenderlo", "pensarlo"—algo que la literatura y el ensayo siempre supieron hacer. Provocativamente, Sarlo convocaba a la comunidad intelectual a percibir el testimonio como un discurso retórico sin valor de verdad.

Contundente, la respuesta de Beverley atribuyó esas descalificaciones a un "giro neoconservador" y "arielista" que buscaba desvincularse de una política de la memoria (articulada por sectores populares de la sociedad) y de un proyecto político que, como el del kirchnerismo durante la "marea rosa", se asociaba a esa memoria. Reactualizando el debate, Forcinito plantea que la "marea feminista" que actualmente se vive en Argentina no implica un regreso ingenuo al testimonio ni una defensa acrítica de la "marea rosa". El suyo es un regreso urgente al régimen testimonial como herramienta jurídica y cultural útil para posicionar la violencia de género en la agenda de procesos emancipadores y de transformación democrática y, en segundo lugar, para visibilizar la masculinidad heteronormativa inherente al Estado, la ley y la cultura—incluido el kirchnerismo, la "marea rosa" y la crítica académica que, como evidencian los múltiples foros y congresos en los que el mismo Beverley partipa, están todavía dominados por intervenciones masculinas. "No es que no haya mujeres", anota Forcinito, pero "la voz intelectual continúa reservada a los varones". Si volvemos ahora a la pregunta de cómo se construye el latinoamericanismo cuando la reflexión la ejecutan las mujeres, parece honesto admitir que expande sus alcances, construye novedosas categorías teóricas, incorpora problemáticas y crea nuevas comunidades críticas. Lo que todavía hay que preguntarse es si este latinoamericanismo alcanza para interrumpir el guión moderno y la reproducción de las mismas dinámicas contra las que se rebela.

En el trabajo de Adriana Pitetta ("Testimonios mutantes y literatura de hijos") las complejidades inherentes al régimen testimonial son abordadas a partir del "giro autoficcional" que tomó el testimonio con el surgimiento de una narrativa escrita por hijos de desaparecidos durante la última dictadura cívico-militar argentina. Los usos del testimonio, en estos casos, ya no se proponen como registros de "verdad" o como esclarecimientos del pasado. Lo que ahora se busca es ahondar (desde el cine o la literatura) en la traumática experiencia de haberlos absorbido, imaginado y re-imaginado en el contexto de un país hundido en crisis políticas, económicas y sociales detonadas tanto por la derecha como por la izquierda. De aquí que el factor preponderante en estas nuevas "escrituras del yo" no sea el compromiso político a secas, tampoco una defensa a ultranza de la imaginación literaria, sino más bien un arte de la memoria que al mirar el pasado dictatorial desde las ansiedades de un presente post-postdictadura, moviliza superposiciones temporales, ambivalencias y excesos de "verdad" que dan paso a formas de sobrellevar el mundo que podrían contribuir a la construcción de *otros* futuros y de *otros* saberes críticos. La novela autoficcional *Los topos*, de Félix Bruzzone, el *Diario de una princesa montonera*, de Mariana Eva Pérez y el docudrama *Los Rubios*, de Albertina Carri, conforman el corpus de estudio de un trabajo que deconstruye la percepción del testimonio como figura "subjetiva" restringida al pasado y a la pretensión de verdad, para visibilizarla como práctica cultural comprometida con el futuro, con los desafíos del presente, y con capacidad de generar conocimiento y reflexión teórica. Pitetta percibe en esta deconstrucción del testimonio una "crisis del sujeto testimonial". Me pregunto si no sería más adecuado abandonar la figura de la "crisis" y pensar más bien en las innovaciones teóricas de las que es capaz el régimen testimonial.

La tercera sección de este libro (**Literatura, post-literatura y políticas de la cultura: lo que dicen los debates actuales**) recoge trabajos que permiten dimensionar el impacto del pensamiento de Beverley en la renovación y transformación de las lecturas que hacemos del corpus literario latinoamericano y de las dinámicas culturales de la región. En "Diáspora y exilio en Cardoza y Aragón: Conversación con la post-literatura", Leonel Delgado nos muestra cuánto gana la comprensión de la vanguardia literaria centroamericana y de Cardoza y Aragón en particular, cuando en su estudio proyectamos conceptos que problematizan lecturas canónicas. Claves en su trabajo son los conceptos de "sujeto barroco" y "post-literatura" que Beverley desarrolló en la década de los noventa con el propósito de visibilizar críticamente la vigencia de la estética barroca en el inconsciente cultural latinoamericano. Vale la pena recordar que los estudios de Beverley sobre la estética barroca apuntan a mostrar:

- sus vínculos ideológicos con las clases señoriales y el privilegio que concede a la literatura, al escritor y a la modernidad institucional que los promueve (ateneos, academias, "ciudades letradas")
- su apuesta a una cultura civilizatoria hegemónica que, al no realizarse o realizarse a medias, la convierte en "estética utópica"
- su capacidad de producir al "sujeto barroco" americano, escindido entre España y América, la colonia y la república, lo tradicional y lo moderno

- su instrumentalización como estrategia crítica suficiente para dar cuenta de la heterogeneidad latinoamericana (barroco mestizo, barroco americano, neobarroco).

De estas interpelaciones a la estética barroca deriva la propuesta de que ya no ha de ser *desde* la literatura, sino *fuera* de ella, que puedan expresarse subjetividades subalternas emergentes de sectores populares, indígenas, revolucionarios, etc. Es a esa democratización de la cultura que Beverley denomina "post-literatura", señalando al testimonio como su forma más lograda y aclarando que "la idea de 'post-literatura' sugiere no tanto la superación de la literatura como forma cultural sino una actitud más agnóstica ante ella" (Beverley, "Post-literatura" 398).

Examinado desde estas innovaciones conceptuales, el vanguardismo de Cardoza (tradicionalmente percibido como producto del exilio y la recepción del surrealismo francés) queda sustancialmente reconfigurado en el trabajo de Delgado. Ahora resalta su condición excéntrica *entre* México y Guatemala, *entre* el México revolucionario y el México de los Contemporáneos, *entre* una corriente estética transnacional como el surrealismo y refundaciones artísticas nacionales, *entre* un sentimiento de pérdida y un deseo de recuperar lo que se ha perdido. Todo eso, sostiene Delgado, le da al vanguardismo de Cardoza una dimensión barroca, utópica y post-literaria explícita en su ensayo sobre André Breton, donde sostiene que la radicalidad revolucionaria del surrealismo fue una promesa incumplida porque "la relación Marx-Freud no ha logrado concertarse" (*André Bretón* 17). Concertar esa relación, viabilizar la promesa revolucionaria del surrealismo, plantea desafíos que exceden la autoridad tradicional de la literatura y entran de lleno en el terreno de las post-literaturas. El trabajo de Delgado lleva a Cardoza y al vanguardismo centroamericano a ese desafiante terreno de reflexión y de acción.

La contribución de Áurea María Sotomayor ("Yuxtaponer el documento: parámetros sutiles para otra ética. Entre la cita y la oralidad en Dalton y Cardenal") también se enfoca en un estudio de la poesía centroamericana, pero con una metodología distinta a la que activa Delgado para leerla. A Sotomayor le interesa una lectura "literaria" de esa poesía sin que ello conlleve necesariamente un regreso filológico a la fijación de textos ni renuncie a géneros estratégicos de la post-literatura, como el testimonio y el documental. Desde ese entre-lugar de enunciación, discute los "montajes" poéticos que Dalton y Cardenal hacen de materiales testimoniales y documentales, subrayando que esas modalidades las heredaron del movimiento objetivista norteamericano, que en la década de los 30 vació a la poesía de lirismo poético para, a cambio, infundirle "mirada objetiva" y usos comunicativos del lenguaje. No deja de llamar la atención que mientras Cardoza se apropiaba del gesto surrealista para inscribir una radicalidad revolucionaria en la literatura, Dalton y Cardenal encontraban en el objetivismo norteamericano el tono y la estrategia para poetizar las luchas revolucionarias en Nicaragua y El Salvador. En ambos casos, las aspiraciones revolucionarias llegaban marcadas por el impacto de una cultura extranjera.

La tesis central de Sotomayor es que esas formas de producir "verdad" y "memoria" del pasado, que los teóricos del testimonio vinculan con la insurgencia revolucionaria, pueden también ser ejecutadas con propósitos estéticos. El lenguaje poético, en su opinión, es eminentemente testimoniante, una singular forma de exponerse al mundo para "decirle" a otro (al lector) lo que allí se ha visto y escuchado. Examinando el rol del testimonio en *Homenaje a los indios americanos* (1972) y *Taberna* (1969), identifica dos formas distintas de instrumentalizarlo: mientras en *Taberna* las conversaciones revolucionarias de gente reunida alrededor de un bar se presentan "tal cual", sin mediación del poeta, logrando que el montaje vanguardista y el testimonio adquieran un carácter radicalmente antijerárquico, espontáneo y presencial, en *Homenaje* el montaje de voces indígenas es premeditado, obedece a un plan maestro que busca re-escribir la historia del continente sirviéndose del archivo documental preservado por la cultura letrada. Si en Dalton las conversaciones y los testimonios de la gente común se autorizan solos, en Cardenal precisan de un poeta que los recoja, interprete, antologue y autorice. El mayor mérito, por tanto, recae en quien documenta (el poeta), no en las voces que, a través suyo, hablan. Sotomayor critica la subordinación a que es sometido el régimen testimonial, pero irónicamente reproduce el gesto en su propia escritura, porque finalmente su objetivo no es el testimonio en cuanto género post-literario, sino más bien como "subgénero" literario susceptible de proyectarse en la figura lírica, ética y solitaria del poeta-testimoniante. Confianza en la literatura, no escepticismo ante ella, orienta el pensamiento de Sotomayor. Cabe preguntarse hasta qué punto lecturas como la suya reproducen formas de "neo-arielismo" o más bien enfrentan a los teóricos del testimonio al potencial político y democrático de la literatura, capaz de "contribuir a una transformación radical de las condiciones de vida colectiva" (Rancière "Poéticas estéticas", 4). Sopesando estos dilemas, el mismo Beverley admitió que el testimonio "depende en última instancia de su relación con la literatura" y que discernir su singularidad no-literaria sería tarea de un "psicoanálisis de la literatura" que, como en cualquier psicoanálisis, no trate de "liquidar al sujeto, ni tampoco de curarlo para siempre, sino de reformarlo sobre nuevas bases, quizás más capaces de solidaridad y amor" ("Post-literatura" 398).

Un escritor abiertamente interesado tanto en la relación psicoanálisis/literatura; en la dinámica verdad/ficción/documento y en la posibilidad de hacer literatura fuera de la tradición literaria (sin por ello adscribirse a la noción de "post-literatura"), es Ricardo Piglia. De él se ocupa Daniel Balderston en "Fiction and Document: *Los Libros, Los diarios de Emilio Renzi* and *Homenaje a Roberto Arlt*" [Ficción y documento: *Los Libros, Los diarios de Emilio Renzi* y *Homenaje a Roberto Arlt*]. Como el de Sotomayor, su trabajo también apuesta a una lectura "literaria", pero ahora desde un interés filológico por la fijación de textos que lo distancia de las provocaciones teóricas de Beverley. Su diálogo con la lectura que Bruno Bosteels hizo de *Homenaje a Roberto Arlt* ("In the Shadow of Mao" 229-259) resulta, en este sentido, aleatorio. Mientras Bosteels propone que la novela de Piglia "cannot be read without connecting the practice of literature with contemporary forms of political and ideological militancy" [no puede ser leída sin conectar la práctica de la literatura con formas contemporáneas de militancia política e ideológica] y que esa militancia "carries with it, as one of its most productive forces, a devastating critique of the entire notion of 'the literary' itself" [conlleva, como una de sus fuerzas más productivas, una crítica demoledora de la noción misma de "lo literario"] (231), Balderston le da a su lectura otra dirección. Sin involucrarse en la "lógica maoísta" que organiza el texto, empujándolo a fusionar lo literario con lo político, su trabajo se enfoca en una reconstrucción erudita de los aspectos biográficos, editoriales, archivísticos y cronológicos que rodearon la escritura y la publicación de la novela. Esa búsqueda del ADN literario (como irreverentemente Monterroso definió la crítica genética) contribuye sin duda a conocer mejor el proceso intelectual y escritural de un autor, pero para que esos hallazgos dialoguen con los desafíos de un latinoamericanismo como el de Beverley hace falta que el estudio de la materialidad textual de la obra participe orgánicamente de su materialidad extra-textual, sea ésta literaria o post-literaria. En un artículo de 1990 Beverley ya advertía que "[e]l significado estético-ideológico de una obra de arte nunca se acaba en su momento genético de producción y recepción inmediata" (Beverley 1990, 62).

En la sección titulada **La circunstancia global: transnacionalismos, post-humanismos y debates por las soberanías culturales**, la discusión gira en torno a las asimetrías de poder, malentendidos estructurales, expectativas y fracasos que enfrenta el latinoamericanismo para dar cuenta de desafíos propios del siglo XXI: transnacionalismos, transregionalismos, políticas migratorias globales, desarrollo urbanístico insostenible, visiones post-humanísticas, cambio climático, entre los más apremiantes. La lucidez de Beverley para anticiparlos y teorizarlos mostrará una vez más la convergencia de su pensamiento con urgencias de largo alcance.

La contribución de Michael Aronna ("25 Years Later, Notes on *The Postmodernism Debate in Latin America* after 28 Years of American Warfare in the Middle East, the 'War on Terror', and the 'Clash of Civilizations'" [25 años después. Notas en torno a *The Postmodernism Debate in Latin America* después de 28 años de guerra en el Medio Oriente, la 'guerra contra el terrorismo' y el 'Choque de civilizaciones']) plantea la pertinencia de revisitar los aportes, desafíos y proyecciones que quedaron inscritos en *The Postmodernism Debate in Latin America*, la colección de ensayos críticos que John Beverley, José Oviedo y el mismo Aronna editaron en 1995 y que incluyó a investigadores que en ese momento lideraban la producción de teoría cultural latinoamericana: Enrique Dussel, Néstor García Canclini, Walter Mignolo, Aníbal Quijano, Nelly Richard, Beatriz Sarlo, para citar los nombres más prominentes. Como aportes fundamentales de ese libro, Aronna destaca sus cuestionamientos a las mitologías de la modernidad y al eurocentrismo que permeaba la relación centro/periferia, global/local y original/copia. Destaca también el esfuerzo de sus colaboradores para echar a andar un latinoamericanismo crítico de Occidente en tiempos de formidables crisis sociales y desafíos políticos: colapso de la Unión Soviética, derrota sandinista, invasiones norteamericanas a Panamá e Irak, reacciones al quinto centenario del "Descubrimiento", expansión global del capitalismo, NAFTA, levantamiento zapatista de Chiapas y, en el campo académico, giros teóricos que pregonaban el fin de una era y la entrada al mundo "post".

Revisando ese archivo, Aronna advierte una sugerente correspondencia entre la perspectiva transnacional y geopolítica que *The Postmodernism Debate in Latin America* posicionaba y la obra de Beverley, que identificó y teorizó esa perspectiva antes, durante y después de la escritura del libro. El interés de Aronna es mostrar la coherencia de un pensamiento que desde sus primeras intervenciones se preocupó por la escala mundial de las geopolíticas imperiales y su impacto en el campo de la cultura y la sociedad. Expresado desde el peninsularismo, el pensamiento de Beverley fue crítico de las políticas geo-imperiales que la España renacentista y barroca ejercía tanto a escala local como transatlántica. Expresado desde el latinoamericanismo, discutió la persistencia del modelo geo-imperial en imperialismos contemporáneos practicados a escala global y acrecentados en la era post 9/11.

Esa capacidad de conectar temporalidades prestando atención a la continuidad y simultaneidad de geopolíticas imperiales, Aronna la encuentra también en la literatura, en obras como *La otra mano de lepanto* (2010), de la Mexicana Carmen Boullosa, que empuja a mirar las violencias geopolíticas del presente (limpiezas étnicas, discriminación racial, criminalización de ciudadanos musulmanes, políticas anti-inmigrantes, etc.) desde la recurrencia de modelos del pasado (persecución de judíos, musulmanes y romaníes en la España del Siglo de Oro). Aronna entiende que al hacer visibles e intolerables esas recurrencias, la literatura asume urgencias extra-literarias que además de distanciarla de la ciudad letrada y acercarla a dinámicas post-literarias como las que inauguró el testimonio, la sumergen en el convulsionado mundo post 9/11, cuyos centros de poder exhiben flagrantes incapacidades para generar comunidad con las otredades étnico-culturales que los atraviesan.

El trabajo de Sara Castro-Klaren, "The Transnational Novel in the Twenty-First Century: Interrogating the Theory of Hibridez/Hybridity [La novela transnacional en el siglo XXI. Interrogando la teoría de la hibridez/hybridity], ofrece una discusión de cómo esas otredades étnico-culturales que se insertan en circuitos globales entran a la ficción literaria integrando un corpus de novelas "transnacionales" publicadas en inglés, o traducidas a esa lengua. Se trata de obras que la industria editorial convierte en "best sellers" y difunde a escala global. Las que examina Castro-Klaren provienen de contextos y situaciones distintas, pero en todas el factor movilizante es la hibridez en cuanto síntoma de transversalidades culturales y dinámicas migratorias: *Abril Rojo,* de Santiago Roncagiolo; *American Dreams* y *Dante's Ballad,* de Eduardo Viaña González; *Lost Radio City* y *War by Candlelight,* de Daniel Alarcón y *Something Fierce: Memories of a Revolutionary Daughter,* de Carmen Aguirre. La recurrencia de ambigüedades, inconclusividades y violencias desterritorializadoras que afectan las tramas de estas novelas y caracterizan a sus personajes como existencias colapsadas e irresueltas, le indican a Castro-Klaren que en la llamada "novela transnacional" el proceso de hibridez no funciona como estrategia combinatoria útil para sobrevivir los embates de la modernización. En otras palabras, no responde el celebratorio sesgo posmoderno que García Canclini le había otorgado a la hibridez cultural para dar cuenta de la interacción entre lo "moderno" y lo "tradicional" (*Culturas híbridas,* 1989). Más apropiado resulta el sesgo postcolonial trabajado por Bhabha en *The Location of Culture* (1994), donde la hibridez es teorizada como un espacio de desautorizaciones mutuas entre colonizadores/colonizados, discriminadores/discriminados, evangelizadores/evangelizados, etc. En ese "tercer espacio" ninguno de los contendientes conserva integridad, identidad o poder absoluto, porque la hibridez "carece de pertenencia". Castro-Klaren sugiere que la ficción narrativa transnacional está precisamente construida en espacios de hibridez que empujan a los personajes a experimentar la globalización y la condición transnacional desde coyunturas desterritorializadoras prácticamente coloniales. Al margen de que en su trabajo no encontramos referencias concretas al pensamiento de Beverley, resulta evidente su proximidad con la figura del "fracaso de América Latina" para hacerle frente al devenir transnacional, trans-étnico y globalizante del mundo post 9/11.

También enfocado en la problemática de los "fracasos", pero ahora desde el contexto venezolano, Vicente Lecuna discute el desencanto de las utopías desarrollistas ensayadas en Venezuela. Titulado "The Architecture of the Venezuelan Violent State. "El ascensor" (2014) by Mercedes Franco" [La arquitectura del violento Estado venezolano. "El ascensor (2014) de Mercedes Franco], su trabajo se construye en base al encadenamiento de tres archivos distintos: el urbanístico (centrado en la acelerada urbanización capitalista de Caracas durante el boom petrolero de los años 70), el literario (un cuento de horror ambientado en los 90, en medio del derrumbe de la utopía urbanística de los 70 y la implosión del sistema político bipartidista) y el testimonial, que preserva la memoria de Emilio Mújica, líder comunitario de San Agustín, uno de los barrios más pobres de Venezuela. Registrado en 2017, su testimonio permite apreciar las violencias que el urbanismo desarrollista ha perpetrado en Caracas, convirtiéndola en una ciudad de dos realidades: la de los pobres que habitan construcciones colgadas del cerro, y la de los ricos, dueños de la modernidad urbanizada. La operación crítica que propone Lecuna consiste en pensar esas violencias como metáforas conceptuales de la imposibilidad de escapar a la dinámica perversa que inauguró la utopía urbanística. El género del horror al que se adscribe el cuento de Mercedes Franco ("El ascensor") le permite, además, darle a esa dinámica un giro espectral, convertirla en "espectro" que, sin pausa, persigue al país en los 70, en los 90 y en el momento actual. Ese "espectro", sugiere Lecuna, capitaliza tanto los fracasos de la derecha para realizar la utopía del urbanismo civilizatorio, como los de una izquierda que prometió la igualdad revolucionaria pero no pudo (o no quiso) derogar los privilegios que había creado el urbanismo civilizatorio. De aquí que Lecuna concluya su trabajo interpelando a la "marea rosa" y, de paso, la posición de John Beverley frente a ella:

> My point will be that, in Venezuela, the Pink Tide did not embody nor it expressed "the democratic, egalitarian, multinational, multiethnic, and multicultural character of the people" as John Beverley would say (*Subalternity and representation* 151). Rather, it kept the traditional opposition between the state and the subaltern.

[Mi punto es que, en Venezuela, la Marea Rosa no encarnó ni expresó "el carácter democrático, igualitario, multinacional, multiétnico y multicultural de la gente", como diría John Beverley (*Subalternidad y representación* 151). Más bien conservó la oposición tradicional entre el estado y el subalterno].

En el contexto de este libro, el trabajo de Vicente Lecuna no es el único que interpela a la "marea rosa" y toma distancia crítica del pensamiento de Beverley. Gesto análogo presenta el trabajo de Ileana Rodríguez, con la diferencia de que su crítica no se detiene en la constatación del desacuerdo. Como Lecuna, advierte los fracasos (y hasta las inquietantes similitudes) de las izquierdas y las derechas latinoamericanas, y no le es ajena la incapacidad del Estado como mediador, pero desde esa constatación apuesta a la urgencia de superar barreras. Para Lecuna, en cambio, la barrera resulta insuperable. Se ha convertido en un "espectro" del pasado que se inserta en el presente y cancela posibilidades de futuro. La ironía en todo esto es que ni siquiera el testimonio del líder comunitario Emilio Mújica destila tanto desaliento. Al contrario, para este *subalterno*, Venezuela es una "cacofonía de sorderas mutuas" y lo verdaderamente urgente está posicionado en "las calles del barrio", donde la gente "no se suma a las protestas que buscan derribar al gobierno" porque está ocupada "sobreviviendo, haciendo su política propia" y deliberando colectivamente sobre los límites de la revolución, preguntándose: "¿acaso tienen límites las revoluciones?" ("¿Por qué San Agustín no bajó a protestar contra el Gobierno de Venezuela?"). Prestar atención a estas preguntas y a estas formas de autogestionar la sobrevivencia sin descuidar al "espectro" de la utopía urbanística que crea la literatura y teoriza la crítica, podría ser una manera muy productiva de abordar, entre todos, las urgencias de un latinoamericanismo post "marea rosa".

La discusión del fenómeno urbano en América Latina adquiere matices distintos en la crítica de Javier Sanjinés al evento arquitectónico conocido como arquitectura neo-andina y expresado en los famosos *cholets* construidos en la ciudad de El Alto (Bolivia). Distanciándose de lecturas celebratorias que identifican estas construcciones con la emergencia de una "estética chola" vinculada a la evolución de la etnicidad en Bolivia, Sanjinés problematiza el proceso de "cholificación" que esa arquitectura representa. En su interés polemizador repercute la táctica crítica que llevó a Beverley a problematizar la literatura y los estudios literarios en cuanto modelos suficientes para dar cuenta de historias subalternas, con la diferencia de que ahora lo que se busca problematizar son las lecturas "andinas" y "descolonizadoras" que subalternos y no subalternos han hecho de la "estética chola". Sintomático de estos giros conceptuales es el provocativo título de su trabajo: "Detour to Paradise" or "Problem from Hell"? Whither the "Process of Cholification"? ["¿Desvío al Paraíso" o "Problema del Infierno?" ¿Dónde va el "proceso de cholificación?].

Siguiendo a Erich Auerbach en *Mimesis: The Representation of Reality in Western literature* (1946), Sanjinés postula que el fenómeno del "cholaje" boliviano no está suficientemente estudiado porque la atención prestada al contexto socio-histórico no ha permitido apreciar los "fantasmas" o significados segundos que lo atraviesan (aquello que Auerbach denomina "figural interpretation"). Examinando *La candidatura de Rojas*, novela icónica del cholaje boliviano publicada por Armando Chirveches en 1909, observa que la caracterización que en ella se hace del cholo (bastardo, asaltante, secuestrador de mujeres jóvenes, bárbaro, violento, inmoral) revela hasta qué punto el arquetipo occidental del salvaje pre-moderno sobrevivía íntegramente en la mentalidad de las élites, configurando una fuerza motriz oculta en la novela. Recuperarla, permite apreciar la continuidad de mitos y miedos occidentales en la cultura local y comprender mejor por qué, para las élites bolivianas, el cholo representaba "a problem from Hell" [un problema del infierno]. Constatar la influencia transatlántica de la civilización occidental en la cultura de los letrados bolivianos de principios de siglo XX lleva a Sanjinés a proponer un procedimiento análogo para el estudio del fenómeno arquitectónico de los *cholets*. Desafiando argumentos que perciben en estas construcciones la expresión de una arquitectura neo-andina con capacidad de indianizar el paisaje urbano y proponer una estética emancipadora y representativa del auge socio-económico de sectores comerciantes aymaras, Sanjinés percibe en los *cholets* la sobrevivencia de fenómenos urbanos vinculados al ascenso del dinero en la tradición occidental. A quienes consideran que la mayor originalidad estética del *cholet* es la construcción de una casa pequeña en el último piso, Sanjinés les recuerda que esa configuración espacial ya había sido ensayada por sectores ascendentes de la sociedad renacentista que, en un arranque de exhibicionismo económico, financiaron la construcción de *loggias* (pequeñas casas construidas en el techo de una residencia). Su conclusión es que el fantasma del dinero y la acumulación capitalista sobreviven, como fuerza motriz, en la llamada neo-arquitectura andina, y que lejos de expresar una capacidad transformativa del cholaje o una recreación de ancestralidades andinas, los *cholets* se alzan como objetos de consumo sujetos a la lógica de la mercancía. Son, en este sentido, un "desvío" al paraíso del dinero. Tan contundente problematización de la arquitectura *cholet* contribuye ciertamente a desidealizar sus vínculos con el contexto andino y visibilizar la dinámica macro en la que se inserta. Se podría objetar, sin embargo, la ninguna consideración que Sanjinés otorga a la comprensión que de estas construcciones tiene su creador, el arquitecto aymara Freddy Mamani, y su confianza en marcos interpretativos occidentales en detrimento de contextualizaciones locales que permitirían apreciar el manejo de redes y circuitos de intercambio económico y cultural que la gente andina supo articular desde tiempos prehispánicos. Incorporar esas prácticas y saberes comerciales al estudio de los *cholets* ampliaría los alcances de su análisis, problematizaría la idea de que América Latina existe a manera de sombra de lo que ya ocurrió en Europa, y posicionaría un ejercicio de democracia crítica imprescindible para atender las urgencias de un latinoamericanismo post-marea rosa articulado, en este caso particular, desde una interpelación crítica a las distintas instrumentalizaciones que se hacen de "lo andino".

De lo dicho hasta aquí, se desprende que pensar un latinoamericanismo en la edad global requiere, metodológicamente, de la colaboración de distintas disciplinas. Queda por discutir la radicalidad que puede arrogarse esa interdisciplinariedad cuando emerge en respuesta a desafíos que el latinoamericanismo del siglo XX no había experimentado como perentorios: crisis del cambio climático, época geológica del antropoceno, post-antropocentrismo, biotecnología, para mencionar los más acuciantes. En torno a estos desafíos se articula el trabajo de Ariel Armony, oportunamente titulado "La nueva urgencia del latinoamericanismo". Propone Armony que el estudio de estas nuevas dinámicas globales excede las estrategias analíticas de la teoría cultural y el pensamiento postcolonial, cuyas reflexiones transregionales, geopolíticas y medioambientales todavía no han integrado orgánicamente las variantes transhumanas y post-humanas que hoy impactan la construcción (y destrucción) de la vida.

En cuanto al posicionamiento de América Latina en el escenario global, Armony no cree que los modelos culturales transatlánticos y hemisféricos, en cuanto paradigmas civilizatorios, sean suficientes para transitar del mundo unipolar que propuso el siglo XX al multipolar que propone el XXI, con la China y la India ejerciendo roles protagónicos. Su propuesta apunta a un fortalecimiento de la dinámica Asia-América Latina que repare el "error" de haber devaluado influjos fundamentales como el asiático. Ese error, nos dice, permitió ignorar que históricamente América Latina forma parte tanto del mundo Atlántico como del Pacífico, y que una integración estratégica de la región al escenario geopolítico global tendría necesariamente que pasar tanto por una dinámica transpacífica como por una transatlántica. Abierto, queda el debate de las "estrategias" que podrían posicionar a América Latina como actor relevante a esa integración, sobre todo en un contexto que, como el actual, tiende a convertirla en tributaria de proyectos globales productivistas que la neutralizan como región, como cultura, y como proceso civilizatorio, además de inmovilizarla como factor de cambio en las dinámicas del desarrollismo.

Las contribuciones de Bruno Bosteels y Julieta Paredes que conforman la quinta y última sección de este libro (**La querella de las utopías y formas polémicas de pensar en el nuevo milenio**) no podrían ser más pertinentes a estas discusiones. Desde perspectivas distintas, Bosteels y Paredes le dan al inquietante asunto del "fracaso de América Latina" giros conceptuales que por un lado empujan a "pensar más" las posibilidades de un latinoamericanismo en tiempos de globalización conflictiva y, por otro, dejan ver que un poderoso potencial político transformativo continúa vivo en la región.

Con un título que anticipa la discusión de paradigmas constituyentes del pensamiento de Beverley ("Marxism and Subalternity" [Marxismo y subalternidad]), el trabajo de Bosteels invita a repensar antagonismos teóricos que el pensamiento crítico del siglo XX no logró superar, concretamente, ese "diálogo de sordos" que impidió reconciliar a Marx con Heidegger, a Althusser con Derrida, y a la crítica de inspiración marxista con la post-metafísica heideggeriana y la deconstrucción derridiana. A tono con Cardoza y Aragón cuando observaba que en América Latina la radicalidad revolucionaria del surrealismo había sido una promesa incumplida porque al no haberse concertado la relación Marx-Freud, no pudo apreciarse que el verdadero tormento de la época era "la condición humana, más allá de la condición social" (Cardoza y Aragón, *André Bretón* 17 y ss.), Bosteels advierte que la crisis civilizatoria que hoy nos afecta, lejos de apuntar a una crisis de la izquierda marxista, expresa la crisis de toda una tradición de pensamiento fundamentado en la metafísica occidental, el platonismo y el aristotelismo que permean la racionalidad moderna, de la que ni el marxismo, ni la izquierda ni la derecha han logrado emanciparse. Contra esa metafísica, nos dice Bosteels, reaccionan tanto las provocaciones post-metafísicas de Heidegger como las decontruccionistas de Derrida, ambas apuntando a un "nuevo comienzo" ontológico. Llevando esas reflexiones al campo del latinoamericanismo, ve la urgencia de concebir una "izquierda post-metafísica" que, superando desencuentros entre el gesto deconstruccionista, la politización de la filosofía y el compromiso político, pueda obsequiarle continuidad a la acción política revolucionaria de inspiración marxista. Implícito, queda el tremendo desafío de un subalternismo post-metafísico que podría articularse con ese "postsubalternismo" que Beverley desarrolló en *Latinamericanism after 9/11* y anunció en *Subalternidad y representación* como "una nueva manera de actuar del marxismo en el mundo" (48).

Salta a la vista que, en su dimensión pragmática, una nueva manera de *actuar* del marxismo tendrá que asumir el desafío de ir más allá de la inteligencia discursiva, entrando de lleno al ámbito de una acción movilizada por *otro* tipo de inteligencia. El difícil tránsito del "pensar" al "hacer", tantas veces promovido en la academia pero casi siempre postergado, surge como urgente para desatar un nuevo comienzo ontológico. La intervención de la feminista aymara Julieta Paredes podría considerarse como un paso concreto en esta dirección. Inmersa en la dinámica descolonizadora de los movimientos sociales y el rol central de los pueblos originarios en la (conflictiva) construcción de un "proceso de cambio" en Bolivia, Julieta ingresa al debate del latinoamericanismo con argumentos que refutan visiones de "fracaso" y "desesperanza". Su trabajo no se adscribe a paradigmas marxistas o subalternistas, pero recoge de ellos el gesto utópico que los convierte en formas radicales de interrumpir órdenes y jerarquías de dominación y desigualdad. Desde esas utopías, Julieta plantea la figura del "feminismo comunitario de Abya Yala" como categoría estratégica para pensar un latinoamericanismo desvinculado de matriz individualista. Enfáticamente, postula que "el camino para Vivir Bien es *hacer* comunidad", y que para un feminismo comunitario más importante que la conquista de "derechos individuales" es la lucha por crear comunidades suficientes para interrumpir jerarquías de dominación y desigualdad entre humanos, pero también entre humanos y no-humanos. No se le escapa a Julieta la discusión de la pregunta incómoda: ¿por qué esa "reserva moral" atribuida a los movimientos sociales y los pueblos originarios, también se corrompe? ¿Por qué las dirigencias indígenas se prestan a que la vida comunitaria, equilibrada, recíproca, no se pueda realizar? La respuesta es tajante y propositiva al mismo tiempo: "porque los indios también somos *gente*. Descubrir que somos *gente*, que también somos *canallas*, es otro de los elementos del concepto de descolonización que estamos trabajando".

Queda así expuesta una formidable proximidad entre el "feminismo comunitario" de Julieta Paredes y el "nuevo comienzo ontológico" que reclama Bruno Bosteels. En ambos casos se evitan discursos que, como el de la izquierda desesperanzada, reniegan tanto de los "fracasos" de América Latina como de las "utopías" que podrían revertirlos. Apostando a formas radicales de interrumpir formas de dominación y desigualdad, Julieta forja herramientas críticas y acción colectiva conducentes a miradas propositivas sobre América Latina. En este sentido resulta por demás elocuente el título de su trabajo: "Continente de esperanza profunda".

Parte de esa "esperanza" Julieta la deposita en *hermanos* que, como John Beverley, no renuncian a seguir acompañando las demandas sociales y culturales que sin pausa se generan en la región. Desde una perspectiva definitivamente aymara, entiende la "jubilación" como un ritual que conduce al jubilado a formar parte de la comunidad de "nuestros mayores", aquellos y aquellas que, habiendo recorrido y conocido el mundo, se ponen al servicio de su comunidad ofreciéndole experiencias y saberes acumulados durante toda una vida. Julieta celebra esta entrada de John a la comunidad de "nuestros mayores" y solicita que desde ese sitio al que ha llegado pueda "seguir trabajando en las tareas políticas esperanzadoras que hoy desde el sur se están planteando".

Concluyo estas páginas invitando a quienes las leen a involucrarse en los debates y polémicas que plantea la obra del lúcido, creativo y desafiante latinoamericanista que es John Beverley. Hacer realidad este libro y haber compartido con él casi veinte años de labor académica en Pittsburgh ha sido una de las experiencias más enriquecedoras que me ha regalado la profesión. Igualmente gratificante ha sido el diálogo con los colegas y amigos que generosamente participaron en el simposio de Pittsburgh y contribuyeron en la elaboración de *Urgencias del latinoamericanismo en tiempos de globalización conflictiva. Tributo a John Beverley*. A ellos y ellas un fraternal agradecimiento.

Ojalá nuestro libro sepa cumplir los objetivos que lo motivaron: honrar la vida y la obra de John Beverley proponiéndole al latinoamericanismo nuevos y desafiantes horizontes de reflexión.

Justamente cuando la edición de este libro entraba a su etapa final estallaron crisis locales y globales que marcarán nuestro tiempo como uno de los más violentos y catastróficos del siglo XXI: en Bolivia, la desestabilización política más desastrosa de los últimos años; en Estados Unidos, una crisis racial con capacidad de movilizar a la sociedad y repercutir a nivel internacional; en el planeta, la crisis sanitaria, económica y ecológica más devastadora a nivel global. Es de esperar que John Beverley no tarde en ofrecernos sus reflexiones acerca de estas múltiples pandemias que nos acosan.

Obras citadas

Bhabha, Homi. K. *The Location of Culture*. London: New York: Routledge, 1994.

Bautista, Rafael. "Por qué triunfa Bolsonaro." *Bolivian Studies Journal*. 23-24 (2018): 339-348.

Badiou, Alain. "Nous devons tirer notre propre bilan des expériences du passé". *Investig'ation*. 2 de junio de 2017. Blog: https://www.investigaction.net/fr/entretien-avec-alain-badiou-12-nous-devons-tirer-notre-propre-bilan-des-experiences-du-passe/.

Beverley, John. "La economía política del 'locus amoenus' en la poesía del Siglo de Oro". En Bridget Aldaraca, Edward Baker y John Beverley, eds. *Texto y sociedad: problemas de historia literaria*. Amsterdam, Atlanta: Rodopi, 1990. 61-74.

———. "Post-literatura". *Nuevo Texto Crítico*. 14-15 (1995): 385-400.

———. *Subalternity and Representation: Arguments in Cultural Theory*. Durham: Duke University Press, 1999. [*Subalternidad y representación. Argumentos en teoría cultural*. Madrid: Iberoamericana Vervuert, Madrid, 2004].

———. "The Neoconservative Turn in Latin American Literary and Cultural Criticism". *Journal of Latin American Cultural Studies*. 17.1 (2008): 65-83.

———. *Latinamericanism After 9/11*. Durham: Duke University Press, 2011.

Bosteels, Bruno. "In the Shadow of Mao: Ricardo Piglia's 'Homenaje a Roberto Arlt'". *Journal of Latin American Cultural Studies*. 12.2 (2003): 229-259.

Cardoza y Aragón, Luis. *André Breton: Atisbado sin la mesa parlante. Malevich: Apuntes sobre su aventura icárica*. México: Fondo de Cultura Económica, 1982.

García Canclini, Néstor. *Culturas Híbridas. Estrategias para entrar y salir de la modernidad*. México: Grijalbo, 1989.

Marx, Karl. *El 18 Brumario de Luis Bonaparte*. 1851-1852. Traducción de Elisa Chuliá. Madrid: Alianza Editorial, 2015.

Mújica, Emilio. "¿Por qué San Agustín no bajó a protestar contra el Gobierno de Venezuela?" *Eldiario.es Reportaje Especial*. 2 de septiembre de 2017. Web: https://www.eldiario.es/internacional/Venezuela-Caracas-San-gustin_0_681732618.html.

Rancière, Jacques. "Políticas estéticas". En *Sobre políticas estéticas*. Traducción de Manuel Arranz Lázaro. Barcelona: Museo de Arte Contemporáneo, Universidad Autónoma de Barcelona, 2005. 9-32.

Santos, Boaventura de Sousa. *Descolonizar el saber, reinventar el poder*. Montevideo: Universidad de la República, 2010.

Sarlo, Beatriz. *Tiempo Pasado: Cultura de la memoria y giro subjetivo: Una discusión*. Buenos Aires: Siglo XXI Editores, 2005.

Spedding, Alison. "Quemar el archivo: Un ensayo en contra de la Historia". *Temas Sociales. Revista de Sociología – UMSA*. 24 (2003): 367-400.

———. *Descolonización. Crítica y problematización a partir del contexto boliviano*. La Paz: ISEAT, 2011.

Žižek, Slavoj. "We need to Examine the Reasons why We Equate Criticism of Israel with Antisemitism. *Independent*. 8 de abril de 2018. Blog: https://www.independent.co.uk/voices/israel-palestine-conflict-antisemitism-holocaust-a8294911.html.

The Failure of Latin America

John Beverley
UNIVERSITY OF PITTSBURGH

In memory of Marielle Franco, the Afro-gay activist killed in April 2018 in the favela of Maré in Rio de Janeiro, it is thought by elements linked to the so-called milicias loyal to Bolsonaro.

One's career is determined by one's abilities and formation, but also by chance. It was my good luck to have been a part of the project of what came to be known as the Latin American Subaltern Studies Group in the 1990s. The group met for the first time in April 1992 in an empty classroom at George Mason University near Washington D.C. that a friend in Irish literature who taught there, Tom Moylan, made available to us. The participants included myself, Tom, Javier Sanjinés, Ileana Rodríguez who came with Robert Carr, a brilliant young Jamaican grad student, José Rabasa, Patricia Seed, Maria Milagros López, and if memory serves me well José Mazzotti and Robert Cohn, then graduate students at Princeton.

Many others came in and out of the Group as the decade advanced; or were fellow travelers or had arrived themselves independently at the idea of subaltern studies. As a formal group we were never more than 12 or so active members, like the Apostles. What was fortuitous about our coming together was that while we had different, sometimes conflicting, viewpoints, and were in some cases from different disciplines altogether, we felt we were kindred spirits, and we saw the group we formed almost spontaneously as what psychologists call an affinity group. Instead of papers, we developed a format of open discussion over several days, without a formal agenda—a kind of symposium as in Plato's dialogues. The result was that we learned from each other and developed our thinking and writing about subalternity exponentially. We began like a *Salon de Refuses*, the annual art show in nineteenth century Paris where painters rejected by the official Academy could exhibit. We took as our model the prestigious South Asian Subaltern Studies group. What became our founding statement was adapted from a proposal we made to the Rockefeller foundation, which was turned down by a panel that included, at least so we were told, Homi Bhabha, a close ally of the South Asian Subaltern Studies Group scholars. Our friend George Yúdice liked to joke that we were the *subaltern* subaltern studies Group. We never attracted much funding or institutional support until Duke University briefly took us up in the late 1990s. In 1992, when we first met, we were marginal academic radicals, stuck in career dead ends or midlife crises. Our inspirations were post-Marxist, postcolonial, deconstructive, postmodernist, second wave feminist. Pat Seed and Gayatri Spivak were the links between us and the South Asian group and its founder, the historian Ranajit Guha, who became in some ways our mentor too: Guha came to believe the Latin American group represented the future of subaltern studies.

Most of us knew next to nothing about South Asian history or culture, but we found in the work of the South Asian Group a strong resonance. Like them we saw subaltern studies, as Gayatri Spivak put it, as "a strategy for our times." Unbeknownst to us at the time, a group of intellectuals in Bolivia reached a similar conclusion, translating and publishing some of the key essays of the South Asian Subaltern Studies Group. They saw their engagement with subaltern studies as part of a South-South dialogue, whereas the Latin American Subaltern Studies Group was located mainly in the US academy. Some of these figures were associated with an academic collective called Comuna. One of the members of Comuna was Álvaro García Linera, the ideological architect of the Bolivian Movimiento al Socialismo and now (2020) deposed vice president of Bolivia. So, while we, like the Bolivians, were definitely out of power in the 1990s, even academic power (García Linera was in jail), we were not uninterested in it. Power, who has it, who doesn't, who is losing it, who is gaining it, in fact, was the main concern of subaltern studies.

Though we started decidedly at the margins, bit by bit over the course of the decade of the nineties, we began to have an effect on the field of Latin American studies. So much so, that in a famous polemic in 1998 Mabel Moraña complained about what she called "el boom del subalterno," charging subaltern studies and postcolonial criticism generally with orientalizing the Latin American subject. Not everyone liked the idea, or the word itself, but no one could remain entirely indifferent to it. The influence the Group came to have is testimony to the value of collective work in academia: we each had our own careers, but as I said we admired each other's thinking and work. Together acting on different venues but with a common problematic, we were more than the sum of our parts.

The Group formally dissolved in 2002 after a meeting with Guha and some members of the South Asian group at Columbia University organized by Gayatri Spivak. Some have remained closer to its original conception, others have moved away. I have written of the need for a post-subalternist perspective in my own work. But the question posed by subaltern studies remains central in it. That question is basically the question of equality. What is it that we do that pushes in an egalitarian direction, what is it that we do that founds or reproduces inequality?

The impulse of the South Asian Group came from, in the words of Guha, "the failure of the nation to come into its own." Guha was referring to what was perceived as the failure of the postcolonial Indian and other south Asian nation states to achieve the goals of economic development and equality posed by the independence movements. The assumptions of Indian and South Asian historiography, tied in both socialist and liberal forms to a narrative of state formation, modernization, and progress, had to be re-evaluated.

We were facing a similar failure in the discussion that led up to the formation of the Latin American Group. The most immediate form of this was the unexpected defeat of the Sandinistas, exhausted by the Contra war and the US economic blockade, in the 1990 elections in Nicaragua (several of us had been involved to one degree or another with the Sandinista project). But the defeat of the Sandinistas also marked, we all thought, a more general crisis of the project of the Latin American left, a crisis that coincided with the collapse of the Soviet Union and the Soviet bloc.

Some thirty years later, we face a similar moment of failure of the Latin American left, what my colleague Veronica Kim has called "the Pink Tide Blues": that is, the virtual collapse of the ambitious project of Chávez in Venezuela, the decisive defeat of the Workers Party in Brazil by Bolsonaro, and more generally, the recession of the broad and diverse sweep of governments of the so-called Pink Tide that followed in the wake of Chávez in the first decade and a half of the new century.

Some of us here—I include myself—had pinned our hopes on the success of the Pink Tide. Others were more skeptical, pointing to the inability of those governments to move beyond the limits of global capital and coloniality of power. It remains to be seen if the energy of the Pink Tide is entirely spent: At the risk of overextending an already shaky metaphor, the present situation could be seen as a tidal ebb that will inevitably produce a reflux, a reflux that will perhaps surpass the boundaries of what was achieved before, becoming in that way perhaps more red than pink. It is not metaphors that produce history, of course, but sometimes they can help orient us in a certain direction.

But the title of this talk is meant to indicate a deeper sense of failure: the failure of the project of Latin America as such. The failure of the governments of Chávez and the Pink Tide was a failure of the Left; but the neoliberal alternative that was hegemonic until the end of the century (and is now being trotted out again) failed also. The Pink Tide was itself a result of that failure.

We are all familiar with the idea of a failed state and have some sense of what that is. What I want to think about here is Latin America as a failed civilization. Failed in relation to what? Failed in relation to China and India in particular, in the period that extends from the end of the Second World War two to the present. If in 1945, Latin America as a whole, especially Brazil, Argentina and the Southern Cone, and Mexico, was somewhat ahead of China and India, it is now clearly behind, in terms of demographic and economic growth, on the one hand, and status or influence in the world, on the other.

I mean civilization in the sense that the late neoconservative political theorist Samuel Huntington gave this term, in his famous essay on "The Clash of Civilizations," first published in 1993 in the journal *Foreign Affairs*. Huntington could be said to be the ideological architect of both the War on Terror against Islamic radicalism and the current war on immigrants in the United States itself, especially Hispanic immigrants, pursued by the Trump administration. Huntington came to think in his late years that Hispanic immigration was the main challenge to the future of the United States as a unified nation-state.

Huntington's idea of civilization has been much derided. One of Edward Said's great late essays is about this (2000). But there is something about the concept that I continue to find compelling. For Huntington, you may recall, the Latin America nations were singly and collectively "torn countries": would they define their future by an increasingly symbiotic and dependent relation to the United States, or could they develop, as a distinct "civilization", their own hegemonic project or projects within the framework of globalization?

The Islamic world in all its extension and internal complexity and contradictions could also be said to have fallen behind China and India, but it functions in the world as something like what Huntington meant by a civilization. Latin America does not.

One of the first to diagnose the impasse faced by Latin American modernity was the Peruvian Marxist José Carlos Mariátegui. Writing in 1925, that is, after the Mexican Revolution and the emergence of new forms of Latin American ethno-nationalism, Mariátegui nevertheless concluded:

> Me parece evidente la existencia de un pensamiento francés, de un pensamiento alemán, etc., en la cultura de Occidente. No me parece igualmente evidente, en el mismo sentido, la evidencia de un pensamiento hispanoamericano. Todos los pensadores de nuestra América se han educado en una escuela europea. No se siente en su obra el espíritu de la raza. La producción intelectual del continente carece de rasgos propios. No tiene contornos originales. [...] El espíritu hispano-americano esta en elaboración. (Mariátegui, "¿Existe un pensamiento hispano-americano?" 73)

What Mariátegui meant by "la raza" here is unclear—not, I think, just indigenous populations, despite his attention to the Andean *ayllu*, or agrarian commune as a precursor of modern socialism. Probably more like what Vasconcelos meant at around the same time as "la raza cósmica"—a mestizo-indigenous hybrid. Whatever the case, we can be sure that Mariátegui did not mean the white, Europeanized, creole elites that had dominated the Latin American lettered city since colonial times.

In 2009, some fifteen years short of a century after Mariátegui made this remark, the Mexican writer Jorge Volpi, a representative of the literary generation of the so-called post-Boom, and a white, market-friendly liberal rather than a mestizo communist like Mariátegui, remarked sourly on the eve of the bicentennial of Latin America's independence, in a book called *El insomnio de Bolívar*:

> Preguntémonos entonces, otra vez, ¿qué compartimos, en exclusiva, los latinoamericanos? ¿Lo mismo de siempre: la lengua, las tradiciones católicas, el derecho romano, unas cuantas costumbres de incierto origen indígena o africano y el recelo, ahora transformado en chistes y gracejadas, hacia España y los Estados Unidos? ¿Es todo? ¿Después de dos siglos de vida independiente eso es todo? ¿De verdad? (85)

For Volpi the answer to his deliberately ironic question is yes, there is not too much more to the idea of Latin America. His conclusion is: "quizás la única manera de llevar a cabo el sueño de Bolívar sea dejando de lado a América Latina" (148).

Volpi belongs to a generation that was anxious to cast off the oedipal burden of a previous Latin American revolutionary nationalism, and get on with things in the brave new world of neoliberal globalization: they were the writers of McOndo, as in McDonald's, as opposed to García Márquez's Macondo. There is a trace too in Volpi's position of nineteenth century liberal thinkers like Sarmiento who advocated imitation of or outright annexation by the United States as the path forward for Latin America.

The position of Volpi and his generation is based on what I have called the paradigm of disillusion. This is often embedded in a narrative which takes the form of a bildungsroman or coming of age novel: the novel of the *guerrillero arrepentido*, or repentant guerrilla. Volpi himself has written one of these, *El fin de la locura*, which takes aim at the vogue among Latin American leftists for French theory (it is set partly in the Paris of 1968, with vignettes of Althusser, Foucault, Lacan, etc.). The third part of the film *Amores perros*, with the figure of the ex-guerrillero, now sicario for hire, El Chivo, is another. But there are dozens and dozens of novels, plays, films that are based on the paradigm of disillusion, each with a specific national inflection.

The underlying idea is something like the following: the illusion of the revolutionary transformation of Latin American society was a romantic adolescence. It was a generous and bold adolescence, but also one prone to excess, irresponsibility, miscalculation and moral anarchy. By contrast, the biological and biographical maturation of the generation of the sixties, now parents, professionals, and property owners, corresponds to the hegemony of neoliberalism and redemocratization in the 1980s and 90s.

Jorge Castañeda's 1993 book *La utopía desarmada* was perhaps the most influential expression of the paradigm of disillusion, and Castaneda himself became the model for a certain kind of new right intellectual, syntonic with neoliberal globalization and the Washington Consensus. The thinker who has taken the place of Castañeda today in that respect seems to be the Ecuadoran Jaime Durán Barba, Macri's adviser, in effect his Steve Bannon, in his successful presidential campaign in Argentina several years ago. Durán Barba's slogan is: "Ahora el PC no es Partido Comunista sino Personal Computer." The difference with Bannon is that Durán Barba was not ethno-nationalist or racist or anti-gay. Rather he embraced the possibility of flexible citizenship, globality, the Web, gay rights, even pro-choice. This has shifted dramatically in the months since I first presented this talk. With the victory of Bolsonaro in Brazil, Latin America has begun to produce inside itself the ethno-nationalist populism of Brexit, Hungary, Poland, Russia, and the new ultra-right parties in Western Europe. As in the case of Trump in the US, the new politics of racialization and misogyny are a response to a previously hegemonic model of multi-culturalism.

Globalization brings into contact but thus also into conflict different forms of historicity previously separated by or subordinated to Western European historicity. There is a specifically Chinese form of historicity, which refers back to the empire of many thousands of years, and sees the rise of Western domination since the fifteenth century as a mere bubble of some five hundred years—the span of a dynasty—that is beginning to evaporate. Giovanni Arrighi wrote about this in his last book, *Adam Smith in Beijing*. There is a similar historicity in Indian nationalism of a never extinguished, millennial Hindu and/or Muslim imperial past returning, after the interruption of British colonial rule, a past that absorbs much from that rule, but is not limited to it, that had already before British colonization developed its own forms of export capitalism. Putin and his ideologues have resurrected the nineteenth century debate between Slavophiles and Europeanizers, arguing that Russia's destiny is to create a new Russian-western Asian empire or sphere of influence.

What the passages from Mariátegui and Volpi, situated as it were at both ends of the project of Latin American modernity, suggest is that Latin America, as a whole, does not have a similar historicity. That is why it has become inconsequential or secondary in the post-Cold War world. Despite their near extinction by colonialism, indigenous peoples in Latin America and North America do have the possibility of a similar historicity, but not Latin America itself.

What has blocked Latin America's emergence as a civilization in Huntington's sense of that term? On the model of Mariátegui's classic *Siete ensayos de interpretación de la realidad peruana* (1928) I propose a set of seven questions that I think are pertinent to this general question. These are respectively:

The question of coloniality
The question of the United States

The question of Catholicism

The related question of the Baroque as a cultural signifier for Latin America

The question of the nation-state

The question of socialism

The question of the Hispanic or Latino community in the United States

I will say something briefly about each of these. What I have to say, I realize, is mostly second-hand or half-baked and overly speculative, but perhaps the circumstance of my impending retirement gives me license to pontificate a bit. All of them have some connection to perspectives opened up by subaltern studies. But while subaltern studies is or was useful in diagnosing the problem of Latin America, it does not offer itself as a cure.

Coloniality. We all know that Latin American coloniality is different than Chinese or Indian coloniality. Neither China nor India suffered the genocide of large sections of their native populations, nor the imposition of Christianity in any extensive sense, nor the extinction or subordination of native languages and cultural systems by the colonizers. There was little or no mestizaje: economies were certainly distorted, but not radically transformed. As in the case of Africa and the Middle East too, the European populations residing in them could be removed without changing the characteristics of the underlying populations.

Even though Latin America becomes formally independent of Europe almost a century and a half before China and India, it has found it more difficult to escape the field of gravity of coloniality. Jorge Klor de Alva registered this paradox in a 1992 essay, "Colonialism and Postcolonialism as (Latin) American Mirages," most of you will be familiar with. Its core argument was that: The close identification of post-independence national cultures with their European templates makes it evident that the Americas, in contrast to many Asian and African societies, did not experience decolonization in the course of their assumed postcoloniality (7). It is worth noting that Klor de Alva says here the Americas, not just Latin or South America, which I take to mean that he also, includes the United States and Canada in his judgement.

When that remark came out in the early 1990s, it was greeted with alarm and controversy in Latin American studies. I remember my colleague Antonio Cornejo Polar—my senior in every way—asking me anxiously if I thought it could be true. Today it seems more like common sense. The question is not whether Klor de Alva was right but what to do about it.

The question of the United States. Latin America's possibility cannot be separated from the formation and rise of the United States, which at almost every moment in its short imperial history has obstructed, interfered, stifled, bullied, bribed, threatened, misdirected Latin America's civilizational energy. You all know the story: There are the two major wars, the hundred or so smaller scale direct military interventions, the military occupations of Haiti, Nicaragua, Puerto Rico, Cuba, Panama; the counter-insurgency warfare of the 1960s and seventies, which cost something like half a million lives across the continent; the War on Drugs and now talk of a military intervention in Venezuela (although one suspects this is more of a bluff to encourage the Venezuelan army to abandon Maduro). We are now in the United States deeply concerned with Russian meddling in our elections, but there was hardly a major election in Latin America during the Cold War that the United States did not meddle in directly or indirectly.

Trump's fantasy of the Wall is only the latest chapter of a very long and sad story then. But it comes at a moment of what one can only describe as the waning of US power, the beginnings of its imperial decay, its *Decadencia*, to use the term adopted by historians of Spain. Trump, like the later Hapsburgs, is both a symptom and a cause of that decay. He is dismantling by his actions or by their effects at once the apparatus of the imperial state and the poltical and cultural hegemony of the United States over the rest of the world. Even if Trump is decisively crippled or defeated politically—not a sure thing, by any means—I don't believe that US hegemony is recoupable. The emperor has been seen without his clothes. As in the case of imperial Spain the decline will be gradual and protracted.

It seems to me important to distinguish the decline of the United states as an Empire from the future of the United States a multicultural nation-state, *un estado plurinacional* as the Bolivians say. That possibility might even benefit from the imperial decline.

All this should be good news for Latin America: in a zero-sum game equation Latin America will rise as the United States declines. Whether this happens or not, however, has to do with forces internal to Latin America and the Latin American community in the United States. That takes me to the third of my seven questions:

Catholicism. It is difficult to imagine Latin America without considering as part of its essential civilizational identity Catholicism. But it may be — I offer this as a something to think about rather than a definitive conclusion — that Catholicism has become more a hindrance than a stimulus to Latin America's emergence as a civilization, more an aspect of its past than its future. If that is true, then Latin America's future should involve conscious planning towards a diminishment of the force of Catholicism by encouraging the development of a secular multi- culturalism or intra-culturalism, especially in the field of education and popular culture — something like a mild cultural revolution, in other words.

Liberation theology has left an ambiguous legacy in this regard. It did put important sectors of the Church and its public on the side of the poor. Pope Francis is the latest example of this. But in so doing, Liberation Theology also re-authorized and re-energized a Catholicism that was and continues to be, on balance, on the side of the Europeanized elites and subordination to US and European power in Latin America.

There was a syncretic Afro-Catholic millenarianism that inspired some of the great peasant revolts of the nineteenth century, such as the one Glauber Rocha imagines in his film *Deus o diablo na terra do Sol*. But in modernity it has not been possible to construct a progressive national-popular subject from Catholicism. At the same time, the kinds of capitalism that Catholic hegemony produces, even in business-friendly forms like Opus Dei, are very constrained, and (in global terms) modest. Latin American capitalism, with some exceptions, mainly Brazilian, is a kind of petty capitalism. Gramsci famously noted about modern Italian history that whereas in other European countries the Renaissance exported from Italy produced a progressive scientific and secular intelligentsia, in Italy itself it led to the involutionary Counter-Reformation and the ideological triumph of the Catholic intellectual hierarchy. *Mutatis mutandis*, the same could be said about Catholicism and Latin America.

It is easier to say this today; when we can see the results of neo-Catholic ethno-nationalist regimes in Eastern Europe like Hungary or Poland, and the revival of Orthodoxy in Russia. In a previous epoch, democratic socialists like myself might have argued that the Soviet Communism tried to repress religion too strongly. Today I might be more inclined to say that Communism did not, or perhaps more accurately could not, repress Catholicism enough. I mean of course the institutional form of Catholicism, not the faith of its believers, which I respect, as I do the Church's work on behalf of the poor. I believe in freedom of religion, but also in freedom from religion. The dramatic rise of Protestant Evangelicals, a major factor in Bolsonaro's victory as in Trump's, is not a sign of the appearance of a new spirit of capitalism in Latin America, but rather a symptom of its malaise.

The question of the Baroque and its relevance as a cultural signifier of Latin America flows from this. The Baroque has been the main passion of my academic life for over half a century now, so I am more than aware of its powers of seduction. On both the right and the left of Latin American cultural theory, the Baroque continues to exercise a powerful fascination. The underlying reason is something like this: The Baroque is seen as the place of Latin America's cultural originality as a civilization, where a Latin American usable past and a Latin American future can be envisioned and produced. The problem is that the Baroque is, of course, also predominantly the cultural form of the Counter Reformation and of Spanish and Portuguese colonialism in Latin America.

So, despite my fascination with the Baroque, I am more inclined to see it as the form of Latin America's neurosis, rather than as the place to reimagine its past or elaborate new images of its future. Neuroses should be worked through. That does not mean one can or should detach from them completely. Žižek speaks of learning to "love our symptoms" in this respect. Still, a partial detachment of decathexis is possible, precisely through the philological and interpretative work of literary and cultural criticism, that would direct civilizational energies and possibility onto new paths.

The question of the Baroque overlaps with the question of the role of literature itself—the "lettered city", as Ángel Rama called it—in Latin American culture. The Baroque is often seen as the Latin American version of the Melting Pot in US socio-cultural history, the place of transculturation or hybridity (in an argument that could find support in both Deleuze and Adorno, Baroque proliferation is seen as in itself anti-capitalist, disruptive of the law of value). But it does not lose its neurotic and melancholic character for that: it is the nature of a neurosis, like that of a black hole, to absorb everything around it, rather than permit liberation from its traumatic field of gravity. *Cien años de soledad* is a consciously neo-Baroque text, but its ultimate vision is anti-Baroque, as ours should be too: "*Las razas condenadas a cien años de soledad no tenían una segunda oportunidad sobre la tierra.*"

The nation-state. Subaltern studies was founded on a critique of the teleology of the modern colonial and postcolonial nation state—a kind of Hegelian anti-Hegelianism, if you will, or Hegelianism in reverse. Today I think this critique of the state put things too strongly. We were of course registering that the nation-state, which was supposed to supplant coloniality, inaugurating thus a new historicity, remained in some always/already bound to coloniality. That problem is most evident in the somewhat arbitrary character of the states themselves, which, as dependency theorists showed, resulted from the differential relations of the regions of Latin America and the Pacific with the colonial metropolis.

However, if we mean by hegemony "the intellectual and moral leadership of the nation," in Gramsci's famous definition ("Notes on Italian History" 57), it follows that the state and the forms of the state ideological apparatus (education, media, law, cultural institutions...) must be addressed. Though struggles begin in civil society, they must at some point pass into or through the state, the popular movements must "become the state," to use Gramsci's phrase (53)—as opposed to the Leninist idea of "taking state power."

But if the larger question is the emergence of Latin America as a civilization—*una patria de todos*—then the nation-state is also clearly a limit. It is like the question that bedeviled the Communist movement in the twenties and thirties: is socialism possible in one country? Yes, there was the Soviet Union; but in a way no, the Soviet Union was stunted by imperialism in its origins, and now is no more. It has broken down into motley nation-states. Chávez realized this in his bumbling but earnest efforts towards a Bolivarian continentalism. And some results have been achieved: there is today a sense of continental solidarity not dependent any more on permission from the United States.

Can we imagine forms of hegemony that emerge beyond or between nation-states? Here the example of the creole eighteenth century and the Haitian revolution, the Tupac Amaru and Tupac Katari rebellions, and some aspects of the armed struggle of the sixties seem pertinent. Power is still won or lost at the level of the nation-state, however, and it requires under conditions of democracy the exercise of political franchise: political parties or movements of varying sorts, electoral politics, and all the trappings of actual government, including deal making and corruption. The nation is like the family: it is not easily transcended. To transcend the nation-state you first have to pass through it.

Socialism. It follows from what I have been saying that, as Mariátegui thought almost a century ago, socialism will have to be the enabling ideology of the possible emergence of Latin America as a civilization. Because of the collapse of the Pink Tide, this will not happen soon. But Latin American capitalism is stunted by Catholicism and dependency. To put this another way, Latin America as a civilization, if that is indeed possible or even desirable, will be socialist or it will not be. The failure of socialism in the twentieth century is co-extensive with the failure of Latin America.

I mean, of course, socialism of a different sort than the awkward and often brutal regimes of what was called actually-existing socialism in the twentieth century, including Cuba, a socialism inflected from below by the social movements, by feminism, by indigenous and Afro-Latin American and Asian-Latino activism, by queer thought—a socialism not so centered on the state and the cultural uniformity of nationalism, open to intra-culturalism, to new identities, sexual difference, women's rights, to different ideas of governance, different ideas of history and territoriality, different forms of both social property and forms of the market. And, above all, a genuinely democratic socialism.

Both China and India emerge into globalization out of decades-long periods of deep, highly focused social struggle: the Indian and South Asian nationalist movement, mainly associated with Gandhi; the Red Army and the Chinese revolution associated with Mao. Both of these in turn are rooted in the great peasant rebellions of the nineteenth century. Except for the Mexican revolution, nothing similar to this happens in Latin America. Where Latin America seems to have come closest to producing itself as a civilization like China and India is in the period of sporadic armed struggle that follows in the wake of the victory of the Cuban Revolution in 1959. The importance of the Cuban revolution was not so much about Cuba itself, a small country after all, as to open up the possibility of a wider revolutionary movement at a continental level—Che Guevara understood this. In retrospect, of course, today the armed struggle seems like a carelessly romantic, tragically flawed enterprise. That is the theme of the paradigm of disillusion that I discussed earlier. But there was at its core the possibility of taking on and in some cases actually defeating imperialism. You will recall the slogan of the era: "Create three, four, many Vietnams." Perhaps the armed struggle is worth a new look: not as a "strategy," but perhaps as an inspiration for a new and more "continental" (including US Latino movements) sense of Latin American historicity, in the same way failed peasant rebellions are valued in Chinese and Indian history.

It will be argued that the collapse of the Soviet Union would have doomed even an optimistic scenario of Latin American dominoes falling: Cuba, Venezuela, Bolivia, Guatemala, El Salvador, Chile, Uruguay, Nicaragua... My response would be that if Latin America or significant parts of it had become socialist, either through armed struggle and/or something like Allende's Chilean road to socialism repeated in other countries, then the Soviet bloc itself might not have collapsed. It would have had a new interlocutor. The forms of socialism itself would change. I say this as someone who does not see the collapse of the Soviet Union as an inevitable or a good thing. I agree with Putin about that.

As for the Pink Tide, it can be seen as the victim of its own success. By any standards, the Pink Tide governments lifted masses of their populations into something like a lower middle-class standard of living, dramatically reducing income inequality and outright poverty. But that effort brought those sectors of the population out of subsistence into the consumer economy, with new sets of needs and demands. The Pink Tide governments could not continue to satisfy these needs and demands without drawing down on their resources, especially in an era of declining export commodity prices. The current mess in Venezuela is one result of this. Still, the alternative is not too attractive either: a new round of neoliberal policies will need to impose austerity measures on their populations to stimulate investment, and that will have the possible effect of re-radicalizing them.

Hispanics in the US or US Latinos. "Latino" is a misnomer, just as is the idea of a Latin America itself, which we know was invented by the French Foreign Office in the mid nineteenth century to win the new republics away from their identification with British imperialism and their proximity to the United States. But we can live with misnomers. In 1998, in my book *Subalternity and Representation*, I wrote that US Latinos were the fifth largest community of the Spanish-speaking world. That has to be changed today: US Latinos are the second largest, after Mexico, and before Spain. And if we consider the Iberian world in general, including its largest country, Brazil, then the order of magnitude is Brazil, Mexico, US Latinos, and only in fourth place Spain itself.

So, the United States must be part of whatever Latin America means and will mean. Is the opposite true: that is, that Latin America will become part of the United States? Trump's fantasy of the border Wall is a symbolic one. Beyond the walls that already exist (there are a lot of them, along parts of the border between Tijuana and San Diego's southern suburbs, three built by Clinton, Bush, and Obama respectively) the Wall will never come close to actually being built. How to draw a line that will separate racially, culturally a Latin American Other that has been always/already present inside the territoriality of the United States, even before its foundation as an independent nation-state. Even if the task is accomplished or partially accomplished, it would be like the Israelis erecting their wall to keep out West Bank Palestinians, while its own Palestinian Arab population grows rapidly, now amounting to between a fourth and a fifth of Israel's population.

I have suggested that the idea of the Wall itself represents an enfeeblement of US power, a moment of anxiety and retrenchment rather than strength. This power shift disturbs somewhat the US/Latin America binary, on both sides. From the US side, Latin America ceases to be the "backyard," and turns into something like Gaza and the West Bank are for the Israeli state. But for Latin Americans, it raises the question: where does Latin America end, where does it begin? Does it include the vast Latin American population now in the United States? One of the first narratives of colonial Spanish literature is Cabeza de Vaca's *Naufragios*, which recounts the journey of some ten years duration of a group of shipwrecked Spaniards, one of them of African descent, across what is today the American South and eastern Texas: Red states, Trump country.

I cited Jorge Volpi earlier. Let me conclude by coming back to him. This is Volpi's scenario for a possible Latin American future in *El insomnio de Bolívar*—the book is from 2009, so this is, of course, pre-Trump; I don't know what Volpi would say now (I do know that he has been sympathetic to the victory of López Obrador in Mexico). First, Mexico disappears as a nation-state, absorbed into the United States. Then the continent as a whole coalesces into two or more or less cohesive regions, with Central America and the Caribbean wavering in their allegiances between the massive Northern and Southern blocs. In 2035, something called the Alliance of the South is created, somewhat along the lines of Chávez's ALBA or the OEA without the United States. In 2044 a North American Union embracing the former Mexico, Canada, and the United States appears, NAFTA writ large, in other words. There follows in 2049 a war or series of wars within and at the boundaries between the two entities... Then a long period of *détente*, leading to the formal declaration in 2098 of something called the United States of the Americas, los Estados Unidos de las Américas. The consolidation of the new nation or super-nation is interrupted by a subsequent period of regional turmoil and unrest. But then, in 2110—one hundred years after the bicentenary—the new entity emerges as a functioning state and civil society, "una América unida". Bolívar, famed for his insomnia, can now finally sleep.

Is Latin American capable of becoming a civilization and acting in the world as such, as China does today? Probably not. Probably Volpi's scenario is as plausible as any. But taking into account the growth of the population of the United States with Hispanic or Portuguese or indigenous and Afro roots, we could perhaps envision the following scenario, which resembles, but in a crucially inverted way, Volpi's. It is not so much that a powerful, growing, culturally unified North America absorbs a weaker, tragically heterogeneous, economically underdeveloped Latin America into a general United States of the Americas, basically the present United States writ large. It is rather an emerging multicultural, egalitarian, socialist–socialist in new, unimagined, post-western ways, as I have suggested—Latin America that begins to penetrate and absorb the United States as its process of economic and cultural decline deepens, somewhat as Great Britain became subject to the United States in the period of its postwar devastation and imperial decline. By Volpi's deadline of 2110, the population of the Americas will number over a billion, approximating that of China or India today. More than two thirds to three quarters of this will be Hispanic, Luso-phone, Afro or indigenous in origin.

What seems probable in this counter-scenario is the decline of the United States, but otherwise I do not insist on its plausibility. Like Volpi's it is a kind of game with history and possibility. I have had many ideas about the future of Latin America—and of the United States—but they have usually been proven wrong. My career has been an effort to stay ahead of my wrong guesses.

Why not end it with one more?

Works Cited

Beverley, John. *Subalternity and Representation: Arguments in Cultural Theory.* Durham: Duke University Press, 1999.

Castañeda, Jorge. G. *La utopía desarmada. Intrigas, dilemas y promesa de la izquierda en América Latina.* Buenos Aires: Ariel, 1993.

Gramsci, Antonio. "Notes on Italian History." In *Selections from the Prison Notebooks.* Edited and translated by Quentin Hoare & Geoffrey Nowell Smith. New York: International Publishers, 1971. 44-120.

Huntington, Samuel. *The Clash of Civilizations? The Debate.* New York: Foreign Affairs, 1993.

Klor de Alva, J. Jorge. "Colonialism and Postcolonialism as (Latin) American Mirages." *Colonial Latin American Review.* 1.1-2 (1992): 3-23.

Mariátegui, José Carlos. "¿Existe un pensamiento hispano-americano?" *Mundial* 6.255 (May 1, 1925): 9. Reprinted in *Obras Completas* XII, *Temas de Nuestra América.* Lima: Biblioteca Amauta, 1960. 22-26.

———. *Siete Ensayos de interpretación de la realidad peruana.* 1928. La Havana: Casa de las Américas, 1963.

Rocha, Glauber. Dir. *Deus o diablo na terra do Sol.* Rio de Janeiro: Copacabana Films, 1964.

Said, Edward. "The Clash of Definitions: On Samuel Huntington." In *Reflections on Exile and Other Essays.* Cambridge, Mass: Harvard University Press, 2000. 569-590.

Volpi Escalante, Jorge. *El insomnio de Bolívar: Cuatro consideraciones intempestivas sobre América Latina en el siglo XXI.* México, D.F.: Debate, 2009.

———. *El fin de la locura.* México, D.F.; Barcelona: Editorial Planeta Mexicana, 2003.

1. Testimonios

Algo sobre John Beverley

Roberto Fernández Retamar
(La Havana, 9 de junio 1930 - La Havana, 20 de julio 2019)
CASA DE LAS AMÉRICAS

Me enteré con sorpresa que John Beverley, a quien recuerdo como un joven audaz, sabio y sonriente nacido por azar en Venezuela, pero estadounidense de raíz, va a retirarse, después de más de cuarenta años de admirable labor, de la actividad docente en la Universidad de Pittsburgh. Lo que no debía extrañarme, porque yo, que tanto lo aprecio y quiero, cumpliré pronto, si los dioses son propicios, ochenta y ocho años. Ese accidente y quebrantos de salud me han impedido escribir, como me lo pidió, honrándome, la Profesora Elizabeth Monasterios y yo hubiera querido hacer, la conferencia magistral de este Simposio. Pero en vista del hecho, la Profesora Monasterios me ha solicitado un texto corto en referencia a mi relación intelectual con el trabajo de John. Eso es lo que intento en estas líneas tan pocas como sinceras.

No recuerdo con exactitud cuándo supe por primera vez de John Beverley, pero de seguro fue al leer en alguna revista un trabajo de él que me impresionó. A partir de ese momento, busqué trabajos suyos, hasta que nos encontramos personalmente. Durante décadas hemos participado en reuniones de trabajo en Cuba y los Estados Unidos: en el primer caso, sobre todo en la Casa de las Américas (en cuya revista homónima he tenido la satisfacción de hacer publicar varios de sus agudos textos); en el segundo, sobre todo en la Universidad de Pittsburgh.

Se conoce de sobra la riqueza de su faena intelectual, que va del estudio de la poesía barroca y la picaresca españolas al testimonio hispanoamericano, la literatura centroamericana y la situación del área (en compañía de un colega); y más allá de la literatura (uno de sus libros más resonantes se titula *Against*

Literature [1993]), el debate sobre el posmodernismo en la América Latina (1995) o los estudios subalternos (1999), y sin duda otras tareas que desgraciadamente no conozco. A John Beverley lo caracteriza una constante vivacidad cultural que, además de encarnar en obras propias, se ha hecho patente en numerosos discípulos y discípulas tanto de su país como de nuestra América.

Hace años, al escribir sobre la lengua española, cité esta observación de John, procedente de su libro *Del Lazarillo al sandinismo. Estudios sobre la función ideológica de la literatura española e hispanoamericana* (1987):

> Fue la Revolución Cubana la que dio origen al gran incremento de estudios latinoamericanos en la década de 1960 y principio de la de 1970. Además de Cuba, el *boom* latinoamericano de los años 60 (tanto en el sentido económico —las altísimas tasas de crecimiento de la mayoría de las economías latinoamericanas— como en el sentido cultural de *boom* de la narrativa) tuvo o tiende a tener efectos estructurales muy profundos en el propio campo del hispanismo. Antes de la Revolución Cubana, el paradigma del español que se impartía en la escuela norteamericana era el castellano [de Castilla]; hoy en día, en lugar de ello, tiende a ser una especie de "promedio de laboratorio" latinoamericano. La literatura latinoamericana, que cuando yo era aún estudiante se consideraba como la última de las literaturas en idioma extranjero, tiene hoy un prestigio y una influencia excepcionales. (33-34)

Añadí que yo podía dar testimonio de lo afirmado al final por John, desde el otro lado del aula, ya que fui profesor en la Universidad de Yale entre 1957 y 1958, cuando dar clases de literatura hispanoamericana (Beverley dice "latinoamericana") parecía casi una excentricidad. Ello me permitió, dicho sea entre paréntesis, comprar por centavos ediciones originales de autores como Jorge Luis Borges en la amada Nueva York, ya entonces, y desde hacía tiempo, capital del siglo XX, como Walter Benjamin escribiera que París había sido la capital del siglo XIX.

Voy a concluir mencionando (y agradeciendo) lo mucho que debo a John Beverley en cuanto a cierta difusión de algunas obras mías en los Estados Unidos. En primer lugar, referida a mi ensayo más conocido, "Caliban", que él también comentó generosamente en español, en el *Diccionario enciclopédico de las letras de América Latina* (1995). Tengo entendido que fue sobre todo gracias a gestiones suyas que la editorial de la Universidad de Minnesota publicó en 1989 (y ha republicado después en varias ocasiones) mi libro *Caliban and Other Essays*, con admirable prólogo de Fredric Jameson. John ha propuesto después un acercamiento distinto a aquel ensayo, acercamiento que ha llamado ingeniosamente, teniendo en cuenta que el nombre del personaje de Shakespeare Caliban es (con licencia de Harold Bloom) anagrama de caníbal, con otro anagrama: "By Lacan".

Además, John me ha entrevistado para *Critical Inquiry*, y ha traducido para *boundary 2* mi ensayo "La enormidad de Cuba", que dediqué a él (y en que se alude a la observación de Unamuno sobre las palabras "anormal" y "enorme"), y más tarde el ensayo mío de los años sesenta del pasado siglo donde dio un giro mi tarea: "Martí en su (tercer) mundo". De manera que debo decir, repito, que sobre todo gracias a él soy algo conocido en este país, que visité por primera vez en 1947, cuando muchos y muchas de quienes escuchan estas palabras no habían nacido todavía, y cuyos ámbitos universitarios me han acogido cálidamente en no pocas ocasiones, como esta misma.

Quisiera añadir otras cosas sobre la faena intelectual de John Beverley, pero en ese caso este dejaría de ser el texto corto que se me ha pedido y es lo que puedo escribir en la ocasión. Le deseo a él larga vida, y crecimiento, más allá de su retiro universitario, de una obra que nos es fundamental, pues enlaza admirablemente lo mejor de los Estados Unidos con lo mejor de nuestra América, y ello es imprescindible sobre todo en los tiempos que nos ha tocado vivir y no es necesario calificar.

Muchas gracias.

Conversing with John Beverley

Margaret Randall
INDEPENDENT WRITER

It is an honor to be at this symposium celebrating the work of John Beverley. Thank you for inviting me. John is a friend and mentor. My intention, here, is to hold a kind of conversation with his thought and work, through which I can thank him for his contributions to a field in which I've also been present, and perhaps also point to some considerations for its future.

When John and I met in Havana in 1977, the world was very different from the one we inhabit today. Left social change appeared to be ascendant. The Cuban Revolution still seemed healthy and remained, despite the ongoing attempts to destroy it and its own missteps, an example for those working to create social justice. John and I come from very different intellectual backgrounds—he had been a student of Fredric Jameson, one of the truly brilliant Marxist political theorists and literary critics of our time, and was beginning to make his own mark in the U.S. academy; I had no formal studies, but was developing a left political analysis from my experience on the ground.

Our paths crossed and would cross many times in the years to come, sometimes in person but more often in our shared passion for what was then beginning to be known as *testimonio*. A literary genre and political tool, this particularly Latin American version of oral history was a natural outgrowth of the people's movements gaining ground across the Continent. No longer would the victors (almost always rich white men) be the only ones telling our stories. We needed a literary form that would give voice to those who made the history: the long-silenced men and women who had always been voiceless, protagonists of the dramatic social change that then seemed to have a viable future. *Testimonio* was that form. It emerged out of a practice of struggle, and also served that practice. At the same time, it was a literary genre, with its own evolving conventions.

In the preface to his 2004 book *Testimonio: The Politics of Truth*, John writes that the genre is "a new form of narrative literature in which we can at the same time witness and be a part of the emerging culture of an international proletarian/popular-democratic subject in its period of ascendancy" (x). In an earlier book he'd been concerned with "the way in which what conventionally counts as literature—poems, essays, novels—became a crucial 'ideological practice' [...] of the Central American revolutionary movements" (Beverley, 1990, p, xiii).

I began my work in oral history, or *testimonio*, in Cuba, with my early book about that country's women, *Cuban Women Now* (1974). It would be the first of more than a dozen I would produce in the genre. In 1970, newly arrived on the Island, I was invited to be a poetry judge at the Casa de las Américas literary contest. My colleagues on that jury were Ernesto Cardenal, Roque Dalton, Washington Delgado, and Cintio Vitier; the first two were writers who had written or would soon write important books of *testimonio*. The new genre was being talked about. That was also the year the Argentinian journalist Rodolfo Walsh, whose book *Operación masacre* had contributed powerfully to the field, suggested that Casa add *testimonio* to the contest's literary categories. Forty-one years later, in 2011, I would be invited back as a judge in that category. In those forty-one years, I not only produced my own books of testimonial literature but was intimately involved with the genre as it was growing and changing. So was John.

And right here I want to stop and say something I feel is particularly important to John and me: the fields in which we worked were never mere intellectual exercises, disciplines in which we might make a point or two in discussions held with colleagues in the safety of the classroom or at forums and conferences. Because John was also an activist in the important solidarity movements of those years, his work had an authentic context and quality. Because I lived and worked among people on the forefront of the struggle for social change, my ideas and practice were also more grass roots-oriented.

In 1977, the year we met, the Cuban Revolution was already in its second decade of life and remained an emblem of struggle throughout the Americas. Ernesto Che Guevara's guerrilla actions had crossed borders and taken Cuba's example into the internationalist arena. The foco theory, described by French journalist Régis Debray in his pamphlet *Revolution in the Revolution*, provided a theoretical framework for armed struggle. Che himself had penned a practical manual of guerrilla warfare. The Heroic Guerrilla, as he was called, had been ambushed and murdered in Bolivia in October of 1967, and his methods were beginning to be called into question. Still, liberation struggles continued to take place throughout the underdeveloped world and even inside the United States, and many of us believed they were the surest road to victory.

While many of us abhorred violence and war, and had joyously welcomed Chile's peaceful transition to socialism, what we were discovering on the ground was that only armed struggle was capable of standing up to the Empire's vastly superior and multi-pronged forces. There was abundant evidence that revolutionaries demonstrated a fairness and generosity when forced to go to war, while authoritarian regimes killed wantonly, without concern for what they casually refer to as collateral damage. And only armed struggle, costly as it was, seemed able to give birth to sustainable change. The model had a David and Goliath aura to it, and represented homegrown resistance to local authoritarianism and imperialist rule. In this, as in so much else, we misjudged how far the Empire was willing to go in its efforts to defeat equality.

I believed in armed struggle, because it was what I was living. John believed and wrote eloquently about it because his scholarship and solidarity work led him to a similar conclusion. This was something else we had in common. And within the U.S. academy, John's wasn't a popular position. What is more interesting, perhaps, is not that we believed in armed struggle then, but that almost forty years later, after so many devastating defeats and traumatic personal losses, we haven't abandoned our convictions. Both of us, attentive to an evolving history, have more nuanced analyses now. But we refuse to discard the concept as so many of our contemporaries have done. John and I, each in our own way, has looked with profound respect at the methods favored in those years, analyzing what didn't work and why, and tracing lines of influence to later progressive formations.

John himself eloquently elucidates our shared vision of armed struggle in remarks he made at a special session that honored my oral history work at the October 2004 meeting of the Latin American Studies Association (LASA) in Las Vegas, Nevada. He starts his contribution to that session in this way:

> [T]estimonio always invokes Walter Benjamin's warning in his *Theses on the Philosophy of History* that "even the dead are not safe"—even the past is subject to being obliterated or transformed by the enemy. That thought connects to an issue that is fundamental to Margaret's work, as it is to my

own: the armed struggle in Latin America, in the period that goes roughly from 1956—the year of the landing of the Granma in Cuba—to 1990, when the Sandinistas unexpectedly lose the elections in Nicaragua. [...] [This] progressive Latin Americanism [...] points to a different future for the continent and its peoples, including the forty million or so Latinos in the United States itself, [and] cannot be articulated without in some way recovering the heritage of the armed struggle. (Beverley, 2004b)

Later he goes on to say: "I don't know whether, in what remains of my life, it will be possible to revive a project of radical social transformation in the Americas, including the United States."

In the years since John wrote these lines, the U.S. government took its eyes off Latin America to concentrate its lust for conquest in the Middle East. This, and their own experiences of struggle, enabled several Latin American countries (Uruguay, Chile, Argentina, Brazil, El Salvador, Bolivia, and Venezuela) to establish progressive governments. Today, with the groundwork laid down by Bush and, sadly, even Obama, and with Trump currently in office, most of those countries have reverted to some version of right-wing politics. They, like we, are riding the neo-fascist wave now sweeping much of the world. Only Bolivia, to some degree, and tiny Uruguay, still have administrations that continue to mostly put their peoples' needs first.

At LASA, John went on to offer the most moving definition of armed struggle I have read:

> [...] the armed struggle revealed Latin America in its most generous, creative, original, egalitarian possibilities; like the Sixties in the United States, with which it was closely bound up. It pointed to a genuinely different, more beautiful and joyful future than the dreary Restoration we live under today. It did not fail because of its internal contradictions—although they were many; it was defeated by a stronger, more ruthless enemy. It needs to be recuperated in its own right, then, as a great historical enterprise, an awed and, in its ultimate defeat, tragic enterprise, but also a noble and just one.

I don't think the task of recuperating the armed struggle is an easy one—like trying to remember a dream, it recedes as you get closer to it. Still, we—the generation Margaret and I belong to—are probably the last generation that can undertake this task. Those of you who come after us do not have a "lived" connection to the experience of the armed struggle, and there is very little in contemporary Latin American culture to encourage you to recover it—just the opposite. (Beverley, 2007)

John's reference to the 1960s is also relevant. That decade has too often been trivialized and misrepresented, just as has been true of the era of armed struggle in Latin America. Frequently it's easier to idealize or romanticize than to explore such phenomena in all its complexity. For many who weren't there, it's been impossible to situate themselves in context. As John says, he and I are of the last generation able to take on the task.

In the long run, defeat has been as illustrative as victory. Sometime in 1989 or 1990, after the dissolution of the socialist world, my son Gregory said to me: "We have failed. All we have to pass on to our children is our failure." The devastating sentiment was shared by many at that time. For those of us who had been actively involved in the struggle for social change, and in spite of our sharp critique of aspects of life in the Soviet Union, the loss of what we now call "real socialism" wasn't simply a political loss; it was a loss of identity. We felt unmoored, empty, muted.

The next few years would see us pulling ourselves together, reexamining presumptions, emerging—as tenacious humans tend to do—with insights not only about the power that is now hegemonic and on its way to consolidating the cruel globalism we have today, but about our own fatal mistakes. Our analyses appeared in articles and essays, and in political discussions finally freed from the stifling allegiance to dogma and isms that dominated the preceding decades. It can also be found in other forms—the visual arts (especially the powerful posters of the 1970s and early '80s), theater, song and other artistic genres, very much including *testimonio*.

Testimonio is one of the arenas that reflects, and in which we can read, each stage of this history: the great collective energy of struggle, the terror and commodified torture of the era of the Dirty Wars, the reassessments that eventually led to more democratic but equally vulnerable forms of progressive change. I'm thinking now of the final decade of the twentieth century and first of the twenty-first, in which a number of Latin American countries voted in left or center-left governments, the goals of which could be seen as continuations of the armed struggle movements that had been so viciously repressed in previous decades.

Recent testimonial books bear witness to this changed panorama. Many have been written by ex-combatants who had remained silent for years, or by those who have survived prison or disappearance. John and I kept listening, talking, writing, and developing our respective ways of assessing what is happening. He did much of his work through looking at *testimonio* and subaltern cultures generally and analyzing their roles as both voices and tools of struggle. I continued to retrieve the marginalized voices of those who had stories to tell, mostly women, and wrote them into testimonial literature.

There is another place where John's evolution and mine has something important in common: our recognition that feminism must go hand in hand with social change. Disregarding the needs of women, as well as those of other oppressed groups, was one of our most costly errors in the 1970s and '80s. The traditional Communist Parties of the day disdained feminism. They wrongly considered it an ideology that threatened working class unity, rather than a tool with which to analyze power.

In Cuba, during the 1970s and beyond, organizations such as the Federation of Cuban Women (FMC, in its Spanish acronym) dismissed feminism, going so far as to consider it "bourgeois deviancy." In the United States, the ideology gained a stronger foothold. But many men, inside and out of the academy, simply paid it lip service. John was among a relatively small number of male theoreticians who incorporated it into their analyses.

A major lesson of the 1970s and '80s was that unless all groups are fully represented in struggle, lasting change will not be possible. You cannot make revolution with a party or organization speaking on behalf of the disenfranchised; the disenfranchised must speak for themselves. It is in this sense, perhaps, that *testimonio*, in addition to its literary value, plays such an important political role. It allows ordinary people to express their experiences, ideas, and hopes for the future.

John has written about how deeply he'd been affected by what must surely be the book of testimonial literature that caused the greatest impact in the 1980s: *I, Rigoberta Menchú*, the story of a Guatemalan Mayan Indian woman as told to the Venezuelan ethnographer Elisabeth Burgos. "In retrospect," John wrote, "I can see that my choice of *I, Rigoberta Menchú* [for a compilation he was working on at the time] was determined, above all, by my sympathy for and involvement with feminism" (Beverley 2004a, xi).

Over the next several years, *I, Rigoberta Menchú* would become a classic in many languages, and also give rise to (largely academic) controversy. It would be used in a great many U.S. classrooms and be credited with giving people outside Central America a vivid understanding of the lives of the indigenous poor in that part of the world. As such, it was a dangerous text. And so, it would also be deceitfully attacked by some who, pretending to have no ideological bias, claimed it contained misinformation, even lies. This debate would forefront important questions about how *testimonio* may be affected by the differing class and cultural values of those who do the interviewing. The disagreement, like so many others, is rooted in the idea that if one is part of the status quo, one isn't biased; it's only the subaltern (subversive) opposition that sustains a questionable point of view.

John has given us one of the most useful analyses of the *I, Rigoberta Menchú* debate, especially with regard to U.S. anthropologist David Stoll's attempt to discredit Menchú's testimony. I think it is worth transcribing the summation of John's analysis of the criticism launched against Menchú's testimony by Stoll and others. I am quoting now from the introduction to *Testimonio: On the Politics of Truth*:

> [...] let me clear [...] Menchú does not lie. Her account is not "myth." David Stoll does not accuse her of lying but of misrepresenting or eliding certain aspects of the story he thinks are crucial, which is something quite different from lying (I think that Stoll misrepresents the political situation in Guatemala that led people like Menchú to support armed struggle against a right-wing military dictatorship, but I don't think he lies about it). Those who do lie are the intellectuals in and out of the U.S. academy, such as David Horowitz, Dinesh D'Souza, or Daphne Patai, who knowing this perfectly well, nevertheless use Stoll to argue that Menchú's testimonio is a "pack of lies" and that therefore it should not be taught in American schools or colleges. They lie consciously and deliberately, because they are concerned to discredit Menchú and what she represents, in the same way they were concerned to discredit the testimony of Anita Hill against Clarence Thomas. They lie because they believe that the end—hegemony of a neoconservative political and cultural agenda—justifies the means. (4)

This passage is significant not only because of its analysis of the Menchú/Stoll debate, but because it depicts John in all his fairness. He discredits those who deserve to be discredited, without condemning others. His words are even more relevant now than they were then, and his reference to the egregious way in which Anita Hill was treated was prophetic, given today's widespread and highly successful call by women to put an end to rampant sexual harassment.

I would like to close by telling one more story about John. I'm not sure he is aware of just how much it meant to me, and this is my chance to let him know. In 2012, I was working on a book about Che Guevara, a kind of poet's reverie about the man who, perhaps more than any other, shaped John's and my generation. I was concerned that certain details about armed struggle organizations in Latin America be correct and sent the manuscript to John, asking him to check it for errors. He did so graciously but, unbeknownst to me, also shared it with his editor at Duke University Press. This in itself is unusual; most academics jealously guard their publishing contacts, ever competitive in that regard. John's generosity was rare, although typical of his deep sense of solidarity. I had already sent the book to another publisher, so I was surprised when I received a note from John's editor at Duke, expressing interest in it. For the first and only time in my long writing career, I had two publishers vying for one of my books! I ended up going with Duke, and this led to an ongoing and highly satisfying relationship.

I know from experience that when productive people retire they don't stop working but, in fact, take on major projects they've long wanted to do. I don't know what John has in mind. Some rest and recreation may be in order. But I have to imagine, from what he's given us in the past, that what he will give us in the future will be just as inspiring.

I embrace him with deep gratitude for his friendship and his work.

Margaret Randall, Winter 2018

Works Cited

Beverley, John & Marc Zimmerman. *Literature and Politics in the Central American Revolutions.* Austin: University of Texas Press, 1990.

Beverley, John. *Testimonio: On the Politics of Truth.* Minneapolis: University of Minnesota Press. 2004a.

———. "I have Seen my Life as a Bridge: Honoring Margaret Randall's work." Discussant remarks presented at the LASA XXV International Congress, Las Vegas. October 8, 2004b.

———. "Rethinking the Heritage of the Armed Struggle Today." Paper presented at the LASA XXVII International Congress, Montreal. September 5, 2007. Reprinted in *boundary 2* 36.1 (2009): 47-59.

Bustos, Ciro Roberto. *Che Wants to See You: The Untold Story of Che in Bolivia*. London: Verso, 2013.

Debray, Régis. *Revolution in the Revolution? Armed Struggle and Political Struggle in Latin America*. New York: Grove Press, 1967.

Guevara, Che, Brian Loveman & Thomas M. Davies. *Guerrilla Warfare* (3rd ed.). Wilmington, Del: SR Books, 1997.

Randall, Margaret. *La mujer cubana ahora*. Havana: Editorial Ciencias Sociales, 1972.

———. *Cuban Women Now: Interviews with Cuban women*. Toronto: Women's Press, 1974.

———. *When I Look into the Mirror and See You: Women, Terror, and Resistance*. New Brunswick, NJ: Rutgers University Press, 2003.

Stoll, David. *Rigoberta Menchú and the Story of all Poor Guatemalans* (Expanded ed.). London; Boulder, CO: Westview, 2008.

Walsh, Rodolfo J. *Operación masacre* (21st. ed.). Buenos Aires, Argentina: Ediciones de la Flor, 2000.

John Beverley: Mixing the Professional and the Personal

Marc Zimmerman
PROFESSOR EMERITUS, UNIVERSITY OF HOUSTON

1.

Few of us who know the work of John Beverley will doubt his place as a key Latin Americanist cultural and literary theorist of his generation. But what's the nature of that importance? Overall it's his commitment to revolutionary changes that would end the exploitation of Latin America's poor and forge a new democratic culture with *testimonio* as a genre corresponding to the people's economic and political aspirations. It is this emphasis on democracy, the people—the workers, the masses, the multitude, and ultimately, the subaltern—that distinguishes his work.

2.

When Elizabeth Monasterios invited me to give a talk about John for this event, I was of course honored, flattered and moved. Here was the chance to speak out my heart and mind about a colleague whose work I so admired but who above all, had been a friend helping me time and again in my sometimes wayward life. Somehow once the invitation came, I felt at first elated because I knew I had the core of what I might have to say written down—first for a previous homage arranged by Luis Duno in Houston which I could not attend; and then for an extended rewrite of the tiny entry on John that appeared a few years later in Wikipedia so that now I could expand on that text further to develop a fuller account of his achievements and also a personal take on what he has meant to me and maybe to others. However even as I set forth my aim here, as I understood this to be primarily a reunion of those involved in John's work on subalternity and the role played therein by the signature "post-literary" genre known as *testimonio*, it occurred me that as someone who was perhaps marginal or one might venture to say, subaltern in relation to the development of subaltern studies, it might be my place to at least add a little to his own contribution to generic studies by combining testimonio with another genre which literary and even against-literary critics have rarely if ever explored—a genre with an ancient history but somehow renovated perhaps by those hardly heroic figures of a period preceding but extending throughout much of the Cuban revolution as well as the theoretical revolutions signaled by Derrida and Spivak, Jameson and García Canclini etc. etc.—those of the ratpack, most notably Dean Martin, Frank Sinatra and my own ethnic role model, Don Rickles: the roast.

Yes friends, I hope we have come to praise Beverely but also not to bury, but burn him a bit. And if we're going to roast him, it's best that I as one of the first speakers and one of his oldest friends of those here assembled should make my contribution now before we drown in pathos and bathos.

For my bit of roast, I will tell you a crucial Beverley story—about one of his greatest personal crimes committed against a formidable woman—not Menchú but my mother née Dorotea Yosepowich. It's a story John's not read and he may not really enjoy—and this because, in all its full unfolding and deconstruction, what it has to reveal about him and the origins of his theorizations. It has to do, quite ethnically and subalternly with my mother's cabbage soup, or borscht as we used to say in the old country... And to keep our ethnic and very literary, anti-Beverleyian flavor, we'll call our hero, Kafka-style, M—why I don't know.

3.

On one of her visits to her son's family in Minnesota, M's mother spent her days making an ample batch of her wonderful soup, a product of her people's diasporic subaltern past, which she hoped to leave as a reminder to her son of her love even after she had left town or maybe the world. However, her plans were foiled by an evil professor from Pittsburgh—a young Princeton-bred Marxist Hispanist who had completed his Ph.D. in the same graduate program as M, and who'd become an expert on primitive accumulation and the picaresque novel, who would in a few years, take his significant place in a virtual revolution of Latin American literary and cultural studies and who would soon turn a profit from all things subaltern.

While she brewed her soup, M went to work each morning with migrant farmworkers (local diasporic subalterns, most if not all of them), while the evil professor attended a Marxist Studies conference with all key players set on theorizing their evolving field, along with a Derridean professor lady from India by way of Iowa. The conference over, and now all revived up with new visions of what had to be done and undone, Beverley came to the house of M's family for a banquet arranged in his honor, at which he was able to savor a modest portion of the magical soup. And I have to tell you that some people had rumored that the soup was the real apple which the serpent had provided a well-known Eve in a very well-known garden. As those assembled gave *testimonio* to this sweet and sour wonder, the visiting professor could not resist adding his two cents regarding its subversive quality. "Maybe we shouldn't eat so much of this elixir," he suggested. "It's enough to seduce vulnerable radical scholars from the primary contradictions of Capitalism," he quipped.

That night, after hours of troubled dreams, probably haunted by the soup's surplus value and the historical pain required to produce it, John rose from his bed to find himself transformed into a ... hungry creature scampering over to the fridge to see what might be inside. Ever so quietly, opening several packages, he came upon the brew for which he so longed, and emptied it into a pan.

The next morning, M's mother went to the kitchen and found the package that should have contained her soup and now contained nothing. "M!" she whispered hoarsely. "What's going on mom?" M asked. "I just looked for the cabbage soup I'd left for you, and it's all gone. Did you eat it?" "No, mom," M answered. "Well then, who stole your soup?" "John probably ate it, mom, no big deal." "No big deal!" she all but shouted. "I work and work on your soup, and out of love for you I even give him some, and now he just goes and eats all the rest." "Mom," M chided, trying to calm her. "Don't mom me," she said, "I serve you all a dinner fit for a King, and this is how he rewards you, eating up all I'd especially made for you."

"Mother," M said. "John naturally thinks a refrigerator at a friend's house is his to open, he's a socialist, mom! And he thinks that a soup made by a friend's mother is a soup meant to be shared by all. You have to realize too, Mom, that John's always trying to help with my crazy career. So, I don't want to hear another word about this," he all but menaced her. "He's going today and I want him to go in peace. Because in spite of what you might think he is my friend—and one of the best friends I'm lucky enough to have." "What kind of friend would eat the soup that a friend's mother made her son? What kind of socialist is that?" she insisted. "Enough, mother!" And for sure, M's mother behaved, and John took his plane home without ever knowing until today, how his visit had earned him a critic harsher than Moreiras, Beasley Murray and Moraña put together.

Years later, M finally won an academic job, and was now co-writing a book that could mean tenure. Eager to cheer his aging and long-suffering mother, he called to tell her the good news. "And who's the co-author?" she asked, as suspicious as ever. "You remember him, mom," M said, holding his breath. "Not the one who ate your cabbage soup!" she shouted. "Yes mom, the one who always finds value in my work." "Value!" she barked. "Ay, mom," said M. "Gotta go. Talk to you later." "Mark my words," she warned. "He'll eat all your soup!"

4.

Of course, I benefitted greatly by co-writing a book with an already recognized figure like John, but it did irk me some when a supposed mutual friend cited the book and noted, "In the book by Beverley and Zimmerman, Beverley... says..." and then goes on to quote a passage I had written. Looks like the subaltern never got nothin' to say. I guess I find the seeds of Subaltern Studies in that upstate conference—or maybe in my mother's soup. It was also perhaps sad though inevitable for me when John, and others would develop a project that I felt I had helped originate in what might be called a pre- or proto-subalternist form, but in which I could only marginally participate, going my own way seeking to carve my own path as the years rolled by. But in spite of all, John continued to help me time and again, and still seeks to help his friend find a niche that would more fully vindicate his travails.

5.

Born into a prosperous Anglo-American family residing in South America, John became sensitive to the poverty and misery in which so many lived even as he had the benefits of his class and caste. In this sense, his life goal has been to negate such differences. As a non-Hispanic student of Spanish literature, he gradually turned to Latin American themes, but always relating them to Spanish, but also to U.S. and worldwide concerns as he knew them from his special point of enunciation. At Princeton and then at the University of California, San Diego, with the likes of Américo Castro, Joaquín Casalduero, Carlos Blanco Aguinaga, and Claudio Guillén, he ventured to study with the young Fredric Jameson. John produced a fine Marxist interpretation of Gongora's *Soledades*. But early on, the center of his interests began to drift from Spain to Latin America, impelled by the political hopes of the 60s and 70s and his understanding of the Baroque as applied to the development of literature as a colonial and postcolonial institution. Probably his early interest was spurred on by the dichotomy Américo Castro posited between dominant state-centered and marginal "castizo" structures and trends, which led John to examine the relation of literature to different social groups and structures of power. He might also be said to have elaborated first à la Blanco and Jameson but later à la Guha and Spivak, Joaquín Casalduero's insistence on the study of literary text and context.

As Marxist and activist, John developed his literary work in relation to the University of Minnesota's Institute of Ideologies and Literature (I&L), seeking to find progressive dimensions of literature and criticism. The Latin American drift was signaled in his *Del Lazarillo a Sandinismo* (1987) and then reached an early culmination in our book, *Literature and Politics in the Central American Revolutions* (1991). But that book also marked the limit of his hopes in Latin America's Marxism and in literature as he began to doubt the very social groups of "letrados" which both produced the area's cultural leftism and even its most left-tending literature.

6.

Now, some people have the impression that John and I went to school together, but the truth is that John and I lived in the same town for several years without ever meeting, since I was an M.A. lecturer at San Diego State and he a doctoral student during the Angela Davis days at UCSD—and that includes Paris, yes, and Mexico City 1968. When he left for Pittsburgh, I came in, to study with some of the same professors. We met when he came in for his dissertation defense. And we were to meet again each of the several times when he came to Ideologies & Literature meetings in the mid-1970s. I knew he was an active member of the Democratic Socialists of America (the DSA), which later joined in a coalition which emerged in 1982 as the New American Movement (NAM), a coalition of intellectuals with New Left roots. But at the time we got to know each other in Minnesota, I believe he somehow thought I was a member of the CP—and I confess I was, for one day (don't ask why), until one night, when he witnessed my tirade about party dogmatism and the crimes of Stalin. So, then he knew I was even a more wishy-washy democratic socialist than he was; and, knowing I was also unemployed, he recommended me for a job as editor of the *Socialist Review*, which was of course a real come-down—the CP had offered me to run for the Mayor of St. Paul—Today St. Paul, Tomorrow Minneapolis.

I turned down both offers and continued on my marginal, and maybe subaltern road—which returns us to a secondary theme of this talk: how I became subaltern to subaltern studies—starting with that Spivak-starring, soup-related conference, which John attended, by the way, with Ileana Rodríguez (though it should be noted that no precise correlation between the soup and subaltern studies has yet to be proven). Anyway, our friendship fully emerged in I&L, but it continued as my work veered as did his, toward Latin America and as we embarked on a series of collaborations. First came his advice and support for the book which Rodríguez and I launched with Bridget Aldaraca and Ed Baker, *Nicaragua in Revolution: The Poets Speak* (1980); then came his participation in Rodríguez's I&L Caribbean conference in 1978 and our book of stemming from the conference (1983); then, after his Lazarrillo-Sandinismo effort, came his part in the introductions to my collage book, *El Salvador at War (1988)*—all leading up to our collaboration in our more famous book.

In spite of its relatively broad circulation and the initial attention it received, John always considered our book a failure because of the Sandinista defeat in the elections of 1989 and the peace initiatives which effectively marked the end of the Central American rebellion in the midst of the collapse of the Soviet Union and the full assertion of U.S. world hegemony. What some called the end of history, or the end of macro-narratives, and the new world which would emerge in the years to come.

7.

I can well remember my collaboration with John, as he pushed forward my effort to complete narratives of Central American left poetry and *testimonio*.

"Hurry up," he warned as Regan did his work. "We may miss our moment." Prophetic words. To be confirmed when, the editing almost completed, I called him from Managua during the tenth anniversary celebration of the Sandinista Revolution and said, "John, the war has taken its toll and the Sandinistas will lose the election." Sure enough, the sandinistas lost, and no matter how we tried, we just couldn't hide the naïve faith the book evinced about the relation between left literature, left politics and the "people."

But again, it was our supposed failure that led to John's breakthrough, I would say, as a Latin Americanist. While he'd hoped that the leftwing literature we'd identified could truly represent a growing revolutionary trend, the failure of the left implied for him the limits of this literature and the perspectives of those supposedly progressive sectors they seemed to represent. Literature was the product of colonial and capitalist domination, and so were the creoles right and even left who created and critiqued it. The supposed opposition is somehow part of a total system of dominant power. Still hoping that *testimonio* was a non-or anti-literary literary genre that could challenge literary production and represent the subaltern, John launched *Against Literature* and his subsequent books.

8.

Already Beverley had written crucial texts on *testimonio* as a form of anti-literature, a subject which becomes central to the question of popular representation in *Literature and Politics*. But along with his literary concerns came his growing suspicion that Latin America's own ideological structures prevented the area's most progressive intellectuals from grasping their own reality—a position not received very favorably by his Latin American intellectual colleagues and friends. With the end of the Cold War, the defeat of the Sandinistas and the full emergence of postmodern perspectives in Latin Americanist discourse, he co-produced a key collection called *The Postmodernism Debate in Latin America*. While working on that text, he, along with some of you gathered here, co-founded the Latin American Subaltern Studies group, seeking a new post-Cold War/post-sandinista post/postmodern theorization of the relations between culture, literature and political possibility, which he and other members (following Ernesto Laclau and then those involved in cultural studies theory, but above all the South Asian Subaltern studies Group—at first through Gayatri Spivak but then more directly through

R. Guha and others) saw as centered not directly on social classes and certainly not on a questionable if not quite existent proletariat, but on the social groups and movements that struggled for empowerment and expression in the Americas. First came his most famous book, a work which, from a subalternist perspective, poses literature and existing literary studies (even leftwing versions) as implicated in hegemonic modernization projects at odds with subaltern positions. This view, now developed in relation to developing Latin American cultural studies discourse and in relation to the full emergence of globalization as the new macro-narrative of the post-postmodern period, became the subject of *Subalternity and Representation*, which appeared in 1999.

9.

Subaltern perspectives began to contribute to the development and deepening of our understanding of the widespread construction and reproduction of stigmatization and marginalization in the contemporary world. However, implicit in this consideration is the question of representation—that is, who has the legitimate power to speak for subordinates and in what way is the authority to do so discursively constructed? Here the appeals to heterogeneity and hybridity are not completely satisfactory. What is central to this subject are the questions about the status of the subaltern intellectuals who challenge the old models. Today subaltern studies involve a postcolonial critique of old and new theories and theorists in their ability to capture the old and new social movements taking into account the particularities of Latin American cases, and without essentializing, romanticizing or homogenizing the subaltern consciousness.

Latin American subaltern studies are postulated as a radical criticism even of leftist versions of cultural studies. However, there are problems. Even if one accepts the need to capture subaltern discourse, how can radical Latin American critics, who are subordinates themselves only in relation to critical hegemonic norms, be sure of their own praxis? How can we develop a critique of subaltern epistemology? Is it feasible? And if we can raise the question of the legitimacy of all forms of knowledge, in what way and according to what criteria can we establish more or less reasonable parameters for our field of study? Can we overcome our tendency to homogenize or romanticize subaltern consciousness? What about our tendency to privilege indigenous, minority or subaltern discourse, or how to be sure that we have found it when there is the possibility that it is another form of colonial ventriloquism? How can we overcome the idea that the oppressed are somehow necessarily virtuous?

10.

For reasons I'm sure many others will comment on, the Latin American subaltern group dissolved early in our new century, but Beverley continued working, publishing a new collection on Cuban literature, re-publishing his book with Hugo Achugar on *testimonio*, and completing his own definitive take on the theme, in *Testimonio: On the Politics of Truth*. Finally, he and Sara Castro-Klaren developed a U of Pittsburgh book series called "Illuminations: Cultural Formations of the Americas." Meanwhile, he kept abreast of all the polemics surrounding Latin American Cultural Studies in relation to globalization and the new lefts in Latin America, culminating in his recent volume, *Latin Americanism after 9/11*. This volume argues for a new situation for Latin America in the emerging global order, especially in view of Chávez, Evo Morales and the other new left figures which have emerged in recent years and have threatened older paradigms of left and right that circulated in previous decades. The book is replete with acute analyses of the failed politics of Zapatismo, and the constant complications of a "neo-conservative turn" which Beverley imputes to his arielist friends (or former friends) on the Latin American left.

Latin Americanism after 9/11 is also perhaps the swan song of his Latin American revolutionary dream as we've seen the fall or failed politics of several of the marea rosa regimes, which, while built on providing for what Beverley and company would call the subaltern, only succeeded at best in re-distributing wealth in unevenly developed and already weak economies by not providing the grounds for further growth. Of course, macro-capitalist policies, sanctions and blockades have played their role, but the inability to produce and develop sources for economic growth and the giveaways meant to guarantee re-elections and continuing military support (I'm thinking here about Maduro's rotting regime) have only exacerbated any chance of revolutionary transformation. We are once again before the failure to articulate a national state with "el pueblo" whether conceived as the subaltern, the multitude, or whatever, even as globalization as new world disorder or empire continues its way. And what can Beverley or we say about our liberational dreams in the age of Trump?

II.

Is it true that subalterns are only articulated in a process that ends when their state of subalternity ends? Or is it true only to the degree to which the subalterns already participate in a public effort capable of totalizing everything? Is it true that behind these ethnic groups and social movements are the great international foundations? Without foundations, would the groups have any impact? Who are the protagonists of globalized postmodernity and postcoloniality? Is subaltern studies simply the tropicalization of the South on the part of Northern-based or influenced theorists? Is it possible that (at last) thought from the South is capable of transforming the thinking of the North? These are some of the issues that emerge in the work of many critics of Latin American subalternity—in the writings of John Beasley-Murray, Alberto Moreiras and others on Latin American subalternity, where we began to see a break with respect to political economy and Gramscian culturalist theory even in its post-Laclau-Mouffean mode. Of course, if Marxism is insufficient to understand the dismal failures of the left and the fatal attractions of the right, what theoretical framework holds any of the needed keys? Even the most sophisticated versions of post-Marxist theory fail to explain the lasting appeal of authoritarianism; and if we must abandon political economy as the ultimate basis for our understanding of social process, with what can we replace it? These are among the questions whose answers await us as the new century continues on its own course.

Here as I move toward conclusion I wish to recall how, in his *Brumaire*, Marx once paraphrased Hegel to say that historical events occurred twice—the first time as tragedy and the second time as farce. Today in the U.S. we are living a process which seems both tragedy and farce at the same time. In Nicaragua, the farce of Daniel Ortega's return as president brought on a new wave of resistance to official Sandinismo. But this time the resistance came not from U.S. funded or local right-wing elements, but first from disillusioned but still progressive Sandinista elite and not-so-elite sectors, and now as we speak, spreading to a new generation fighting against the very regime which many of us who were committed to installing and which we now view as the worst nightmare and perhaps the largest questioning of our overall sense of history. As Central Americans move toward the U.S.–Mexican border only to be greeted by vicious Trumpean policies, we are seeing the results of failed policies and failed revolutionary movements in their most palpable form—a nightmare indeed, especially for those who, inadvertently or not, supported Daniel and Rosario in their rise to power and only turned from them when things clearly turned ugly.

Of course, Latin America is not very important to the U.S. or the world in the current scheme of things, and we can foresee a time when the area is beset by problems stemming from the meeting of its own internal contradictions with pressures coming from the north and now from the Far East. And yet, in spite of all, we still live on hope for a better world, and we can turn to John Beverley to explore possibilities for a better future.

John not only fought the culture wars of his time, but for years led his colleagues in making the University of Pittsburgh's Hispanic Studies a virtual center for the advanced certification of brilliant young Latin American and Latino scholars. In his writing, Beverley has always found the polemical edge to make his voice heard. By so doing, he has become a major target of those seeking to up their reps by offing his. He has heard Beasley Murray call him the "old man" and "good gringo" of Latin American cultural studies—as a near last and now defunct representative of those progressive Latin Americanists who emerged in the period of revolutionary illusions.

But no matter how much criticism he receives from supposed friends and enemies, I'm sure John's on-qoing projects will lead to more quixotic forays. Still concerned with the links he finds between neo-liberalism and cultural studies critique, with the efforts to sequester subalternist insights for questionable ends, John has been troubled with the sour grapes exhibited by those who failed in the kidnapping. At times worn by what he considers a neo-conservative turn among some of those he had considered his political allies, worn too with the constant theoretical debates marking the field, and yet pleased ever to be part of them, worn too by the sad turn of Latin America's supposed left turns, he repeatedly speaks of ending his Latin Americanist effort, only to try again as he... keeps on rollin' on.

12.

As one even older and more defunct than his detractors have claimed John to be, I wish to express my regret for the many times I didn't get together with him and other early friends because my life and commitments went elsewhere. But it is also true that time and again he contributed to several of my projects, appeared in my collective publications and included me is some of his. In the many years I was an unemployed academic, he recommended me for one job or another, and finally helped push me for department Chair in the Department of Modern and Classical Languages at the University of Houston. Some years later, he read some of my early stories and suggested I might wish to leave the theory wars to take up a lost career which he sensed I might enjoy much more.

Yes, friends, he who wrote against literature urged me to write fiction, and then Dr. Against Lit read virtually every story I sent him and gave me every encouragement to keep at it. It was he who was against literature who had read and now recommends countless works of literature related to just about every text I projected to write. Some might consider this as another part of his attack against literature after all. Now that I'm a famous writer (my nickname's Ariel) known for having written *Ficciones*, I certainly don't want (and my mom wouldn't like me) to say that I owe it all to John. Of course, I'm not famous and it's a fiction that I wrote *Ficciones*. But it may sound like a fairly good fairy tale ending to what I guess has been a failed roast. Maybe the failed-roast (a roast that doesn't burn but sizzles and then fizzles) is my own contribution to generic studies awaiting Beverley's theorization (this could be his first retirement project). In any event you don't roast soup, but John, now, as you enter a new wonderful but end-game era of your life, look out for constant dreams about still being in the kitchen as things heat up. Or not being in the kitchen when you want to be. But let's see what you can eat, digest and cook up now. I can imagine many recipes and delicious plates for you and for Gay. But as far as I'm concerned—and this in spite of my mom—you, and Gay of course, can eat any soup of mine—cabbage or otherwise—whenever you want.

Works Cited

Aldaraca, Bridget, Ileana Rodríguez, Marc Zimmerman, & Edward Baker. *Nicaragua in Revolution: The Poets Speak /Nicaragua en revolución: Los poetas hablan.* Minneapolis: Marxist Educational Press, 1980.

Baeza Ventura, Gabriela & Marc Zimmerman. *Estudios culturales centroamericanos en el nuevo milenio.* San José: Editorial de la Universidad de Costa Rica, 2009.

Belpoliti, Flavia, Cardenio Bedoya, & Marc Zimmerman. *Orbis/Urbis Latino: Los "hispanos" en las ciudades de los Estados Unidos.* Houston: Global CASA / LACASA, 2008.

Beverley, John. "Blood and Jobs." *The New York Review of Books*. 25.17 (9 Nov. 1978). Web: https://www.nybooks.com/articles/1978/11/09/blood-and-jobs/.

———. *Del lazarillo al sandinismo: Estudio de la función ideológica de la literatura española e hispanoamericana* (1st ed.). Minneapolis, MN: Prisma Institution in cooperation with the Institute for the Study of Ideologies and Literature, 1987.

———. and Marc Zimmerman. 1990. *Literature and Politics in the Central American Revolutions*. Austin: University of Texas Press, 1990.

———. *Against Literature*. Minneapolis: University of Minnesota Press, 1993.

———. Michael Aronna, & José Oviedo. *The Postmodernism Debate in Latin America*. Durham: Duke University Press, 1995.

———. *Subalternity and Representation: Arguments in Cultural Theory*. Durham: Duke University Press, 1999.

———. *Testimonio: On the Politics of Truth*. Minneapolis: University of Minnesota Press, 2004.

———. *Latinamericanism After 9/11*. Durham: Duke University Press, 2011.

Rodríguez, Ileana & Marc Zimmerman. *Process of Unity in Caribbean Society: Ideologies and Literature*. Minneapolis: Institute for the Study of Ideologies and Literature, 1983.

Zimmerman, Marc & Roque Dalton. *El Salvador at War: A Collage Epic*. Minneapolis: MEP Publications, 1988.

———. and Luis Ochoa Bilbao. *Giros culturales en la marea rosa de América Latina*. Puebla, México: Universidad Autónoma de Puebla (BUAP) and LACASA, 2012. Second edition in *Alter/nativas* Book Series. Ohio State University (2014). Web: http://alternativas.osu.edu/assets/files/ZIMMERMAN-OCHO-Marea-Rosa-completa-final.pdf.

———. "The Cabbage Soup." In *The Short of it All: Dreams and Scenes of Memoir Fiction*. Moorpark, CA.: Floricanto Press, 2018.

2. El potencial teórico de pensar más allá de los paradigmas

John Beverley y el paradigma perdido de la igualdad

Sergio Villalobos-Ruminott
UNIVERSITY OF MICHIGAN, ANN ARBOR

Abstract: This essay aims to reconstruct the central lines of John Beverley's intellectual production, paying attention to the strict relationship between his conceptual and theoretical turns and the socio-political changes that were shaping the different moments of Latin Americanism and Hispanic American studies in general. From his inaugural reading of *Las soledades* de Góngora, to his elaborations on the importance of Rigoberta Menchú's *testimonio*, the reception of subalternism, the geopolitical transformations produced by globalization and the need to rearticulate a Left project, the essay ends by questioning some of the hesitations of a work such as Beverley's, without pretending to refute or unmask it, but trying to inhabit them in order to give continuity to a type of intervention such as his own.

Keywords: Hegemony, late Criollism, neo-arielismo, subalternity, testimony

Resumen: El presente ensayo intenta reconstruir las líneas centrales de la producción intelectual de John Beverley, poniendo atención a la estricta relación entre sus giros conceptuales y teóricos y los cambios socio-políticos que fueron configurando los distintos momentos del latinoamericanismo y de los estudios hispanoamericanos en general. A partir de su lectura inaugural de *Las soledades* de Góngora, hasta sus elaboraciones sobre la importancia del testimonio de Rigoberta Menchú, la recepción de la problemática del subalternismo, las transformaciones geopolíticas producidas por la globalización y la necesidad de rearticular un proyecto de Izquierda, el ensayo termina cuestionando algunas vacilaciones propias de un trabajo como el de Beverley, sin la pretensión de refutarlo o desenmascararlo, sino tratando de habitar en ellas en función de continuar con un tipo de intervención de suyo relevante.

Palabras clave: Criollismo tardío, hegemonía, neo-arielismo, subalternidad, testimonio

> La incomodidad del intelectual tradicional con respecto a la cultura de masas y a los medios es, en parte, una incomodidad con la democracia y sus efectos. Uno de estos efectos es un desplazamiento de la autoridad hermenéutica desde la recepción intelectual a la popular. La distinción entre baja y alta cultura, y la decisión por parte de los estudios culturales de transgredirla implica por lo tanto no sólo una diferenciación funcional de las esferas culturales, sino también el antagonismo social entre la elite y los grupos y clases subalternas.
> —John Beverley

Escribo estas líneas para rendir un homenaje a la trayectoria de John Beverley, quien no necesita mayores introducciones. Su retiro desde la actividad académica funciona como una ocasión perfecta para poder participar de una iniciativa que lleva por título: "The Urgency of Latinamericanism in Times of Conflicting Globalization". No podía ser más apropiado el motivo general del volumen, no solo porque en él se reconoce el aporte indesmentible de un gran profesor y de un meticuloso y honesto intelectual contemporáneo, sino porque en dicho título también resuenan las preocupaciones definitorias de la larga carrera intelectual del mismo Beverley, sin ocultar la especificidad de nuestra coyuntura, a saber, aquella definida por una transformación general de la geopolítica estructurante de los estudios de área, es decir, por un cambio profundo de las condiciones de posibilidad de los mismos estudios latinoamericanos.

De una u otra forma, el retiro de John Beverley coincide con la misma extinción del modelo histórico de los estudios latinoamericanos, los que se encontrarían, precisamente debido a la condición conflictiva y radical del proceso general de globalización, en una situación de crisis y cambio de época. En tal caso, homenajear y reconstruir la trayectoria y la serie de intervenciones intelectuales y críticas de John Beverley puede ser la excusa perfecta para un ejercicio nostálgico de rememoración de un mundo que se desvanece ante nosotros de manera inexorable; o bien, puede ser la ocasión precisa para retomar sus inquietudes y seguir desarrollándolas, atendiendo a las transformaciones referidas. Es decir, estamos frente a la posibilidad de intentar una pequeña canonización neutralizante, que enmarque en letra dorada lo que fue una forma histórica de comprender el trabajo intelectual propio del latinoamericanismo, o alternativamente, podemos retomar el ímpetu de sus intervenciones, incluso más allá de sus propios cálculos y apuestas, en una suerte de *polemos* o diálogo agonal que, marcando las diferencias históricas, sea capaz de atender a la singularidad de su trabajo. Para todos aquellos que han conocido a John Beverley, sabida es su distancia con los protocolos y las formalidades que detienen la discusión, por lo que presumo que él preferiría una confrontación abierta antes que la formalidad de un recuento generoso, destinado a disecarlo y hacerlo ingresar, debilitado, al panteón de los clásicos.

A la vez, más allá de la diversidad notoria y estimulante de sus objetos de análisis y de investigación, los que van desde Góngora y la poesía del Siglo de Oro hasta Borges y las narrativas testimoniales, me gustaría sostener que todavía es posible organizar el conjunto de su trabajo de acuerdo con unas cuantas líneas maestras de intervención que definirían su aporte. Me parece que entre ellas podríamos mencionar su crítica sostenida a la llamada 'ciudad letrada' como modelo de una práctica intelectual auto-referente y alejada de las dinámicas socio-culturales de los sectores populares. Eso lo llevó a desarrollar una cierta desconfianza respecto al potencial político y finalmente democrático de la literatura, cuestión que, dado el contexto histórico específico, le permitió mudar sus inquietudes literarias hacia el testimonio como una *sui generis* forma narrativa no necesariamente monopolizada por la elite. Paralelamente a su crítica de la institucionalidad distintiva de las humanidades y de las ciencias sociales involucradas en el campo de estudios latinoamericanos, Beverley fue capaz de articular la crisis histórica del marxismo como alternativa efectiva para los procesos de democratización en América Latina. Y aunque teóricamente siempre estuvo cercano al horizonte post-marxista inaugurado por Chantal Mouffe y Ernesto Laclau, sus propios intereses antes que teóricos eran eminentemente pragmáticos. La crisis del marxismo, en otras palabras, tenía que ver para él no con la inexactitud de sus predicciones o con el agotamiento de sus análisis, sino con la derrota histórica de la izquierda latinoamericana, en el contexto del fin de la Guerra Fría y la caída del bloque socialista de la URSS y de Europa del Este.

En este mismo contexto, marcado por el agotamiento del latinoamericanismo tradicional, pero también por la derrota electoral del Frente Sandinista en Nicaragua, Beverley, junto a un grupo de intelectuales de trayectorias más o menos similares, comienza a asumir críticamente las contribuciones de los intelectuales indios agrupados en torno al proyecto de los Estudios Subalternos, lo que les permitió no solo constituir una variante latinoamericana de dicho grupo —una variante autónoma y con una serie de problemas derivados de las condiciones históricas específicas de la región—, sino también instalar al mismo subalternismo como una interrogante que dinamizaba el campo de discusión, suplementando por un lado las críticas al reduccionismo de clases del marxismo convencional y, por otro lado, mostrando la perpetuación estructural de la precarización, la pobreza y la exclusión de grandes sectores poblacionales en América Latina, más allá de la lógica hegemónica tradicional, que seguía hipotecando sacrificialmente las demandas subalternas en función de un cálculo político que terminaba por olvidarlos.

Las reacciones al llamado "Boom del subalterno" no se hicieron esperar y llevaron al mismo Beverley a avanzar en su proyecto de revisión de la tradición de estudios latinoamericanos mediante la crítica de una cierta tendencia re-territorializante en el canon y en la tradición, cuando no en la afirmación voluntarista del marxismo como única clave de lectura para la realidad latinoamericana, tendencia manifiesta en algunos intelectuales latinoamericanos que responderían a un cierto momento "neo-arielista" y que expresarían sus posturas mediante un giro neo-conservador. En términos generales, este neo-arielismo y su giro neoconservador se caracterizaría por su rechazo de la cultura popular concebida como manifestación enajenada de las masas, su priorización de la literatura y las prácticas culturales letradas, su desconfianza del subalternismo y de las prácticas testimoniales concebidas como fetiches de un izquierdismo académico 'orientalista', su insistencia en las dimensiones críticas de la alta cultura y su predilección por una práctica intelectual frankfurtiana o ilustrada, opuesta al populismo rampante de nuestro tiempo.

A pesar de la versatilidad de sus posturas y la diversidad de sus planteamientos críticos, los objetivos de Beverley son bastante concretos. Su resistencia a la reacción neoconservadora y su desesperado rescate de un "nuestroamericanismo" que permitiría restituir la centralidad de la nación y, por consiguiente, del estado nacional frente a las arremetidas salvajes de la globalización neoliberal, era también una denuncia del blanqueamiento inexorable que dicho 'nuestroamericanismo' había operado sobre la diversidad material de las sociedades latinoamericanas. En efecto, se trata de un blanqueamiento que oculta la diversidad étnica, lingüística y cultural de la región, a partir de la postulación de un modelo criollo de sociedad que encuentra en la literatura su expresión cultural más acabada y en el intelectual criollo a su vocero *par excellence*. Si la tradición criolla estuvo estructurada en torno a hermenéuticas culturales restrictivas, la recomposición de un cierto criollismo neoconservador y tardío no podía sino apelar a un modelo frankfurtiano y anti-populista de práctica crítica, modelo que permitía restituir la autoridad del intelectual frente a los sectores populares, concebidos como masas intoxicadas por el festín neoliberal del consumo y su ideología narcisista.

Gracias a todo esto, Beverley, que partió incomodando el hispanismo peninsular y que alborotó el campo de estudios hispanoamericanos al denunciar a la literatura como práctica elitista, aparece ahora como un pensador preocupado con el mismo carácter del estado latinoamericano, en el contexto de las luchas contra el neoliberalismo en la región. Siguiendo atentamente los procesos relativos a la llamada Marea Rosada, particularmente en Brasil, Venezuela y Bolivia, su estrategia ahora consiste en desplazar la aporética relación entre subalternos y hegemonía hacia la necesidad de construir formas hegemónicas y estatales que no solo respondan a los intereses subalternos, sino que estén en manos de los mismos subalternos, pues ahí residiría la única posibilidad de oposición frente a la dinámica concentracionaria e híper-explotadora de la globalización neoliberal.

Consistentemente con dichas preocupaciones, aparece también la pregunta por la igualdad como horizonte irrenunciable para una política y para una práctica intelectual crítica en tiempos de capitalismo global. Por supuesto, la preocupación por la igualdad, y por su aplazamiento infinito gracias a las dinámicas devastadoras de la acumulación capitalista ahora flexibilizada y universalizada, se configura en diálogo con las contribuciones recientes de Jacques Rancière y Étienne Balibar, pero más allá de las referencias teóricas y su prestigio académico, habría que enfatizar, otra vez, que la preocupación central de Beverley es la desigualdad estructural de las sociedades latinoamericanas, a nivel micropolítico y geopolítico, y la posible complicidad de nuestras prácticas intelectuales con la perpetuación de dicha desigualdad. En otras palabras, la cuestión de la igualdad aparece como referente central tanto para la reformulación de un proyecto de democratización social, económica y política, como para la reconfiguración de la crítica literaria latinoamericana, la que debe abandonar su fascinación con el experimentalismo modernista y el esteticismo de las neo-vanguardias y repensar su propia *performance* en la compleja trama de relaciones configuradas por el proceso de globalización neoliberal, que entre otras cosas, no solo desplaza la centralidad histórica de la literatura y de las humanidades, sino que también afecta radicalmente a la misma universidad, mediante la imposición de lógicas mercantiles y corporativas que redefinen nuestro lugar en la división global del trabajo.

Por supuesto, no afirmo que estas líneas agoten la diversidad y riqueza de su producción, sino que las propongo solo como una estrategia para facilitar la propia organización de mi argumento, que pretendiendo ser polémico no quiere dejar de ser justo. En este sentido, me parece que estas líneas de argumentación deben ser resaltadas, precisamente porque en ellas se aprecia la fuerza y la coherencia de la intervención de John Beverley, pero también la serie de tareas pendientes para entreverarnos con la condición conflictiva de nuestro campo y de nuestra práctica profesional en la actualidad.

La ciudad letrada (1984), la monografía póstuma del crítico uruguayo Ángel Rama, a pesar de su carácter esquemático e incompleto, marcó una inflexión decisiva en los estudios latinoamericanos, en la medida en que incorporó la problemática del poder y de la funcionalidad última de las prácticas intelectuales en la configuración histórica de los estados coloniales y post-coloniales latinoamericanos. Constituida por una serie de hipótesis cuyo alcance hermenéutico quedó más bien sugerido que desarrollado, debido a la desafortunada muerte de su autor, *La ciudad letrada* abría, de una u otra forma, una problemática que, habiendo estado presente siempre en la tradición crítica latinoamericana, no había sido propiamente formalizada. Se trataba de una inconfesada actualización de la crítica gramsciana a la función específica de los intelectuales tradicionales en la producción del consentimiento y en la misma configuración de la hegemonía. Pero, en rigor, la interrogación sobre la co-pertenencia de las relaciones saber-poder ya venía siendo discutida desde las mismas investigaciones weberianas sobre las formas de dominación y las dinámicas institucionales y había adquirido un nuevo empuje gracias a las contribuciones de la arqueología foucaultiana de las ciencias humanas. Por supuesto, mi interés no es trazar una genealogía rigurosa de estas diversas instancias del pensamiento crítico contemporáneo, sino ubicar el punto de partida para la intervención de Beverley.

En efecto, desde sus primeras publicaciones sobre Góngora y la poesía del barroco español, Beverley no solo se mostraba capaz de elaborar una sugerente interpretación marxista de un autor (Luis de Góngora) resistido por su complejidad, cuando no simplemente desechado como exponente de una esteticismo contraproducente para pensar las problemáticas socio-culturales, sino también como un investigador contrario a la institución cultural del hispanismo tradicional, el que, en una posición dominante en el marco de la academia norteamericana de ese entonces, seguía anclado a viejos modelos filológicos, formalistas y, en el mejor de los casos, esteticistas, los que funcionaban previniendo e inmunizando al saber y sus practicantes frente a las demandas de una sociedad y de una universidad conflictuada por la guerra en Vietnam y por la agresiva política exterior norteamericana, en particular contra Cuba y América Latina. Beverley mostraba así, sus credenciales como un hispanista, pero lejos de las prácticas filológicas y formales de un campo también afectado por la dictadura y el exilio, lo hacía mostrando, al mismo tiempo, sus credenciales marxistas.

Lo que me interesa destacar acá tiene que ver con la decisión pragmática de Beverley, pues en esa decisión, que constituye para mí un elemento decisivo de su propio estilo intelectual, se expresa su forma específica de entender su propia *performance* como intelectual. En otras palabras, lejos de asumir el libro de Rama como referente inexorable, o de criticarlo por su rampante sociologismo, por su esquematismo y por su incapacidad para cuestionar sus propias condiciones de posibilidad, Beverley le da un uso específico, refiriéndolo y radicalizándolo, no solo para pensar su propia incomodidad con respecto al hispanismo peninsular, sino para pensar, desde Rama y contra Rama, las limitaciones endémicas del latinoamericanismo. A partir de ahí, sin descontar la enorme influencia que tuvo su paso por San Diego (al que irónicamente refiere como desvío de ruta: "Íbamos a China y terminamos en California"), su trabajo se abre a la consideración de los diversos aspectos socio-económicos que, si bien no determinan, sí afectan la pretendida autonomía de los estudios literarios. Podríamos decir que su relación con Jameson y con el horizonte marcusiano y marxista de esa época lo inmuniza frente al impacto que el post-estructuralismo y la deconstrucción tendrán en los estudios literarios, permitiéndole mantener una actitud escéptica frente al horizonte general del postmodernismo.

No es extraño entonces que después de un tiempo, Beverley irrumpiera nuevamente de manera impetuosa con la publicación de un libro que, a pesar de su importancia, quedó lamentablemente indiferenciado en el horizonte de gestos de época. Me refiero, por supuesto, a *Against Literature* (1993), una colección de varios ensayos previamente publicados entre 1989 y 1992, ahora modificados y reunidos en un pequeño libro que intentaba darle un giro radical al llamado momento postmoderno, pero lo hacía a partir de sugerir no solo las limitaciones endémicas de la misma literatura para hacerse cargo de los problemas históricos de las sociedades, sino también para mostrar la misma estructuración de los estudios latinoamericanos como estudios literarios, lo que suponía un privilegio naturalizado de la literatura como clave de acceso a las dinámicas culturales de la región. Y aquí es necesario enfatizar que, más allá de algún coqueteo de estilo con la textualidad desenfadada del periodo, Beverley no solo está denunciando a la literatura como práctica elitista, sino como forma imperfecta de representación de las dinámicas sociales; es decir, lejos de cualquier relativismo ingenuo, él está relativizando el valor de la literatura en nombre de una política de la verdad y de la justicia que define su propia intervención.

Esto produjo, por supuesto, una serie de reacciones airadas que hoy en día podrían todavía dividirse, esquemáticamente, entre aquellas que, denunciando su rampante populismo, le acusaban de deshacerse brutalmente de la literatura, lo que implicaba deshacerse de la tradición, sus valores y sus grandes logros. Y aquellas otras que objetaban que su crítica de la centralidad hermenéutica de la literatura confundía en la misma palabra 'literatura' las dimensiones creativas, críticas e imaginativas, con los aspectos institucionales relativos a la formación de un *corpus*, de un canon, de una tradición y de una institución que, a la postre, definía materialmente los límites del mismo campo de estudios. Beverley, por su parte, más interesado en explicarse a sí mismo, estaba interesado en la performatividad de su gesto, y si por un lado su crítica denunciaba lo que en última instancia era la complicidad del humanismo con los procesos de domesticación y de explotación de las masas, del pueblo o de los subalternos; por otro lado, tampoco buscaba recuperar de la literatura sus aspectos más experimentales, minoritarios, deseantes (según la terminología deleuziana de ese entonces), pues siempre tuvo una sospecha con respecto al experimentalismo de las vanguardias y con su falta de eficacia política. Como se dice en inglés, Beverley parecía estar *throwing the baby out with the bathwater*, en la medida en que, al atacar los aspectos conservadores e institucionales de la literatura, desacreditaba también sus aspectos críticos y experimentales.

Por supuesto, esta retórica destructiva era un poco exagerada, pues su intención era atravesar el campo de estudios con una discusión que tendiera a la politización y no a la mera confirmación de presupuestos naturalizados relativos al valor "indiscutible" de determinada obra u autor. Beverley, si se quiere, no había dejado de leer literatura, pero nunca lo hizo de la forma convencional que define la producción profesional de *papers*, tesis doctorales y libros de promoción. Como profesor siguió enseñando teoría postcolonial, pero también seminarios sobre Cervantes, el barroco peninsular e incluso la postulación de un "Borges postcolonial" que avanzaba hacia "el sur" confrontando su verdad de intelectual criollo y urbano.

Sin embargo, el momento de mayor profundidad en esta ruptura performativa se produce con la publicación, en conjunto con Marc Zimmerman, de *Literature and Politics in the Central American Revolutions* (1990), libro fundamental y riguroso, pero en cierta medida anacrónico, cuestión que se destaca no solo en la introducción de *Subalternity and Representation*, sino también en el último capítulo del libro escrito por ambos. En efecto, había que transformar el momento de frustración personal en una clave hermenéutica para entender el giro radical que estaban presenciado como testigos privilegiados del proceso centroamericano. Bien podríamos sostener nosotros que *Against Literature* es el resultado teorizado de la experiencia existencial de haber escrito este libro a cuatro manos, pues con él, ambos habían comenzado con la pretensión de realizar un análisis crítico y político de la tradición literaria centroamericana, pero a medio camino, y gracias a los mismos procesos insurreccionales de Nicaragua y El Salvador, se habían quedado sin objeto, en la medida en que dichos procesos habían transformado la misma práctica literaria y habían desocultado su complicidad endémica con la elite y con las instituciones de la alta cultura, en el contexto de emergencia de las narrativas testimoniales en el subcontinente y en la región en general. En poco tiempo, se pasó de un concepto estandarizado de literatura, leída en la clave jamesoniana de las alegorías nacionales anti imperialistas, hacia los talleres de poesía popular y, desde allí, al testimonio como una práctica narrativa, pero no letrada, es decir, como una expresión subalterna, directa o mediada, pero no subordinada a las concepciones de mundo de las élites y sus intelectuales.

Paralelamente a esta sostenida problematización de la literatura como práctica definitoria de las realidades subalternas, y paralelamente a las mismas transformaciones de la literatura, pero también de la realidad continental debida a los procesos insurreccionales en Centro América (los que permitieron, aunque fuera por pocos años, abrigar nuevas esperanzas después de la serie nefasta de golpes de estado en el Cono Sur), en el campo propiamente académico se venían desarrollando no solo los estudios culturales provenientes de la Escuela de Birmingham, sino también un ensayismo crítico preocupado por las transformaciones de la cultura latinoamericana, más allá tanto de las explicaciones marxistas tradicionales como de las hermenéuticas conservadoras e identitarias, cuyos representantes más conspicuos son Carlos Monsiváis, Néstor García Canclini, Carlos Rincón, Jesús Martín Barbero, Josefina Ludmer, José Joaquín Brunner, Nelly Richard, Hermann Herlinghaus, entre otros. A esta serie de desplazamientos habría que sumar el impacto que el trabajo de Ranajit Guha, en primer lugar, y luego el de Dipesh Chakrabarty y Gayatri Spivak, comenzó a tener en las humanidades y en el campo de estudios latinoamericanos, llevando al mismo Beverley, como advertimos antes, a hacerse parte del Grupo Latinoamericano de Estudios Subalternos y a publicar, en 1999, uno de sus libros más rigurosos y pertinentes, *Subalternity and Representation*.

En efecto, dicho libro constituye una intervención fundamental en el campo, gracias a tres operaciones complementarias: 1) un diagnóstico del estado de la cuestión histórica y del campo de estudios latinoamericanos para enfrentar el nuevo milenio, 2) una incorporación de los marcos referenciales relativos al subalternismo, los estudios postcoloniales, el testimonio y los estudios culturales para configurar una nueva problemática distintiva de los estudios latinoamericanos en la post-Guerra Fría, y 3) una revisión crítica de los principales exponentes de la teoría cultural latinoamericana (desde los representantes del mestizaje, la transculturación y la hibridez, hasta las teorías sobre el barroco de Indias y su proto-criollismo voluntarioso), para enrostrarles sus limitaciones epistemológicas y políticas.

Pronto, sin embargo, las dinámicas internas tanto del Grupo de Estudios Subalternos, como de los estudios latinoamericanos domiciliados en la academia norteamericana, desembocaron en una serie de tendencias centrífugas, produciendo no solo una ruptura entre los llamados subalternistas de primer orden y los subalternistas orientados deconstructivamente, sino más allá de eso, una crisis de hegemonía al interior del campo profesional mismo, donde la abundancia de referentes y marcos conceptuales permitieron la proliferación de estudios y monografías de diversa calidad, pero sin una referencia común ni mucho menos un proyecto. La historia compleja de estos estudios de área no permite fácilmente una narrativa lineal, pero sí permite identificar momentos claros donde la hegemonía de un determinado paradigma o conjunto de paradigmas se muestra como condición de posibilidad del mismo campo. Ahora, sin embargo, con la crisis del marxismo y de los proyectos emancipatorios a nivel global, con el agotamiento de las hermenéuticas tradicionales y de las narrativas culturales sobre desarrollo y democracia, y con el debilitamiento del horizonte postcolonial en clave de multiculturalismo neoliberal, y más allá de la calidad de las nuevas investigaciones y los exponentes de las nuevas tendencias, no parece existir un punto de referencia común, aunque fuese negativo, en torno al cual, los estudios latinoamericanos y el hispanismo en general pudieran definir su agenda, más allá de la lógica de la oferta y la demanda de la universidad neoliberal contemporánea y sus procesos de profesionalización e indexación radicales. Y aquí me gustaría recalcar la predisposición del trabajo de John Beverley que, lejos de caer en la división caudillista del campo profesional, intenta restarse desde las competencias e insiste en problematizar la pertinencia de nuestras prácticas intelectuales para la realidad socio-política y cultural latinoamericana y global, saltándose las pequeñas disputas de campo que abundan a nivel académico.

En este sentido, si *Subalternidad y representación* es un libro donde se problematiza, una vez más, la crisis de los estudios literarios, también es un libro donde se afronta la problemática del testimonio, aunque aterrizando dicha problemática al caso controvertido de Rigoberta Menchú y los ataques del antropólogo norteamericano David Stoll. El testimonio, como forma de narrativa no letrada, en la que se expresa una dinámica cultural compleja, más allá de los debates en torno a la verdad o verosimilitud y a su función jurídica y política, constituye un eje del trabajo tardío de Beverley, un eje prefigurado, en cualquier caso, desde sus primeras contribuciones. No debería extrañar entonces que el año 2004 haya aparecido una serie de cuatro ensayos compilados en un volumen cuyo título no deja de ser un síntoma de los intereses de su autor: Testimonio: *On the Politics of Truth*. En éste, Beverley no solo vuelve a contraponer la literatura en general con el testimonio, sino que intenta una descripción de los rasgos distintivos del testimonio desde una comprensión política de la verdad que lo distancia de las formas naturalizadas de producción de saber y poder en los discursos académicos contemporáneos. Su argumento, sin embargo, va más lejos al afirmar que el testimonio, como forma narrativa no reducible a ninguna objetualidad convencional, funciona como puente interdisciplinario facilitando la interrogación de los límites de las disciplinas académicas y de sus funciones, en la configuración de relaciones de poder más brutales en el contexto de la nueva razón imperial norteamericana y su proceso de globalización. En otras palabras, desde su ruptura con el campo hispanista hasta ahora, el testimonio fue ganando cada vez mayor centralidad en sus preocupaciones, precisamente porque como tal, éste expresa procesos sociales reprimidos por las lógicas representacionales del poder, implicando a la vez un cuestionamiento epistemológico y político de las metodologías tradicionales y de los objetos de análisis consagrados universitariamente, sin descontar el hecho de que el mismo testimonio implica una cierta agencia social de sujetos previamente silenciados o invisibilizados, que deciden hacer visible o sensible sus propias "verdades", alterando lo que

Jacques Rancière llamaría la división tradicional de lo sensible en el marco de los estudios de área.

En el año 2011 aparece el volumen *Políticas de la teoría. Ensayos sobre hegemonía y subalternidad*, en Venezuela. Se trata de un libro importante dado su intento de sintetizar muchas problemáticas conceptuales de este periodo pero, sobre todo, por su capacidad para dar una interpretación general de las dinámicas políticas en América Latina, dinámicas abiertas por la llamada Marea Rosada y por la configuración de un hipotético momento post-neoliberal en el continente. Junto a este volumen, en forma casi paralela, aparece en inglés, con materiales repetidos, pero con ciertas diferencias, un libro titulado *Latinamericanism After 9/11*. En ambos, Beverley expresa una serie de intensificaciones y desplazamientos al interior de la misma problemática del subalternismo y de las luchas por la hegemonía y el control del estado, que definen no solo un nuevo giro en su ya mencionado pragmatismo, sino también, sus esperanzas respecto a la "nueva" situación política en la región. Y aunque no son el mismo libro, ambos pertenecen a la misma escena reflexiva, siendo cada uno, en rigor, colecciones de ensayos desarrollados al calor de la coyuntura política y socio-cultural precipitada por los procesos de globalización. Es más, mientras que el primer libro parte del giro hacia la izquierda en America Latina, plegándose al entusiasmo con el que se recibe un cierto momento termidoriano de la lógica neoliberal, el segundo libro intenta registrar el cambio geopolítico gatillado por la globalización y materializado en la serie de transformaciones producidas por los atentados del 9/11 y el cambio de la política internacional de Estados Unidos. A la vez, mientras que en el primero observamos un desplazamiento desde la famosa pregunta de Gayatri Spivak (¿puede hablar el subalterno?), hacia la pregunta ¿puede gobernar el subalterno de una manera tal que no sea la mera reproducción de la hegemonía y su consiguiente reproducción de la subalternidad?, en el segundo libro vemos un intento de redefinición general de lo que sería el latinoamericanismo en el nuevo milenio, apelando incluso a un abandono del mismo subalternismo en función de constituir una agenda *ad hoc* al hipotético giro post-neoliberal en la región.

Si la radicalización de su postura anti elitista es una vertical que se va intensificando desde el comienzo de su trabajo intelectual, podríamos sostener que las preocupaciones epistemológicas y políticas con respecto al campo intelectual también se hacen notorias en sus últimas intervenciones, pero no a partir de la necesidad de refundar la autonomía disciplinaria de una práctica universitaria de saber, sino a partir de problematizar la misma relación entre saber y poder en el proceso de transformación de los estudios de área, y en particular, de los estudios latinoamericanos, en el contexto geopolítico de la globalización neoliberal contemporánea. De esta manera, en uno de sus más recientes ensayos, un texto abocado a la problemática de la igualdad, Beverley vuelve a enfatizar que la condición irrenunciable de la igualdad (ontológica y epistemológicamente) debe constituir la base para una estrategia política distintiva de un pensamiento de izquierda, preocupado por radicalizar la democracia y superar la misma producción efectiva de desigualdad en la sociedad actual.

Como se ve, no se trata de una incorporación superficial de las contribuciones de moda del campo teórico trasnacional, sino de radicalizar algo que está contenido desde el principio en su trabajo crítico, pues no es sino esa preocupación por la igualdad, no siempre verbalizada, la que le permitió cuestionar la autoridad hermenéutica de los intelectuales confrontados con la cultura popular; la que le permitió favorecer las manifestaciones culturales populares sobre las prácticas letradas; la que le llevó a desplazar, de una u otra forma, la centralidad de la literatura para atender al testimonio y, finalmente, la que le llevó a sospechar de la universidad metropolitana y sus centros de saber cuando los estudios subalternos comenzaron a tener un dudoso reconocimiento institucional, recordándonos que más importante que el éxito de dichos estudios, era comprender la subalternidad real y atacar las causas de su producción y reproducción histórica.

En este sentido, John Beverley ha sido capaz de articular un trabajo teórico y político de innegable resonancia, enfatizando lugares definitorios del campo intelectual, desde una posición coherente y consistentemente atenta a las dinámicas sociales subalternas. Sin embargo, lejos de constituir un sistema, su trabajo sintomatiza las oscilaciones y vaivenes de un campo intelectual que ha debido ajustar *a posteriori* sus propias agendas, incapaz de anticipar el vértigo inherente a la transformación del capital. Es con respecto a esta "incapacidad" que intentaré dar un argumento polémico en la última parte de este ensayo.

En lugar de concebir las intervenciones de John Beverley como autosuficientes, acabadas y administradas en el archivo referencial de los saberes oficiales, quisiera problematizar algunos de sus puntos centrales, sin la pretensión de mostrar sus 'errores', ni menos 'refutar' sus convicciones. Nada más escolástico que la lógica de la refutación y de la crítica como autorización. Por el contrario, según puede verse en la breve caracterización de su recorrido intelectual que hemos presentado anteriormente, lo que me importa son las coyunturas teóricas y políticas que han ido definiendo sus planteamientos a través de los últimos años. Por lo tanto, no me parece pertinente ni explicar su trabajo en oposición a otras tendencias presentes en el campo profesional, ni usarlo como carta "bajo la manga" para hacer un ejercicio de pequeña política caudillista y ponerlo en el panteón marxista de los intelectuales comprometidos que representarían una alternativa frente al peligroso efecto deconstructivo de una piratería intelectual abominable. Contra esas pequeñas hostilidades de campo, sostengo que el trabajo de Beverley demanda una confrontación inmanente y preocupada de la singularidad de sus intervenciones. He sugerido previamente que esa singularidad tiene que ver con un cierto pragmatismo que le permite deshacerse de algunos problemas "teóricos" o "académicos" y desplazarlos en nombre de una articulación eminentemente política.

La lógica del desplazamiento pragmático operado por Beverley es consistente: se trata de criticar la función ideológica de la literatura, identificada además como una práctica cultural de las elites, que no logra representar adecuadamente las dinámicas sociales de los sectores subalternos. En términos históricos acotados, esta problemática se expresa en la crisis misma de las humanidades tradicionales y de los clásicos estudios literarios, cuestión que se desarrolla de forma paralela a la virtualización de la cultura y a la proliferación de narrativas culturales ajenas al canon literario. Este conjunto de transformaciones producen un desplazamiento de la función central de la literatura en la interpelación ideológica clásica y en la configuración hegemónica, cuestión que marca además la pertinencia de los estudios post-coloniales, culturales y del testimonio. Respecto al testimonio, Beverley rescata su singularidad epocal, en cuanto su emergencia y su existencia son difíciles de codificar por los regímenes de saber universitario. Así, el testimonio implica no un objeto tradicional sino una práctica de empoderamiento de los subalternos, que se vería potenciada por la coyuntura política latinoamericana. Sin embargo, más allá de la ambigüedad de esa coyuntura, Beverley sigue pensando el testimonio instrumentalmente, esto es, como discurso funcional a la articulación de una nueva hegemonía, sin atender a las transformaciones históricas del estado y del capital. Sin embargo, más allá de este desacuerdo, la fuerza estructurante de su trabajo estaría en un cierto principio de igualdad que funciona epistemológica y políticamente en su pensamiento. Es decir, que atiende a los saberes y discursos subalternos sin subordinarlos a una política universitaria de la verdad, pero más radicalmente, que parte de la igualdad como condición definitoria de la existencia. Es aquí donde radica mi mayor admiración y mi más sostenida discrepancia.

Vamos por partes. Una de las dimensiones más llamativas del trabajo de Beverley radicaría en la oposición flagrante de literatura y testimonio, oposición que estaría al centro de su reflexión y de su política. Por supuesto, además de la necesidad, nunca del todo satisfecha, de seguir complicando la misma noción de literatura, sus polisemias y sus ambigüedades, también necesitamos interrogar la noción de testimonio, que lejos de ser un género o una práctica más o menos definida, representa un punto complejo de inflexión en la moderna relación entre lenguaje, narración y verdad. Sin embargo, me gustaría sugerir que Beverley, lejos de hacerse cargo de estas inquietudes, desplaza la infinita complejidad que cada uno de los términos encierra, en nombre de una articulación pragmática que le permite oponer, desde una cierta política de la verdad, al testimonio contra la literatura. En efecto, Beverley desplaza las aspiraciones reflexivas y figurativas de la práctica literaria desde una crítica a su función ideológica; crítica que vemos operar, sostenidamente, desde su primer libro hasta sus últimos trabajos. Debido a este desplazamiento, resultaría un tanto ingenuo objetarle su versión reduccionista de la literatura, antes bien, habría que reparar en el carácter performativo de la mentada oposición, siempre que ésta responde a una estrategia política precisa.

Esta estrategia política nos indica que la preferencia de Beverley por el testimonio está estrictamente relacionada con su cuestionamiento no solo de la tradición criolla y sus formas identitarias de definir el estado-nación, sino también está advertida de un agotamiento epocal de la literatura que, dados los procesos de globalización y de virtualización de la cultura, parece quedar desplazada a un segundo plano respecto de su clásica función ideológica en la configuración moderna (letrada) del poder y la hegemonía. Pero es aquí precisamente donde Beverley parece quedar atrapado en el mismo problema que critica, pues, si por un lado, hábilmente detecta las limitaciones históricas del criollismo y del neo-arielismo; por otro lado, en la medida en que no se detiene suficientemente a pensar la crisis del sentido que la práctica testimonial implica, y en la medida en que lo instrumentaliza como referente de una política ahora sí, por fin, subalterna, hace con el testimonio lo que la tradición criolla hizo con la literatura. Es decir, al usar el testimonio como el verosímil de una práctica política subalterna, no logra salirse de la lógica articulatoria que define a la misma lucha hegemónica, y aunque se insista en enfatizar que esta hegemonía es, por fin, aquella de los pobres, todavía traduce la singularidad de lo testimonial a la condición de un discurso político convencional.

Por supuesto, no estoy concibiendo el testimonio como una forma inefable o sublime, que se resistiría a la representación y a la política, pues al pensar el testimonio de esa forma, se corre el riesgo de caer en un misticismo contraproducente. Sin embargo, poner en cuestión los usos convencionales del lenguaje, la noción burguesa de comunicabilidad de la experiencia, la misma noción de articulación hegemónica y su inadvertida comprensión de la traducción, así como las críticas a la narrativización de las dimensiones traumáticas de la existencia, no tienen por qué ser pensadas como resistencias místicas, pues todas estas interrogantes constituyen el horizonte problemático abierto por la misma práctica testimonial en el siglo XX. Pero, en la medida en que Beverley está más interesado por el efecto político del testimonio, no se detiene lo suficiente en esta problemática y convierte el testimonio en un discurso subalterno que, de manera casi transparente, expresaría posiciones de sujeto al interior de las luchas contra-hegemónicas, ya territorializadas a nivel del estado nacional, sin preguntarse por el carácter des-narrativizador y por la interrupción de la misma lógica política contenida en el testimonio. Su entusiasmo, propiamente filosófico, lo lleva a desconsiderar el hecho de que el testimonio conlleva una suspensión de la comunicabilidad convencional; comunicabilidad que constituye el engranaje distintivo de la política como lucha por la hegemonía.

Por supuesto, esta observación no desactiva ni el desplazamiento ni la decisión pragmática de Beverley, quien siempre podrá argumentar, sin ningún atisbo de cinismo, por la necesidad, incluso, por la responsabilidad, de oponerse al dominio neoliberal desde la configuración de frentes populares nacionales configurados heterogéneamente, y no modelados según la *fictive ethnicity* criolla. Sería esta recuperación del frente popular como estrategia adecuada para nuestra actualidad la que le permite, en un sentido similar al Laclau de *La razón populista*, abogar por un populismo de izquierda que movilice fuerzas sociales capaces de contener el voraz apetito de las corporaciones transnacionales. Pero entonces, si este es el plano de la discusión, uno podría todavía preguntarse por el cálculo geopolítico que está a la base de esta reivindicación del populismo.

En efecto, habría que interrogar la apuesta geopolítica de Beverley, quien vio en el arribo de la Marea Rosada, un tanto optimistamente, la configuración de un cierto post-neoliberalismo cuyo ejemplo central se encontraría en el proceso boliviano. Frente a dicho cálculo político, habría que considerar el alcance de las críticas al extractivismo y al neo-dependentismo, en la medida en que dichos procesos definirían, en última instancia, el horizonte progresista contemporáneo desde lo que ha sido denominado como "el consenso de las mercancías". Sería este consenso, que a su vez reemplazó al "consenso de Washington", el que nos permite cuestionar el llamado post-neoliberalismo, mostrándolo en cambio como un neoliberalismo de segundo orden, cuyas diferencias con el neoliberalismo anterior se expresan en la funcionalización de los estados nacionales, incluso progresistas, que ahora cumplirían roles redistributivos y de contención social, sin la capacidad de alterar mayormente ni la estructura de la propiedad ni el reparto de la riqueza. Se trata de un argumento puntual que nos indica, más allá de las apuestas de la izquierda contemporánea, que el llamado ciclo progresista ha convivido con el incremento tendencial de los procesos de acumulación y con la radicalización de los procesos de devastación y precarización en América Latina.

En tal caso, la movilización radical propiciada por un populismo de izquierda, orientado hacia la construcción de estados democráticos y de hegemonías subalternas, sigue encontrando un límite insuperable en la misma configuración global de los procesos de acumulación. Sin hacerse cargo de la flexibilidad misma de estos procesos, y sin considerar la capacidad de mutación del mismo neoliberalismo, las apuestas por un proceso de democratización radical parecerían estar hipotecadas en un razonamiento bien intencionado y voluntarista. De todas maneras, no me interesa desacreditar la eficacia del cálculo geopolítico de Beverley desde un economicismo marxista, sino que estoy apuntando a una indecisión constitutiva de sus planteamientos. Es decir, sospechar del llamado post-neoliberalismo no es lo mismo que apuntar al hecho de que Beverley, en la medida en que sigue pensando al interior del principio hegemónico de comprensión de la política, sigue arrestado, paradójicamente, en una suerte de *criollismo tardío*, un tipo de criollismo que puede vestir perfectamente los ropajes subalternos, indígenas, populares, pero que sigue conduciéndolos al estado-nación como centro-sujeto de la historia.

En este sentido, mi objeción no se reduce a una apelación post-hegemónica a la multitud y sus prácticas diseminantes (que es como se interpreta, caricaturescamente, el aporte de Jon Beasley-Murray a esta discusión), pues lo que estoy intentando mostrar es la pertinencia del desplazamiento de Beverley, pero también la necesidad de radicalizarlo, de llevar su crítica fundamental del criollismo y del neo-arielismo hasta una crítica de la misma racionalidad política que lo funda, cuestión para la cual se necesita algo más que un reemplazo de lo literario por lo testimonial. Se necesita, me atrevo a sostener, una caracterización histórica de la forma y la función del *tardío estado latinoamericano*, a partir de la metamorfosis de las formas de soberanía y a partir de la misma transformación del patrón de acumulación.

Lejos de una concepción historicista, lo que entiendo por *tardío estado latinoamericano* tiene que ver con la refundación institucional que se ha producido a nivel regional desde los procesos transicionales y de pacificación en el Cono Sur y en Centroamérica, desde los años 1980 en adelante. Se trata de una serie de procesos complejos que responden, en general, a la necesidad de refundar el fallido pacto liberal-republicano que dio origen a la historia moderna de América Latina. Sin embargo, esta refundación del pacto, verificable tanto en los Informes de Derechos Humanos como en las múltiples iniciativas constitucionales recientes, ocurre justo en el momento en que un ciclo expansivo de la acumulación capitalista se expresa a nivel regional, cuestión que vuelve a hipotecar los presupuestos republicanos y democráticos a los imperativos de esa misma acumulación. Pensar la configuración de esta forma estatal tardía es, por lo tanto, interrogar sus relaciones con los procesos de acumulación flexible, cuestión fundamental, me parece, para determinar el carácter o la función del estado y decidir si nos encontramos con una arremetida anti-neoliberal o con una metamorfosis del mismo neoliberalismo. La relevancia de esta interrogación radica en que nos obliga a ir más allá del imaginario político moderno, aquel estructurado por la lógica hegemónica que ve en el control del poder del estado la única vía para empoderar a los sectores populares y sus prácticas democratizadoras. Nos obliga, en otras palabras, a abandonar el horizonte de un criollismo tardío todavía alucinado con las figuras de la movilización, de la hegemonía y del estado como una instancia opuesta al capital.

Desde este punto de vista, el pragmatismo de Beverley, que desplaza la supuesta inviabilidad de una multitud etérea y transnacional con una política de construcción del estado desde "abajo", parece no ir muy lejos, siempre que todavía necesitamos una crítica de la forma y de la función del estado en el nuevo contrato social, tácitamente impuesto por la racionalidad que comanda el proceso de globalización. O sea, necesitamos continuar con la inteligente crítica de Beverley al horizonte criollista y neo-arielista, sin claudicar en el espejismo de un momento de transformación que, de todos modos, sigue reproduciendo relaciones internas de subalternidad en nombre de los imperativos sacrificiales del proceso de cambio. Esquemáticamente dicho, allí donde Beverley lee la escena latinoamericana marcada por el giro post-neoliberal, habría que interrogar el alcance real de sus políticas paliativas que, aunque puedan resultar relevantes, no parecen diferenciarse mucho de la agenda reformista del criollismo tradicional en su momento nacional-desarrollista, más allá de la incorporación simbólica (y fetichizada) de las diferencias.

No es casual entonces que, una vez agotada su fascinación con el proceso venezolano, Beverley vea en el boliviano la posibilidad de una construcción estatal orientada igualitariamente, capaz de corregir las brutales diferencias instituidas desde el comienzo de la historia de dicho país. Su argumento, como siempre, es pragmático y preciso. Y ese pragmatismo es muy pertinente, aunque por supuesto, *problemático*. En términos realistas, Beverley entiende que, en el proceso de construcción de un estado igualitario, se deben hacer concesiones con respecto a las demandas energéticas del mercado mundial, esto es así porque resulta imposible construir el socialismo en un solo país ignorando las fuerzas determinantes de la división mundial del trabajo. Sin embargo, al enfocar el problema de la construcción del estado en los términos macro y geopolíticos de la globalización, se corre siempre el riesgo de producir una codificación del campo político tensada por una lógica oposicional entre dos bandos, el del estado boliviano y su proceso de construcción de largo plazo, y el del capital global orientado hacia el llamado consenso de las mercancías, cuestión que funciona para-tácticamente en el esquema hegemónico de la política, pero que implica una reducción pragmática de la complejidad de posiciones en conflicto al interior de la misma Bolivia. Y esto es problemático no solo porque restituye el principio de polarización de la sociedad (la tesis del conflicto central), sino porque hipoteca las diferencias socialmente existentes según un principio de equivalencia y traductibilidad que Laclau y Mouffe llamaban "articulación hegemónica".

Por supuesto, no quiero proponer que la salida desde esta paradoja pragmatista sea fácil. Al igual que con su sostenida defensa del populismo como condición de una política orientada a la reconstrucción de lo nacional-popular, su apelación al estado transicional opera según una lógica dual: 1) por un lado, Beverley afirma la igualdad como condición radical de las prácticas políticas. 2) Por otro lado, sin embargo, en la medida en que la política es pensada tácticamente como empoderamiento y hegemonía, entonces, esa primera o primigenia igualdad es desplazada a la condición de meta u objetivo que debe ser alcanzado a través de la lucha, sin reparar suficientemente en que, gracias a las demandas realistas y sacrificiales de esa lucha, la igualdad misma resulta aplazada hacia un tiempo por venir que la disuelve en una utopía inalcanzable. Es como si dos fuerzas opuestas estuvieran trabajando desde adentro su pensamiento igualitarista, una que afirma su condición radicalmente anti-hegemónica (no solo contra-hegemónica, es decir, no solo como una fuerza todavía inscrita en el horizonte de la lucha por la hegemonía) y la otra que reduce, pragmáticamente, la política a un cálculo realista sobre el poder, el estado, y la viabilidad práctica de una progresiva transformación igualitaria. La segunda fuerza, sin embargo, opera mediante una promesa indefinida relativa a un por-venir que justificaría la subordinación de unos a otros en el presente. Es decir, la segunda fuerza termina por ahogar a la primera que consistía en la afirmación radical de la igualdad y, por lo tanto, en la suspensión de la lógica política de la transferencia.

No quiero sugerir que este sea un problema específico de Beverley, sino que trama a la misma política moderna, siempre que esta política sigue siendo pensada según el régimen categorial relativo a la hegemonía. Por supuesto, la misma noción de igualdad debe ser interrogada, no solo para distinguirla de la noción de equidad, ni distanciarla de su codificación jurídica liberal o neoliberal, sino para abrirnos a las contribuciones contemporáneas del mismo Rancière y al intento de reconceptualización de Étienne Balibar (la *egaliberté*). En este contexto, en uno de sus últimos trabajos, Beverley entiende la igualdad como una condición ontológica, es decir, como condición de posibilidad para el desarrollo de toda diferencia, de toda singularidad. Sin embargo, el problema vuelve a aparecer cuando él mismo complementa esa afirmación con esta otra:

> Esto afecta nuestra manera de pensar el Estado en dos sentidos: 1) cambia la concepción del estado-nacional de una identidad unitaria y aculturadora a una multicultural o "heterotópica", para recordar el término de Michel Foucault; 2) sugiere que la "conquista" del estado es todavía necesaria para conseguir o hacer presente la igualdad—es decir, la igualdad es algo que se produce no contra sino desde el Estado. ("Después de lo poscolonial: igualdad y crítica cultural en tiempos de globalización" 19)

Debo confesar que esto me resulta relevante y problemático. *Si la igualdad, por un lado, es una condición de partida, aparece, por otro lado, como una construcción hecha desde el estado.* El estado, podría argumentarse, ya no es, como en la tradición del marxismo-leninismo, una instancia de amortiguación de la lucha de clases, sino una instancia que puede ser utilizada gradualmente en la construcción de un tipo de poder que no ha renunciado a su potencialidad, a su condición plebeya como diría García Linera, o heterotópica, como dice el mismo Beverley. Pero, si su apuesta política consiste en la afirmación de la igualdad como radicalización de la democracia, todavía no se entiende bien porqué el límite de dicha democracia está dado por el proceso de construcción del estado y sus demandas sacrificiales, un estado que a su vez estaría encargado de construir la democracia (¿no es este el signo distintivo de un schmittianismo de izquierda?). Creo que la afirmación ontológica de la igualdad queda debilitada por la impronta de un criollismo tardío que no puede renunciar ni al estado ni a la lógica hegemónica, a pesar de que el estado en su propia formación histórica y en su actual configuración institucional, y la hegemonía como restitución del momento en que la heterogeneidad de la historia es narrativizada como lógica, sigan produciendo indefectiblemente formas de desigualdad.

En el fondo, mi discrepancia con los planteamientos de Beverley no desacredita la pertinencia ni la claridad de sus posiciones. Por el contrario, no quiero adjudicarle a él las aporías distintivas del pensamiento contemporáneo preocupado con la igualdad y la justicia. Ya bastante nos ha dejado como tarea gracias a su capacidad para producir desplazamientos y para visibilizar dinámicas de poder naturalizadas. Por mi parte, habitando en un horizonte similar, intento seguir desarrollando tanto las críticas del criollismo tardío, como la afirmación del carácter ontológico de la igualdad, emblema de un comunismo sucio y profano, en el que sus libros siguen siendo relevantes.

Ypsilanti, 2018

Obras citadas

Beasley-Murray, Jon. *Posthegemony. Political Theory and Latin America*. Minneapolis: University of Minnesota Press, 2010.

Beverley, John. *Aspects of Gongora's "Soledades."* Amsterdam: Benjamins, 1980.

———. *Del lazarillo al sandinismo: Estudio de la función ideológica de la literatura española e hispanoamericana* (1ª ed.). Minneapolis: Prisma Institution in cooperation with the Institute for the Study of Ideologies and Literature, 1987.

———. and Marc Zimmerman. *Literature and Politics in the Central American Revolutions*. Austin: University of Texas Press, 1990.

———. *Against literature*. Minneapolis: University of Minnesota Press, 1993.

———. "Founding Statement / Latin American Subaltern Studies Group". En John Beverley, Michael Aronna y José Oviedo, eds. *The Postmodernism Debate in Latin America*. Durham: Duke University Press, 1995. 135-146.

———. *Una modernidad obsoleta: Estudios sobre el barroco*. (No.12). Los Teques, Estado Miranda: Fondo Editorial A.L.E.M., 1997.

———. *Subalternity and Representation: Arguments in Cultural Theory*. Durham: Duke University Press, 1999. [*Subalternidad y representación. Argumentos en teoría cultural*. Madrid: Iberoamericana Vervuert, Madrid, 2004].

———. *Testimonio: On the Politics of Truth*. Minneapolis: University of Minnesota Press, 2004.

———. "The Neoconservative Turn in Latin American Literary and Cultural Criticism". *Journal of Latin American Cultural Studies*. 17.1 (2008): 65-83.

———. y Sergio Villalobos-Ruminott. *Políticas de la teoría: Ensayos sobre subalternidad y hegemonía*. Caracas, Venezuela: Fundación Centro de Estudios Latinoamericanos Rómulo Gallegos (CELARG), 2011a.

———. *Latinamericanism After 9/11*. Durham: Duke University Press, 2011b.

———. "Después de lo poscolonial: Igualdad y crítica cultural en tiempos de globalización". En Juan Ramón de la Fuente y Pedro Pérez Herrero, coords. *El reconocimiento de las diferencias. Estados, naciones e identidades en la globalización*. Madrid: Marcial Pons Ediciones Jurídicas y Sociales, 2016. 17-26.

Góngora y Argote, Luis de, y John Beverley. *Soledades*. 1613. Madrid: Ediciones Cátedra, 1979.

Laclau, Ernesto & Chantal Mouffe. *Hegemony and Socialist Strategy: Towards a Radical Democratic Politics*. London: Verso, 1985.

Laclau, Ernesto. *La razón populista*. Buenos Aires: Fondo de Cultura Económica de Argentina, 2005.

Moraña, Mabel. "El Boom del subalterno". En Santiago Castro-Gómez y Eduardo Mendieta, coords. *Teorías sin disciplina: Latinoamericanismo, poscolonialidad y globalización en debate*. San Francisco; México: Miguel Ángel Porrúa, 1988. 175-184.

Rama, Ángel. *La ciudad letrada*. 1984. New Haven: Ediciones del Norte, 2002.

Svampa, Maristella y Enrique Viale. *Maldesarrollo: La Argentina del extractivismo y el despojo*. Buenos Aires: Katz, 2014.

Latinoamericanismos pos 9/11

Ileana Rodríguez
OHIO STATE UNIVERSITY

A los jóvenes nicaragüenses del Movimiento Universitario 19 de abril

Abstract: This essay underscores the field construction undertaken by latinamericanists women scholars and displays their tropes, dynamics, and articulations. Central to their contribution is a revision of the concept of "the political" which revals similitudes and paralelism between the performances of the right and of the left, above all in what concerns gender, ethnicity and affect. The main gesture is to move out of the concept of hegemony into posthegemony, examined under the light of the poltics of affect and sensibility. In the background of this analysis we find the debates on modernism and modernization and the inclination towars the grotesque produced by the development of *gore* capitalism.

Keywords: Affect, ethnicity, field construction, gender, hegemony, Latinoamericanism, posthegemony

Resumen: Este trabajo pone de relieve la construcción de campo que hacen las mujeres estudiosas del latinoamericanismo; releva sus tropos, dinámicas, y articulaciones. Central a su propuesta es la revisión raigal del concepto de "lo político" que muestra similitudes y paralelismos entre actuares de la derecha y de la izquierda sobre todo y muy principalmente en lo que toca a género, etnia, y afecto. El gesto principal es deslizar el lugar de lo hegemónico hacia lo poshegemónico, examinado bajo la luz de las políticas del afecto y los sentidos. En el trasfondo del análisis se encuentra el debate sobre modernismo y modernización, y la inclinación hacia lo esperpéntico producido por el desarrollo del capitalismo *gore*.

Palabras clave: Afecto, construcción de campo, etnicidad, género, hegemonía, latinoamericanismo, poshegemonía

Este artículo fue escrito para el congreso en homenaje a la trayectoria académica de John Beverley, compañero intelectual mío a lo largo de toda nuestra carrera universitaria de gran privilegio y productividad. El título de este trabajo está inspirado en un libro suyo que me llevó a repensar el campo en la coyuntura actual prestando atención a lo que habían escrito algunas mujeres. El giro fundamental que yo quería darle al trabajo de Beverley era no solo subrayar la escritura de las críticas en cuestión, sino llevar el asunto del latinoamericanismo al sesgo feminista y la revisión que se hace hoy de los procesos políticos de derecha e izquierda. Y quise aprovechar la oportunidad para poner en escena un libro muy controversial sobre los Montoneros en Argentina, que discuto al final de este trabajo.

En su discurso de cierre del congreso en su honor, Beverley expresó que tal libro revelaba una especie de Termidor en el que los revolucionarios recogían las amarras del radicalismo para seguir una senda más conservadora. Ese no es precisamente el gesto que yo veo en estos asuntos sino más bien el de una revisión del concepto de lo político como comprensión de caminos atajados y como necesidad de negociaciones, pactos, alianzas con los grupos de poder, algo parecido a lo que Daniel Ortega llamó, durante la transición del Sandinismo revolucionario a la restauración liberal neo- de Violeta Chamorro y Antonio Lacayo, "gobernar desde abajo". Ya he tenido tiempo de evaluar estos asuntos en otros trabajos.

Quiero decir antes de entrar en materia que Beverley y yo fuimos a la misma escuela graduada, educados por los mismos profesores, mentoreados extra-curricularmente en marxismo por las magníficas escuelas de verano organizadas por Fred Jameson. También compartimos los años del Instituto de Ideologías y Literatura que organizó Hernán Vidal y Antonio Zahareas en la Universidad de Minnesota, que para jóvenes como él y yo fueron una oportunidad singular, ya que en ella tuvimos el privilegio de oír, conversar y entrar en diálogo con las grandes escuelas de pensamiento en esos momentos como eran FLACSO y CEPAL. Fuimos, junto a Robert Carr, Javier Sanjinés, Patricia Seed y José Rabasa, fundadores del Grupo de Estudios del Subalterno, que gozó de gran popularidad entre nuestros colegas y cuyos principios organizativos eran una esperanza de academia extra-muros, un pensamiento que no fuese financiado por las universidades y cuyo requisito de afiliación fuese el de la afinidad, una especie de sensibilidad social compartida. Como se puede ver, esta es una trayectoria respetable. A nivel personal, me unen a él varios recuerdos que atesoro y que pertenecen a nuestra juventud y compromiso social, entre ellos, una militancia anotada por la postura contra la Guerra de Vietman y a favor de los movimientos revolucionarios de América Latina. A través de esos años, pude aquilatar el sentido de justicia de John Beverley, su buen humor, más un anecdotario cuyo recuerdo me proporciona gran contento.

'Restitutional excess:' crisis del masculinismo, pulsión de muerte, devastación social

A fin de participar en la conferencia en homenaje a la trayectoria académica de John Beverley, pedí a unos colegas que me mandaran algunos trabajos de él y entre ellos recibí uno titulado *Latinoamericanism after 9/11*. En su lectura encontré frases hechas claves a su argumento, como "community discourses [about Latin America]", "interested image", "restitutional excess", frases que siempre ayudan a organizar la propia intervención basada en aquello que uno recibe de los otros, ideas y conceptos con los cuales uno conversa o no. El trabajo articulaba también la idea del orientalismo y la discusión sobre hegemonía y poshegemonía, caminos que le ayudan a Beverley a transitar hacia su terreno favorito que es el de lo político, hasta desembocar en la idea del estado, poder, movimientos sociales y llegar al punto central de su introducción que es el evento titulado "marea rosa". En la lectura advertí los nombres con los que Beverley configuraba el campo y que consigno aquí a una nota.

Por esos mismos días, interesada en la discusión de la poshegemonía, había comprado *Poshegemonía. El final de un paradigma de la filosofía política de Latinoamérica,* texto en el que Rodrigo Castro Orellana sostiene que después de la conferencia del grupo de subalternistas latinoamericanos en Duke University en 1998, titulada Cross-genealogies and Subaltern Knowledges:

> El debate en torno al uso de las tradiciones intelectuales latinoamericanas [...] derivó en la escisión entre un latinoamericanismo poscolonial que no tenía dificultades para entrar en diálogo con el marxismo, el posestructuralismo y la deconstrucción, y un latinoamericanismo decolonial que deseaba recuperar el viejo programa de liberación anticolonial del Sur, en nombre de las realidades indígenas o de una identidad cultural originaria. (Orellana 2015, 2)

En el libro de Beverley me llamó la atención el paramiento del latinoamericanismo con el orientalismo de Said. Entendí después que este gesto venía a articular el sentido de lo colonial de tales estudios vistos desde la producción de discursos latinoamericanistas producidos en Estados Unidos o Europa. Tomé la persistencia en el nombre "latinoamericanismo" como la construcción de campo cuyos tropos dominantes eran el colonialismo neo- y pos-, la modernidad y modernización, la obligatoriedad de lo político, y la crueldad. Los autores citados sentían que dicha producción obedecía a una "imagen interesada", o constituía un "exceso restitucional". Esto podría leerse como una manera de enmendar la plana, una aproximación más cercana a lo real, o una intervención política de su parte. A mí me parecía que leían el campo por su falla, incompletud, y desalcance. Pensé en los estudiantes de Beverley como Guillermo Mariaca, Ricardo Kaliman, Armando Muyolema, Beatriz González-Stephan, Ana Forcinito entre los previos al 9/11 y los pos, entre ellos los centroamericanos Mario Roberto Morales, Leonel Delgado, y Erik Blandón. ¿Cómo pensaban el campo ellos? De los centroamericanos, Mario Roberto Morales trabajaría sobre posiciones anti-decoloniales, a pesar de que empezó con simpatías sobre las fiestas populares y los indígenas; Leonel Delgado las vanguardias centroamericanas, y Erick Blandón las culturas populares. Con ello se marca un campo más dominado en ese momento por Néstor García Canclini y los movimientos insurgentes de izquierdas ya en declive. Los sudamericanos siguieron el subalternismo en su línea Ranajit Guha muy pre-, pos- y de-.

De estas reflexiones surgió la pregunta de cómo pensaban mujeres como Jean Franco, Josefina Saldaña, Laura Podalsky, Ana Forcinito, Sayak Valencia, entre otras, el latinoamericanismo. No encontré en ellas precisamente el término mismo, pero sí el gesto de construirlo. Me di cuenta que las mujeres seguimos otra línea. No compramos la vuelta al comunismo, ni comulgamos con la historia de la "marea rosa". Jean Franco y Josefina Saldaña, por ejemplo, pusieron en la mira la modernidad de izquierda y de derecha; Saldaña se empeñó en la reorganización de Latinx y Latinoamérica con American Studies, y otras como Laura Podalsky y Ana Forcinito se centraron en el afecto, mientras Sayak Valencia ilustraba el capitalismo *gore* à la Quentin Tarentino.

Mi interés en este trabajo radica en poner en la plataforma de discusión un viraje que se aleja del estado como asunto central de lo político y se aboca a reflexionar sobre las organizaciones insurgentes, sobre la sensibilidad y el afecto como asunto político, sobre el tipo de capitalismo de hoy. Mi punto de partida es el texto de Franco publicado en 2002, *The Decline and the Fall of the Lettered City. Latin America and the Cold War*, porque retorna a un momento fundacional de las políticas del siglo XX y a un tropo puesto en circulación por Ángel Rama, que nos conduce a una revisión del punto de arranque de los movimientos de izquierda que ella vendrá a enfocar en su segundo libro, *Cruel Modernity*. Se vuelve así a revisar lo político partiendo de la respuesta que en su conjunto dieron los escritores latinoamericanos a dos propuestas formuladas durante la Guerra Fría, la de la libertad y el universalismo de los Estados Unidos, y la de la lucha de clases y la paz de la otrora Unión Soviética.

Encuadrada dentro de estas dos propuestas externas, el argumento fundamental de ese estudio en la formación del campo es a mi ver cómo, al menos la norteamericana, disfraza un ataque a lo nacional-étnico de las culturas locales, denigrándolas como provincianas e idiosincráticas. Es decir, el marco de ese latinoamericanismo es ya 'neo-colonial', término en desuso, al proponer un desencanto o desacato con lo propio local, una especie de posicionamiento pro modernismo y modernización. No obstante, a partir de la Revolución Cubana, el latinoamericanismo muestra una nueva pulsión continental que enhebra política y poética en una discusión que desde fuera se ve incrustada en el debate sobre identidad nacional y estética modernista (Jameson, Larsen). Esta es una contra-respuesta de los escritores del boom que se erigen en guías de lectores y críticos que transgreden el provincialismo asignado al continente, aun si su sentido de lo político los liga a los estados nacionales y a sus fallos.

Para Franco, modernismo y modernidad cultural en el latinoamericanismo no tuvieron un escape esteticista como Jameson argumenta para la modernidad central; ni un retiro de lo político hacia lo estético, sino más bien subraya una tensión entre el lenguaje retórico manido de lo político frente a las exigencias estéticas de las letras. Es más, a las dos propuestas seculares externas, ella suma un catolicismo anticapitalista, matrimoniado a una noción del bien como valor de uso contra el valor de cambio, que recorre desde el Che Guevara hasta Ernesto Cardenal en su comunidad de Solentiname. Así se hilvanan política y arte a comunidades alternativas, antitéticas a las miserias de la nación real, al capitalismo mercantil y el burocratismo comunista. Poetas y novelistas fueron en ese momento pedagogos, árbitros del gusto y monitorearon la política de los políticos, pero también trazaron la diferencia entre una retórica pública reduccionista y la complejidad de la ficción en la que exploraron el naufragio de lo nacional y de la autonomía textual. Ni la austeridad guerrillera, ni la simplicidad campesina armonizaron con la exuberancia y exceso de lo estético y menos con el estatuto del escritor como héroe. Mas, si bien respondieron a la propuesta norteamericana de libertad y universalismo, no comulgaron con el realismo socialista implícito en la propuesta de la lucha de clases y la paz de la otrora Unión Soviética. El meollo del argumento anti-universalista es que el impulso político alcanzó los muros de la ciudad letrada y, a través de sus grietas, se filtraron culturas y lenguas indígenas, biculturalismo y bilingüismo que se distancian del proyecto modernizador y autonomía del texto literario.

Pero, y aún más importante, es que Franco desvela cómo un protagonista, siempre masculino, es subanotado por lo excluido femenino o feminizado implícito en el sujeto del (sub) desarrollo. Implícito en la ciudad letrada es su cimiento en múltiples invisibilidades—mujeres, naciones enteras, las cabecitas negras de las Américas criollas. Sobre ellas, la nación se constituye en series de experimentos fallidos y progresos y desarrollos espectrales. La modernidad de América Latina se caracteriza por una exclusión constitutiva difícil de vencer y, por tanto, el boom literario es paralelo al fallo de los booms económicos—caucho, café, bananos. Literatura y estado constituyen una *mise en abyme*. El tejido modernizador-nacionalista se deshilacha irreparablemente—de ahí el fallo o desalcance de un campo siempre en falta, asediado por carencias y falencias cuando se escribe desde lo que semeja un orientalismo en las naciones centrales. Más tarde, la palabra impresa cede ante el radio y la televisión; la cultura de masas desplaza la letrada y el campo se abre a lo electrónico y post.

Pronto, los militares devienen actores principales y el latinoamericanismo tiene que ser repensado. Los tanques en la ciudad joden el republicanismo, el sistema de justicia, el poder de las organizaciones obreras, la sociedad civil, y la idea misma de la literatura y el arte como agentes de redención y salvación. El tránsito al estado neoliberal y a la modernidad post- queda pavimentado: tortura y represión actúan como agentes de cambio. La generación posboom ya no puede jugar al francotirador; el universo social-global urge un reformateo. La nueva etapa llamada de globalización demandaba destrezas, habilidades, reglamentaciones y reorganización del estado a fin de poder negociar con las corporaciones en consonancia con las necesidades biopolíticas de los propios territorios. La idea de la resistencia se torna quimérica y si bien el comunismo fue derrotado, el capitalismo y la democracia no triunfaron.

¿Qué quedó entonces de las propuestas de la Guerra Fría? Quedó un neoliberalismo que favorece las nuevas élites transnacionales no precisamente democráticas y una sociedad pos-trabajo, maquila, call-center. Las diferencias de género y etnia rebasaron pedagogías y reformas sociales y el vínculo entre consumismo y pulsión de muerte entre los jóvenes de las clases despriviligiadas se acentuó. Inmensas migraciones y la explosión demográfica presentaron retos insospechados y cambios de identidades que tensaron las viejas formas comunitarias. La crisis del masculinismo, cuyo pasado fue de conquista y represión culmina con el suicidio social. Códigos tradicionales articulados a valores aceptados de las sociedades individualistas causan devastación, dejan una violencia sin sentido y traen consigo la supresión de comunidades alternativas tipo Solentiname. La idea de que todo sería mejor no persuade a nadie y la nación se convierte en un tejido cicatrizado, demandas sin cumplimiento y sujetos sociales desagregados en múltiples identidades. Esta es la modernidad en Latinoamérica. La idea de un campo en falta, de un latinoamericanismo orientalista, queda sellada por la advertencia del subcomandante Marcos, que sostiene que aun los latinoamericanistas progresistas que trabajan en los laboratorios mentales de las universidades extranjeras promueven la amnesia histórica y amplifican la soberanía del Norte—para no hablar de los latinoamericanismos producidos por el Banco Mundial y los círculos oficiales de Europa y los Estados Unidos que proporcionan narrativas de progresos fantasmales.

"Interested image:" Discursos en paralelo—imaginarios de derechas e izquierdas

En paralelo al pensamiento de Franco, podemos leer en el texto de Josefina Saldaña-Portillo, publicado pre 9/11, *The Revolutionary Imagination in the Americas and the Age of Development,* la similitud de dos discursos de apariencia antagónica que corren en simultáneo y refieren a la dupla modernidad/modernización. Saldaña establece una comparación entre los documentos publicados por las agencias del desarrollo—Banco Mundial, Banco Interamericano de Desarrollo—y el texto cultural, autobiográfico, testimonial de los revolucionarios, para encontrar la macabra convergencia de nociones de futuro, pasado, subjetividad y agencialidad humana. El meollo de su argumento es la convergencia entre una subjetividad y agencialidad construida por los intelectuales del primer mundo para servir de definición a las fuerzas de trabajo del Tercer Mundo, y los tropos, temas, y tecnologías constructivas de dichos sujetos dentro del texto revolucionario, esencialmente los referidos a indígenas y mujeres como pre-modernos.

Basados en esta ingeniería de la subjetividad desarrollista, Saldaña lee las figuras revolucionarias de, digamos, el Che Guevara, Mario Payeras u Omar Cabezas, como la auto-asignada trascendencia de dichas subjetividades premodernas pero, claro, al establecer ellos políticas de desarrollo social revolucionario, ese sujeto revolucionario "moderno" se encuentra con los sujetos reales, campesinos, indígenas o mujeres que rechazan sus políticas desarrollistas porque son hechas en nombre de un proletariado o un campesinado que no encaja dentro de su circunstancia—tal es el caso de la reforma agraria en Nicaragua. Saldaña-Portillo ofrece una contra-propuesta, la que indígenas como Rigoberta Menchú o movimientos como el ZLN presentan una perspectiva diferente al 'Yo' moderno con un 'Yo' no-moderno, y a un desarrollo que reconstituye el estado guatemalteco o mejicano poniendo en jaque políticas económicas como las de NAFTA y nociones de subjetividades como el mestizaje.

Revolutionary Imagination... abre con una cita del discurso del presidente John F. Kennedy conmemorando la Alianza para el Progreso el 14 de marzo de 1962, articulado en términos revolucionarios, y otra del Ejército Zapatista de Liberación Nacional desde la selva Lacandona de diciembre 1993, articulado en términos liberales. Ambos entretejen educación, salud, libertad, democracia, paz, en narrativas del progreso y también exploran el origen de estos mismos tópicos en la razón imperial y la evolución histórica de la Ilustración practicada por el colonialismo europeo y capitalista contra el sujeto-colonial. Tanto los tópicos como sus orígenes, cautivan el imaginario de tres generaciones en las Américas en la segunda mitad del siglo XX. El análisis lingüístico expone un inconsciente colectivo en discursos en pugna que se refuerza en los documentos del Banco Mundial y el Interamericano de Desarrollo, tanto como en la literatura de las insurgencias—FSLN, PRI, URNG, EZLN. Esto constituye una "comunidad de discursos" de un latinoamericanismo de fin de siglo. Saldaña-Portillo muestra cómo la imaginación desarrollista y revolucionaria está coludida después de la segunda Guerra Europea. Tal se muestra en su visión de nación, ciudadanía, y progreso, modelos de mejoramiento de la subjetividad humana, y tipos de agencialidad de la Guerra Fría. Hay un gran *pero* inscrito en estos discursos, el de la trascendencia de un etnos premoderno feminizado, sujeto implícito campesino o urbano del (sub)desarrollo, que emerge pos-luchas descolonizadoras como el sujeto laboral para la expansión capitalista del Tercer Mundo. Los intelectuales del primer mundo establecen para él metáforas, tropos y tecnés incrustados acríticamente en el texto cultural de los dirigentes revolucionarios.

Todo es perfecto en el discurso desarrollista, transformacionista, revolucionario, excepto la gente. Caso puntual, el de la reforma agraria de Nicaragua que, en su afán desarrollista, privilegió la conciencia proletaria y colectiva sobre la de los campesinos medios que componían el total de su población rural. Así decidieron qué era lo mejor para los campesinos y pusieron en marcha políticas paternalistas y coercitivas en la agricultura tal como lo habrían hecho los esquemas liberales. Con ello, los líderes revolucionarios se pronunciaron a favor de la muerte epistémica de ese sujeto "pre- revolucionario" y "pre-moderno". Junto a los indígenas, aquéllos constituían el horizonte de sus mandatos revolucionarios. Los revolucionarios eran los catalizadores de esta conciencia subalterna, lastre del modelo de desarrollo.

Resta ahora repensar el modelo revolucionario de subjetividad humana que líderes como Menchú y movimientos como el EZLN presentan: ambos rechazan la trascendencia étnica y particularidad de género y postulan clase y etnia como categorías históricas mutuas. El "Yo" autoral de Menchú, por ejemplo, es crítico de las teleologías de la conciencia privilegiada de un "Yo" ladino-líder guerrillero, y propone una subjetividad indígena "no-moderna". Demanda autoridad para la experiencia indígenas K'iche' e independencia de los modelos de desarrollo revolucionarios. Por su parte, las demandas Zapatistas de reconstrucción del estado y la economía mexicanas interrumpen la retórica del progreso de una nación en desarrollo, reconceptualizan el sentido de las prácticas ciudadanas y critican el mestizaje, término desarrollista, predicado en la borradura del sujeto indígena a favor de un sujeto mestizo tropológicamente "más avanzado". También amenazan el triunfo del neoliberalismo y la globalización representada por NAFTA al demandar control de sus recursos económicos para los indígenas.

En *Indian Given,* el campo de estudios en Saldaña-Portillo es ya americano y no Latinoamericano. Este se constituye a partir de la centralización de la figura del indígena como generadora de conocimientos. Esta figura empieza en las geografías mapeadas por la colonización, seguida por la de la nación. El conocimiento empieza con una somatización: la vista puesta sobre esos territorios que hay que cartografiar. En ellos, una figura obstaculiza la visión y pone cortapisas a la configuración gnoseológica. Es la del Indio/indio, las dos maneras de escribir al indígenas en los campos de las epistemes coloniales británica y castellana. Contra, frente, alrededor del Indio/indio, se van construyendo las cartografías imperiales, en un principio *terra nullis,* frontera agrícola, ejido, tierras comunales, parcelas agrícolas, haciendas, latifundios y, así mismo, dentro de éstas, las legislaturas y gobernabilidades. Desde un punto de aproximación somática, lo visto conduce a teorías de la representación de gran efectividad que empiezan en los sentidos, pero van formando capas escritas, mismas que después apelan a la emotividad, ideologización y deseo de posesión. Este desemboca en normatividades que permiten conocer un lugar antes de visitarlo, porque existe ya previamente en la memoria cultivada por el texto cultural o político. El asunto entonces es cómo los campos del saber son racializados y cómo la raza viene a vehicular un sentido macro de lo político, inconsciente racial que subyace a todo saber. En estos textos, se trata también de colonialismos y modernidades, pero estas no son articuladas como falla, ajuste, error, o suplementaridad, sino deseos como parte integrante de la dinámica Norte/Sur, Este/Oeste, vista desde la postcolonialidad y en el contexto de la Guerra Fría.

Excedente desestructurante:
Lo sensorial femenino como articulador de campo

Las críticas de cine se mueven hacia ese otro lugar, más propiamente de políticas del deseo y del sentido, proclives a ser leídas como poshegemónicas. En *The Politics of Affect and Emotion in Contemporary Latin American Cinema*, Laura Podalsky presta atención particular al llamado sensorial y emocional del cine continental, el esfuerzo por alcanzar su audiencia a través de sensaciones, de invitar a sentir de otra manera, a través de una estética de choque que perturba—à la Quentin Tarantino o David Lynch; tipo de brutalidad que toma por asalto el cuerpo del espectador y juega con él. Estas son llamadas afectivas a reaccionar visceralmente. Podalsky argumenta cómo el cine estimula reacciones afectivas difusas y articula nuevas sensibilidades a un potencial político que trascienden las fronteras nacionales. La teoría fílmica, junto al trabajo de las feministas en la exploración de las emociones y del cuerpo como lugares epistémicos alternos, se ocupa de encontrar sentido al trabajo socio-político de las emociones, de entender sentimientos como conocimiento y vehículo o manifestación de impulsos libidinales subanotados. Las políticas libidinales activan la formación del campo y producen lo visceral-macabro como excedente desestructurante.

Podalsky hace un recuento teórico que subyace a su tesis central sobre el papel de las emociones en el cine continental y abre la puerta a lo llamado poshegemónico. Se trata de subrayar la incapacidad del estado como mediador y el desinterés que esto genera en lo político; se trata de una configuración de nuevas subjetividades que, como decía Franco en referencia al género y la etnia, rebasan las pedagogías o reformas sociales. Los jóvenes viven a profundidad las experiencias sensoriales—formas de conciencia epidérmica que aprehenden el espacio como en una cinta cinematográfica, con sus ritmos, cortes, y montajes. Su mundo está gobernado por la racionalidad instrumental y sociabilidades inéditas fluidas, en una modernidad más líquida que estable, en la que las viejas formas de solidaridad y auto-defensa son obsoletas. La mezcla de códigos tradicionales con individualismos-consumistas desasosiega, mercado y pulsión de muerte se entrelazan y conducen a un suicidio de lo social que no permite pensar en comunidades alternativas. Vivimos en una época de sensibilidad exacerbada, densa e intensa en sensaciones promovidas por las nuevas tecnologías que inducen al aislamiento y generan inquietud. El consumo hace girar la atención hacia eso otro, neo-sensorial que conecta los cuerpos en vez de congregarlos en un mismo espacio y a sintonizarse en videos, teléfonos celulares e iPod. Las lógicas del mercado instan a vivir y gozar la inmediatez y fomentan una visión del tiempo plana, sin pasado ni futuro. El olvido es una inflexión sobre lo afectivo-cultural. El espacio doméstico es lugar de refugio absorbente, mientras el público es de preocupación exacerbada. El ojo funciona como órgano táctil, digital, y la crisis epistemológica emborrona el récord visual ya insuficiente para registrar lo pasado y su peso en el presente. La certeza es difusa.

Un punto clave en el argumento sobre el efecto de choque de la nueva estética fílmica es establecer dentro de la discusión sobre afecto, interacción intersubjetiva, lenguaje y representación cinematográfica. El afecto es una intensidad encarnada, mientras la emoción es la enmienda socio-lingüística—tipo de experiencia que desde ese momento es personal; especie de inserción de la intensidad en una cadena de progresión semántica y semiótica. Mientras las emociones se inscriben socialmente en cadenas significantes codificadas, el afecto es una categoría más amplia; es simultáneamente material-corporal e inmaterial, pre- que no a-social. La producción fílmica emerge como respuesta a un horizonte histórico de rupturas; pone en escena situaciones en las que no sabemos cómo reaccionar; presenta espacios desconocidos y encuentros inesperados que hacen un llamado sensorial y abren flujos conceptuales-afectivos intercorporales, con varios nexos interconectados y una multiplicidad de redes y procesos multisensoriales.

Bajo esa misma luz, leo *Óyeme con los ojos,* de Ana Forcinito. Su propuesta de formación de campo revisa las políticas de la representación cinematográfica proponiendo una sinestesia: oír con los ojos. Ella estudia el juego entre mirada y sonido en el cine argentino dirigido por mujeres y propone que éste expresa desconcierto frente a transformaciones celebratorias de la globalización económica y cultural y las caras visibles e invisibles de la discursividad neoliberal. Leo en Forcinito esa postura poshegemónica que, según Scott Lash, es menos una cuestión de discurso, cognitiva y de conocimiento, y más una dominación internalizada, orgánica, celular, *interface*, gobernada por reglas y protocolos generativos donde el poder funciona como energía y potencia, menos mecanismo y más vida, igual que en Podalsky.

¿Qué vemos y cómo oímos? Vemos una imagen fragmentada y ensombrecida, recortes en el encuadre de los cuerpos, cortes en la secuencia narrativa convencional, repetición de tomas y referencias a lo que no se puede o se sabe ver; y oímos voces articuladas y desarticuladas fuera y dentro del campo visual, ecos, ruidos, respiraciones y resuellos, que prometen verdades y mentiras y confunden el discernimiento. Estamos frente al reino de las emociones, excesos, faltas, distorsiones. Se oye lo que no se ve. Forcinito, como Nicholas Thoburn, parece entender el poder y la producción a través de las temáticas de la comunicación, afecto, miedo, trabajo, clase, guerra. Porque lo que no se ve es la exclusión, sujetos invisibilizados, interpretaciones excluidas que se rearticulan políticamente como voces marginales inaudibles—ruidos, murmullos, susurros—sin acceso al escenario del logos. Así, los residuos son invisibles, pero no inaudibles en una sociedad de control neoliberal, sistema construido sobre la fluidez de identidades abiertas e indeterminadas, redes de regímenes de producción o micro-poderes perfeccionados en resguardos disciplinarios modernos. Poshegemonía en la medida que reducen el margen del consenso y prescinden y sobrepasan la política democrática liberal. La fragmentación de los cuerpos es análoga a la sociedad civil, espacio polimorfo, con grupos de interés que pulverizan lo social y cierran las puertas a posibilidades de articulaciones y dominios consensuados. Estamos ya encerrados en la casa donde todo es posible, en una esfera de sociabilidad restringida, post-civil y pre virtual y cibernética.

La propuesta de Forcinito es la de repensar la intersección de estos dos sentidos y sensaciones, mirada y voz, y desentrañar la relación entre espejos acústicos y fantasías, dislocaciones sonido-imagen o su perfecta sincronización. Se trata de la materialidad de la voz vinculada al cuerpo y desvinculada del logos y remite al cuerpo materno, a trabajos en torno a la Chora, o la relación con el cuerpo propio a través de la respiración, a la correspondencia del sonido con el cuerpo materno, pre-lingüístico, pre-edípico o para-edípico, pre logos. *Logos* (racionalidad) y *phone* (voz), subrayan la necesidad de distinguir entre lo acústico y lo semántico. La voz materna reescribe, desde el sonido pre-logos, la relación de la mujer con la voz femenina como excedente desestructurante—sonido sin articulación paterna que se usa en el cine para dar cuenta de ese otro registro nunca completamente doblegado, intermitente y nómada. Se trata, así, de repensar la coexistencia pasado-presente, ausencias en los archivos históricos, y convulsiones de sentidos en huellas, huecos, y residuos; se trata de distinguir la voz autoritaria y violenta del silencio; la subyugación heterosexista y el impulso de voces resistentes pre y post-lingüísticas, dialógicas, en medio voces de autoridad masculina.

Óyeme con los ojos es una propuesta de volver a mirar luego de escuchar; de mirar excedentes de la imagen y el logos, de interrumpir la fantasía masculina—de volver a pensar. Se trata del desafío de situarse como sujeto en la *méconnaissance*. El *logos* es la voz masculina identificada con el poder—de ahí su distorsión. Lo femenino es lo inaudible. La estética cinematográfica de las películas dirigidas por mujeres viene de la mano de las teorías de género que reflexionaron sobre la política de la imagen, su desincronización del placer de la mirada y los procesos de identificación masculinas del *voyeur*. La apuesta de Forcinito es que el nuevo cine exprese desconcierto frente a las transformaciones celebratorias de la globalización económica y cultural neoliberal. La propuesta política es una trasmutación de tiempos y espacios muy diferentes a esos que señala Thoburn, los de los galerones de las maquilas donde la condición laboral ha disuelto el lazo social y donde los trabajadores no tienen más de qué hablar.

Latinoamericanismo post-: endriagos y esperpentos

En un artículo sobre el neoliberalismo, José Luis Rocha hace un paralelismo inesperado:

> diría que las ONGs serían una especie de estado benefactor descentralizado, las pandillas equivaldrían a los movimientos insurgentes, el narcotráfico representaría el sector agroexportador emergente—pero suficientemente industrializado—y los evangélicos serían una teología de la liberación vuelta al revés, una especie de teología de la evasión... (Rocha 2016, 246)

Equivalencias tremendistas que subanotan las estéticas de choque visceral de las que habla Podalsky en la nueva cinematografía y Sayak Valencia en las epistemes del *Capilalismo gore* o *snuff* que ahogan el latinoamericanismo y lo tornan macabro, esperpéntico. Es el reconocimiento de la violencia como instrumento fundamental en la estructuración de las lógicas del capitalismo; es el lado invisible de la poderosa mano del mercado, de las nítidas transacciones económicas neo-liberales.

Valencia hace un llamado a oír y ver los discursos 'desde' Latinoamérica porque en las grietas de sus espacios surgen reinterpretaciones de los temas económicos, nuevas identidades, sujetos endriagos que desdicen las fórmulas blancas, heterosexuales y masculinas, perspectivas inéditas capaces de producir e imaginar nuevas modalidades del uso del cuerpo, poder y deseo. El capitalismo *gore/snuff* es de una violencia tajante, exigente, con altísimos porcentajes de vísceras y desmembramientos, usos predatorios de los cuerpos como herramienta de micro empoderamiento. Cuerpos fuera del juego de la fase de producción de mercancías, substitutos de ella, producidos a través de técnicas predatorias de violencia extrema como el secuestro o el asesinato por encargo. El discurso neo-liberal no tiene capacidad explicativa para esta espectralización, puño que garantiza la seguridad mundial de las tecnologías avanzadas, ejércitos que las contienen y realzan—plan B hermenéutico que invisibiliza las relaciones entre la economía legal y la ilegal. *Gore* es la dimensión sistémica descontrolada y contradictora, concepto del trabajo a través de un agenciamiento perverso que se afianza en la comercialización necropolítica del asesinato, contraviniendo las lógicas de lo aceptable y normativo

Una nota al trabajo de Valencia es el de Rocha, que registra otro de los lados del capitalismo *gore*, la desaparición del mundo del trabajo. La estrategia del gran capital, arguye, fue desmontar el mundo del trabajo asalariado y eliminar la posibilidad de las luchas centradas en él, la conexión entre diferentes grupos. Hoy abunda la informalidad del empleo, el subempleo, ocasional, las jornadas flexibles, el autoempleo que funciona como empresita unipersonal o familiar, el trabajo a destajo. ¡Leviatán! Bajo este régimen

> el patrón ya no consume la fuerza de trabajo del empleado durante un período pactado, sino productos: documentos, talleres, colocación de celulares y tarjetas de crédito, clases, etc. La fuerza de trabajo no es la que recibe un precio, sino los productos; los bienes y servicios cuya provisión exige fuerza de trabajo, electricidad, motocicleta y muchos más medios de pro-

ducción que el contratado administra...para que su micro-empresita...sea lo bastante competitiva. (Rocha 2016, 421-242)

A esta masiva conversión de los trabajadores en micro-empresarios que sitúa los conflictos lejos del trabajo, se añade "el aplastante efecto de las guerrillas—mil veces más mediáticas que los movimientos obreros" (234), que desplazaron a gremios y sindicatos del imaginario popular. Ellas eran coaliciones insurgentes que involucraron grupos muy diversos, no todos interesados en transformaciones radicales; ellas fueron la fuerza motriz de los movimientos sociales y opacaron la trayectoria de sindicatos, gremios y partidos socialistas. ¡Ya vamos de vuelta! Laclau y Mouffe vieron en la fuerza de las primeras el origen de la social democracia y en las segundas el paso a la modernización de los países periféricos.

Valencia y Rocha son dos lados de la construcción de campo desde Latinoamérica donde, cierto, se piensa más localmente y en el envés de los latinoamericanismos encuadrados en la discusión sobre modernismo y modernidad, desarrollo, desarrollismo y democracia articulados muy acertadamente en los trabajos de Franco y Saldaña arriba mencionados. Franco insiste en que no existen narrativas lineales que vayan de la Guerra Fría al neoliberalismo sino líneas discontinuas con diferentes temporalidades. Sería del todo imposible leer linealmente un continuum en que convivan códigos arcaicos encadenados al consumo moderno; o desnudar las diferencias étnicas y de género de su viejo peso histórico y circularlas como pesos livianos en el mercado. Franco clama por una historia y una memoria que jamás han sido tan importantes y tan denegadas porque la amnesia es más que nunca la condición de lo social—el sujeto que agacha la cabeza y la mete de lleno en el celular. La política de la memoria, en Franco, queda ligada a justicias legales y judiciales y a la conmemoración de monumentos; es ya una memoria post-, mientras la literatura, antes árbitro y guía de lo político, ocupa una posición ambigua y se instala cómodamente en el mercado. Entre el entretenimiento y la reflexión filosófica, hoy la literatura coquetea con la mercantilización de la tortura y la frágil línea que une lo personal y lo colectivo en la memoria.

Y así llega Franco al horror de su próximo libro sobre una modernidad cruel que se queda en el umbral de los sujetos *cyborgs*, contraparte a los sujetos endriagos que vienen a nutrir el pensamiento sobre poshegemonías. En simultáneo a Valencia y a Rocha, *Modernidad Cruel* construye el campo a partir de la singularización de la crueldad como política estatal de la modernidad. Ésta muestra sus formas a través de una espacialización diferencial en la que predomina la pulsión de muerte que destruye comunidades e instaura el mal como corolario de la ansiedad y atracción que la modernidad ejerce y la cual desgarra y desagrega. En la civilización del progreso mundial, ejército, estado y mafia subyacen el autoritarismo y masculinismo que organizan lo político como bio- y necro. Esta se monta sobre lógicas de modernización, pero también sobre la perdurabilidad de la figura del indígena como caníbal, bárbaro y arcaico. Sobre ella cabalga a ritmo lento la modernización del Perú y Guatemala durante el período insurgente. Ejército, estado, y literatura letrada se encargan de revivir la figura del caníbal, que copian y reproducen en sus prácticas políticas sádicas, para constituir la base del exterminio indígena. Aparte de documentar profusamente la fuerza política de esta imagen, se palpa la firmeza y perdurabilidad que imprimió a hierro, fuego y letra la colonia en las mentes de aquellos que se creen fuera de esta predicación, abundante en pensar y sentir de izquierdas y derechas. La genealogía de la modernidad cruel es la europea que colonizó el mundo, con sus perfiles seculares de subyugación, misma que reformuló el nuevo estado nacional constitucionalmente. En Guatemala y Perú, lo Indígena como simpatizante con el comunismo y enemigo de la nación y el estado modernos, fue mito y prejuicio reestructurado por la modernización en apoyo intelectual al proyecto militar. La población indígena era "el enemigo a vencer", concepto de reconquista y anti-ciudadano. El indio-caníbal, sujeto endriago, es central al alegato sobre la crueldad y a la dinámica entre el sádico y el sadismo ejercido sobre las poblaciones indígenas al amparo de agendas de progreso, nación, estado, ciencia y lucha contra la barbarie y el canibalismo. El indígena practica un separatismo comunal que no comulga con la modernidad y al que por tanto hay que eliminar. La crudeza y estado primario de las violaciones, el sadismo del sujeto social, compara con las armas de guerra, ametralladoras, helicópteros, a fin de refundar la patria—odio y furia con la que atacan a las poblaciones y se ensañan contra las mujeres. La izquierda participó en este sentir.

Epílogo

Para la izquierda y la derecha [...] nada se coloca por encima de la política, y su acción principal está dirigida a tomar el poder y mantenerse en él, cambiando de valores tantas veces como sea necesario. [...] Sin la brújula de valores permanentes la política provoca entonces transmutaciones de valores de un lado para el otro del espectro de acuerdo con las necesidades e intereses del momento. (Leis 2013, 53-54)

Sayak y Rocha me llevan al texto controversial de Ricardo Leis, *Memorias en fuga. Una catarsis del pasado para sanar el presente,* que conversa con *Cruel Modernity* de Jean Franco y obliga a repensar la cultura de izquierda continental y entender la reflexión sobre hegemonía y poshegemonía o el concepto de lo político, centrales al latinoamericanismo de hoy. En Leis y Franco, como en Valencia y Rocha, hay un entramado generacional límite. Nos encontramos frente a un sujeto social fragmentado y desclasado a la Laclau/Mouffe, posterior al de una juventud imbuida por un sentido de rebeldía y fuerza colectiva que experimentó la plenitud del yo cuando este se disuelve en el colectivo. Bajo la seducción y persuasión de la teoría marxista, aquella juventud impulsó la militancia sacramental vivida como religión, mandato y destino—'vivir como los santos', como dice Sergio Ramírez para el caso de Nicaragua. Leis es el relato de un desencanto con esas prácticas de los movimientos de izquierda, cuyo camino tortuoso desembocó en el totalitarismo. En *Cruel Modernity* Franco examina algunas de las mismas incongruencias de los movimientos guerrilleros en su trato personal y resalta los abusos de los líderes, sobre todo en lo que toca la sexualidad homosexual, el tratamiento a las compañeras, la división entre los de dentro y los de fuera, que trajo consigo privilegios y seguridades de vida, todo en nombre de la disciplina y el sacrificio que demandaba el parto de la justicia revolucionaria.

En este giro del latinoamericanismo se distinguen varias líneas argumentativas, una, la de homologar los comportamientos de izquierda con los de la derecha fascista; otra, el de cómo el discurso revolucionario invisibilizó estos comportamientos; y el tercero y más difícil de pensar, el de las alianzas, que marca el giro hacia la democracia puerta abierta al concepto de hegemonía. En el libro de Leis me parece relevante su recomendación de abandonar la lucha armada y seguir la lucha en el terreno político, que marcaría el giro hacia la democracia y la política de alianzas. Podríamos pensar que este sesgo significaba la aspiración a re-articular el bloque nacional-popular-histórico, y aquí el concepto de Gramsci es generativo. Dicho concepto presume liderazgo político y moral pero también alianzas, tener en cuenta los intereses de los otros grupos o fuerzas sociales. En eso consiste lo político.

Leis era Montonero y lo que reclama a su grupo es su afán confrontativo, violento, intransigente y militarista. Mataban en nombre de la revolución y tenían la ilusión de ser vanguardia y dirigir las masas. Esta era una fantasía, porque las masas argentinas eran peronistas y la cultura peronista era populista y fascista, de izquierda y de derecha, ambas totalitarias—gesto de la cita de arriba. Los peronistas no iban a eliminar su conciencia burguesa y marchar a la revolución. Los Montoneros leyeron mal el juego de fuerzas y su mística fue voluntariosa y anárquica, y por eso, totalitaria y terrorista. Pero, ¿es el totalitarismo el problema de fondo o es el de lo político como red de alianzas muy a la Mouffe-Laclau? Matilde Zimmermann argumenta, para el caso de Nicaragua que ya en los artículos de Carlos Fonseca de 1975 y 1976 se advierte la idea de una vuelta hacia la democracia liberal y de alianzas. Más tarde, Daniel Ortega formuló la idea de 'gobernar desde abajo' y Antonio Lacayo la de organizar un movimiento centrista que reagrupara las fuerzas políticas en un afán de construir la hegemonía 'democrática' en Nicaragua. ¿Es esto ahora lo popular-nacional? Ya oigo que la contestación es no.

Yo me pregunto si las políticas de alianzas no fueron acaso el parteaguas entre revolución y guerra de las que hablan Laclau y Mouffe para Europa a principios del siglo XX; si como expresión de lo político, no son ellas ya un tránsito de la hegemonía a la poshegemonía en la medida en que las alianzas diluyen la ideología política y trascienden 'retóricas armadas' y discursos excluyentes. Esto es, ¿puede un revolucionario ser liberal? En la modernidad capitalista *gore* ¿la articulación de lo político es todavía de alianzas o ya muy otra cosa? Para Leis el asunto se resume en asumir responsabilidades, reconocer errores, dejar de culpar a otros, pero ahora la cuestión va más allá de estas advertencias; ahora tenemos que añadir las políticas libidinales—deseos, afectos, emociones, susurros, lo infra político y homo-descentrado, la madre tierra, las místicas nativas y la liviandad de una cultura menos peligrosa y expuesta al autoritarismo del dogma de izquierda o, como dice Leis, "más tierna y femenina, generadora de una inteligencia emocional superior" (2013, 24), más poshegemónica.

Cierto es que, en su curva descendente, las revoluciones sociales dejaron al latinoamericanismo frente a un conjunto de perplejidades. La derrota de los movimientos revolucionarios mostró que la voluntad colectiva giraba en direcciones contrapuestas. Para hacerla inteligible era necesario dejar de lado los paradigmas cerrados y entender la lógica de suplementos y contingencias. Los preceptos de clase y futuros utópicos perdieron su lugar preeminente. El libro de Ernesto Laclau y Chantal Mouffe sobre hegemonía mostró un camino al preguntarse por qué las revoluciones socialistas no ocurrieron en los países del primer mundo, y su contestación fue que las Internacionales estaban atrapadas en una episteme de dos pisos, estática y esencialista, mientras la estructura racional de lo histórico-social es contingente. Dicha racionalidad instala la contradicción como condición de lo político. Proponen que el desarrollo del capitalismo pone en jaque la teoría de la univocidad y determinación del sujeto revolucionario de clase y lo hace estallar en una pluralidad impensada. La derrota del socialismo comprobó la fluidez de lo social, infiel y contraria, antitética a esencias y verdades históricas universales, a verdades incontestables y totalidades inteligibles. La opacidad social y el reconocimiento de un sujeto plural incapaz de articular discursos que hablen sin mediaciones se tornó necesidad metodológica fundante.

Lo social quedó constituido por una pluralidad de movimientos. Condición de lo político es incorporar esferas cada vez más numerosas de la sociedad—feminismos, movimientos contestatarios étnicos, nacionales, sexuales, luchas ecológicas, poblaciones marginales, anti-nuclearidad, discapacidad. Esta expansión y proliferación de luchas apoya el carácter amplio de la conflictividad social en sus respectivos terrenos y sirve de apoyo a formas más libres, democráticas e igualitarias de sociedad. Pero ahora resta sobre qué construir el consenso. Esa es para mí la pregunta que tendrá que contestar el campo con sus estados endebles y sus patrias fantasmales, registrados en el estado del latinoamericanismo pos 9/11.

Obras citadas

Baumeister, Eduardo. *Estructura y reforma agraria en Nicaragua (1979-1989)*. Managua: Editorial Managua, 1998.

Beverley, John. *Latinamericanism After 9/11*. Durham: Duke University Press, 2011.

Castro Orellana, Rodrigo. *Poshegemonía. El final de un paradigma de la filosofía política de Latinoamérica*. Madrid: Biblioteca Nueva, 2015.

Forcinito, Ana. *Óyeme con los ojos. Cine, mujeres, visiones y voces*. La Habana, Cuba: Fondo Editorial Casa de las Américas, 2018.

Franco, Jean. *The Decline and Fall of the Lettered City: Latin America in the Cold War*. Cambridge, Mass.: Harvard University Press, 2002.

———. *Cruel Modernity*. Durham: Duke University Press, 2013.

Jameson, Fredric. *Postmodernism, or, The Cultural Logic of Late Capitalism*. Durham, London: Duke University Press, 1991.

Laclau, Ernesto y Chantal Mouffe. *Hegemony and Socialist Strategy: Towards a Radical Democratic Politics*. London: Verso, 1985.

Larsen, Neil. *Modernism and Hegemony: A Materialist Critique of Aesthetic Agencies*. Minneapolis: University of Minnesota Press, 1990.

Lash, Scott. 2007. "Power after Hegemony. Cultural Studies in Mutation?" *Theory, Culture & Society*. 24.3 (2007): 55-78.

Leis, Héctor Ricardo. *Memorias en fuga. Una catarsis del pasado para sanar el presente*. Buenos Aires: Sudamericana, 2013.

Podalsky, Laura. *The Politics of Affect and Emotion in Contemporary Latin American Cinema: Argentina, Brazil, Cuba, and Mexico*. New York: Palgrave Macmillan, 2011.

Rocha, José Luis. 2016. "Cuatro jinetes del neoliberalismo en Centroamérica". En Juan Pablo Gómez y Camilo Antillón, comps. *Antología del pensamiento crítico nicaragüense contemporáneo*. Buenos Aires: CLACSO, 2016. 231-249.

Rodríguez, Ileana. "La prosa de la contrainsurgencia. *Monograma: revista iberoamericana de cultura y pensamiento*". 1 (2018): 45-60. Web: http://revistamonograma.com/index.php/mngrm/about.

———. *Desertores y restauradores*. Colombia: Universidad Javeriana. (Trabajo en progreso).

Saldaña-Portillo, María Josefina. "La irresistible seducción del desarrollismo. Subjetividad rural bajo la política agrícola sandinista". En Ileana Rodríguez y Hamid Dabashi, eds. *Convergencia de tiempos. Estudios subalternos/contextos latinoamericanos estado, cultura, subalternidad*. Amsterdam, GA.: Ediciones Rodopi, 2001. 229-277.

———. *The Revolutionary Imagination in the Americas and the Age of Development*. Durham: Duke University Press, 2003.

———. *Indian Given: Racial Geographies Across Mexico and the United States*. Durham: Duke University Press, 2016.

Thoburn, Nicholas. "Patterns of Production. Cultural Studies after Hegemony". *Theory, Culture & Society*. 24.3 (2007): 79-94.

Valencia Triana, Margarita. *Capitalismo Gore*. Barcelona: Melusina, 2010.

Zimmermann, Matilde. *Sandinista. Carlos Fonseca and the Nicaraguan Revolution*. Durham: Duke University Press, 2000.

Urgencias que retornan: Violencia, género y vulnerabilidad

Ana Forcinito
UNIVERSITY OF MINNESOTA

Abstract: In this invitation to review the urgencies of Latin Americanism today, I intend to rethink the sense of urgency in feminism in Argentina and the feminist tide, in dialogue both with debates about *testimonio* and with some interventions by John Beverley in Argentina in 2015, which relate to his arguments in *Latinoamericanism after 9/11*. This return of testimonial gestures within the framework of the feminist movement in Argentina today can be understood, in part, as the inheritance of *testimonio*, as the genre associated with the struggles for human rights. Testimonial practices, which continue to reveal both urgent matters and disputes over its meaning, continues today to articulate narratives of dissent from official accounts and interpretations. These are testimonial instances that not only denounce violence but also articulate an interventional force and a political project that elaborate demands to the State. In addition, by revealing a series of inconsistencies, they open doors to new forms of militancy in the present. Finally, these testimonial instances reformulate testimonial practices and *ponen el cuerpo* (to place the body), make public the overflow of affect and the fragility of the narrative in the first person, and they affirm that to have been a victim is a gesture of denunciation and re-politicization of the narrative subject.

Keywords: Feminism in Argentina; the feminist tide; testimonio; human rights

Resumen: En esta invitación a revisar las urgencias del latinoamericanismo hoy me propongo repensar las urgencias del feminismo en Argentina y la marea feminista para dialogar tanto con los debates acerca de lo testimonial como con algunas intervenciones de John Beverley en Argentina en el año 2015 que reelaboran algunos de sus argumentos en *Latinoamericanism after 9/11*. Esta reactualización de lo testimonial dentro del marco movimientista del feminismo hoy en día en Argentina puede entenderse, en parte, como la herencia del testimonio asociado a las luchas por los derechos humanos. El testimonio, que sigue revelando el lugar de la urgencia y al mismo tiempo el lugar de la disputa, sigue sirviendo hoy para articular narrativas de disenso frente a relatos e interpretaciones oficiales. Se trata de instancias testimoniales que no solo denuncian la violencia, sino que además articulan una fuerza de intervención y un proyecto político que elabora demandas al Estado y con ello muestra una serie de incongruencias para abrir las puertas a nuevas formas de militancia en el presente. Finalmente, son estas instancias testimoniales las que reformularon el testimonio para poner el cuerpo, hacer público el desborde del afecto, y la fragilidad de la narración de la primera persona para reclamar haber sido víctima como gesto de denuncia y de repolitización del sujeto narrativo.

Palabras clave: Feminismo en Argentina; la marea feminista; el testimonio; los derechos humanos

En junio del 2018, miles de mujeres se hacen presentes frente al congreso nacional en Argentina en una vigilia que demanda al Estado aborto legal, seguro y gratuito durante el largo debate en la Cámara de Diputados, en una jornada que dura desde la tarde del 13 de junio a la mañana del 14 de junio y que resulta en la media sanción de la ley. Las jornadas sirven para reiterar la presencia de las mujeres en lo que se viene denominando la "marea feminista" y que ha sido representada visualmente para esa ocasión a través de una imagen verde de *La gran ola* de Hokusai sobre la cúpula del congreso nacional. El reclamo es que todas las mujeres puedan tener acceso a condiciones humanitarias y seguras en los casos de interrupción del embarazo. La consigna, con un pañuelo verde llevado por miles de mujeres, dentro de una tradición de participación femenina no ajena al uso del pañuelo en la historia reciente, da cuenta además de que esa presencia se hacía necesaria para inundar no solo las calles sino las palabras que circulaban en muchas de las exposiciones en el congreso. En ellas, se hace evidente que el feminismo todavía no se ha instalado en la vida política, sino que implica una disputa desde un numeroso pero silenciado disenso. La vigilia revela que el argumento central de la marcha y la lucha por la despenalización del aborto dan cuenta de un feminismo del cuidado, de tejido comunitario, que alza la voz por el derecho a la decisión de las mujeres sobre sus cuerpos pero que, además, intenta representar a las mujeres que, por no tener acceso a recursos económicos, arriesgan sus vidas en abortos que no son seguros y que son realizados en condiciones deplorables. Las consignas daban cuenta de que a través de la despenalización del aborto el Estado protegería con la ley a las mujeres más vulnerables, puesto que no se trataba de discutir si había o no abortos en Argentina, sino de las condiciones en las cuales éstos se realizan. La campaña hacía así responsable al estado de la salud de todas las mujeres y, sobre todo, de sus muertes a causa de abortos en condiciones inseguras. El testimonio fue, en esta marcha, como en otras de la llamada marea feminista, un componente central. Se escuchaban las historias y los testimonios vivos: testimonios a viva voz y a viva consigna.

Esta reactualización de lo testimonial dentro del marco movimientista del feminismo hoy en día en Argentina puede entenderse, en parte, como la herencia del testimonio asociado a las luchas por los derechos humanos, con un pañuelo verde, en vez del blanco de las Madres de Plaza de Mayo. El testimonio, que sigue revelando el lugar de la urgencia y al mismo tiempo el lugar de la disputa, sigue sirviendo hoy para articular narrativas de disenso frente a relatos e interpretaciones oficiales. Por eso, en esta invitación a revisar las urgencias del latinoamericanismo hoy, en este homenaje a John Beverley, me propongo repensar las urgencias del feminismo en Argentina y su marea feminista para dialogar tanto con los debates acerca de lo testimonial como con algunas intervenciones de Beverley en Argentina en el año 2015 que reelaboran algunos de sus argumentos en *Latinoamericanism after 9/11*.

Las urgencias a las que me refiero desde el título son urgencias feministas que, en Argentina, fueron retornando vez tras vez hasta adquirir voz jurídica en una decisión judicial del año 2010 y una voz colectiva y feminista en el 2015. A pesar de que hubo varias instancias legales y jurídicas que acompañaron esta lucha feminista (y que no pueden obviarse puesto que son importantísimos pasos en la transformación jurídica, legal y cultural), las urgencias en cuanto a la erradicación de la violencia de género siguen retornando como tareas incompletas. En el 2008 el congreso aprueba la ley 26.364 conocida como Ley de trata, un claro paso en la lucha contra la trata de mujeres. En el 2009 se promulga la Ley 26.485, que es la ley de protección integral para prevenir, sancionar y erradicar la violencia contra las mujeres en los ámbitos en que desarrollen sus relaciones interpersonales. Más recientemente, en el 2015 se promulga la ley Educar en Igualdad: Prevención y Erradicación de la Violencia de Género, con un claro intento de desmontar la educación sexista. Además del escenario de la ley, el escenario jurídico encuentra en el 2009, en la ciudad de Santa Fe, uno de sus importantes hitos cuando un grupo de mujeres que habían sido convocadas a brindar testimonio frente el Tribunal Oral que juzgaba a seis represores denuncia la violencia sexual a la que fueron sometidas (Tessa, 2009, s/n). En el año 2010, la Corte de Mar del Plata reconoce a la violación sistemática como una forma de tortura en los juicios relacionados a la última dictadura militar y finalmente se reconoce los agravios sexuales en el marco del terrorismo de Estado como crimen de lesa humanidad (razón por la cual Argentina gana uno de los premios Género y Justicia en el 2011, otorgado por la organización Women's Link Worldwide, que monitorea las mejores y peores decisiones jurídicas respecto de la equidad de género).

Y sin embargo, pese a la promulgación de leyes y al hito que constituye el año 2010 en Argentina, las urgencias retornan insistentemente alrededor de las discusiones acerca del femicidio, para volver visible y política no solo la vulnerabilidad y la violencia de género sino además una serie de intervenciones, irrupciones y restauraciones de la memoria, los conventilleos asambleístas y las reparaciones de tramas comunitarias que viene poblando la marea feminista intermitente pero recurrentemente en el escenario argentino desde junio del 2015, cuando el grito NI UNA MENOS comienza a hacerse audible a través de un camino que fue, en gran medida, labrado por la labor en torno a los derechos humanos y la memoria por parte de las madres de desaparecidos y por las mujeres ex detenidas y su trabajo testimonial e interpretativo sobre la violencia que sufrieron en los centros clandestinos.

Estos dos decisivos momentos en la historia del feminismo argentino (2010, con una histórica decisión e interpretación judicial y 2015, con el comienzo del movimiento *Ni una menos*) se caracterizan por ser momentos testimoniales que exponen la vulnerabilidad de la primera persona y la vulnerabilidad del cuerpo entrelazada con la tarea de construcción de una memoria más o menos colectiva, aunque evidentemente disidente del patriarcado heteronormativo, que entra en batalla con otras narraciones memoriales que habían condensado las narraciones del pasado reciente. Y donde la memoria en contienda es una memoria en busca no sólo de justicia sino de erradicación de la violencia y de reparación de la trama comunitaria deshilvanada por el patriarcado. Años de lucha desembocan en el reconocimiento de la violencia sexual en el marco del terrorismo de Estado como crimen de lesa humanidad (2010) y en la masiva salida de mujeres a las calles con el grito "Ni una menos" (2015). Al mismo tiempo, como espero demostrar en estas páginas, se trata de instancias testimoniales que no solo denuncian la violencia, sino que además articulan una fuerza de intervención y un proyecto político que elabora demandas al Estado y con ello muestra una serie de incongruencias para abrir las puertas a nuevas formas de militancia en el presente.

El testimonio y el giro personal

Tomo aquí como punto de partida la discusión acerca de lo testimonial en el debate que se genera con la controversial intervención de Beatriz Sarlo sobre el testimonio en su conocido *Tiempo pasado* (2005) y su crítica de la primera persona y el "giro personal". *Tiempo pasado*, dice Sarlo en una entrevista, "iba a ser una especie de autobiografía colectiva de los años 60 y 70 y se convierte en una crítica teórica de la primera persona" (Schulte-Brockohoffe). En esa brecha que se abre entre la propia presencia de Sarlo en esa "autobiografía colectiva" y el no sentirse identificada con las primeras personas de las narraciones que leía, Sarlo pone sobre la mesa, en principio, el pacto de la verdad que viene a traer el testimonio, puesto que se trata de un giro subjetivo que reclama verdad. Sin embargo, la intervención que hace Beverley a propósito del texto de Sarlo concierne a la relación que existe entre esta posición frente a la verdad y el distanciamiento de la intelectual argentina no ya de la primera persona sino de la política oficial de la memoria durante el kirchnerismo y del proyecto político asociado a esa memoria. Lo que Beverley propone en su crítica a Sarlo es entender el giro subjetivo como un giro conservador (y ésta es una lectura que luego retoma, aunque con cierta distancia, Ricardo Forster en su propia defensa de lo testimonial). Para Beverley, no se trata solamente de una discusión acerca de si la primera persona como legitimación de la figura de la víctima y de su narración impide una evaluación crítica de la militancia política de los sesenta y setenta o de si las ideas del pasado se transforman en un "drama de los afectos", como sugiere Sarlo, porque se es víctima por haber sufrido y a partir de ese sufrimiento se articula una posición ético-política y también una legitimación de la verdad (que Sarlo ataca). Para Beverley se trata más bien del alejamiento de Sarlo no ya del testimonio sino de "la izquierda testimonial". Y así lo expresa: "[...] the tendency to impose through a logic of identification or empathy a vision of the past—"imponer una visión del pasado"—is also a specifically *political* problem that separates what she considers a legitimate left position from a supposedly leftist neopopulism that she rejects" (*Latinoamericanism after 9/11*, 87). Y hace entonces referencia a la izquierda testimonial oponiéndola a la izquierda política, siendo esta última una izquierda cultural y anti-mimética: "Ser de izquierda hoy es intervenir en el espacio público y en la política refutando los pactos de mímesis que son pactos de complicidad o de resignación" (Sarlo, "Contra la mímesis", citada en Beverley 2011, 87).

Una de las críticas de Sarlo a esa izquierda testimonial es la de la imposibilidad de una disputa de la autoridad narrativa del sujeto testimonial. Sin embargo, este desacuerdo ya se venía forjando a partir de la práctica testimonial misma, si se adopta una perspectiva intergeneracional o una perspectiva de género. Las nuevas generaciones de memoria habían comenzado ya a articular su propia construcción memorial a través de gestos testimoniales que, como el de Albertina Carri en *Los rubios*, establecían una disputa con la generación de sus padres, articulando voces de disidencia en la articulación de la memoria de la generación de los hijos. Sarlo también se distancia de estas formas de disidencia generacional, y en particular *de Los rubios* de Carri, justamente porque Carri pone *su propia experiencia* en contraste con las *ideas revolucionarias* de la generación de sus padres. Esta oposición entre la idea y la experiencia resulta central también para repensar lo que Beverley entiende como una posición "arielista" en Sarlo, en la cual el ensayo (y la articulación ensayística-literaria de las ideas) se privilegia sobre la narrativa del cuerpo y de la experiencia en la práctica testimonial. En esta crítica que Beverley hace a Sarlo (tanto el arielismo que le cuestiona como el distanciamiento de la "izquierda testimonial") está en juego el espacio de disputa que abre el testimonio en Argentina y que permite el ingreso de urgencias que habían sido borradas o no escuchadas durante las primeras décadas de la democratización. En este disenso que se articula desde lo testimonial hay una construcción de la autoridad narrativa a partir de la urgencia de testimoniar las violaciones a los derechos humanos sufridas en los centros clandestinos, pero además una urgencia de recomponer el entramado político de la subjetividad a través de la reflexión y la interpretación que implica todo gesto testimonial. Para la época de la publicación de *Tiempo pasado*, ya había ingresado al debate lo que luego empezará a evidenciarse en una serie de transformaciones que vienen de la mano de la izquierda testimonial (de las mujeres) y las feministas (y también de las nuevas generaciones) que usaban prácticas testimoniales para cuestionar representaciones problemáticas sobre las mujeres, y para demandar transformaciones en torno a lo jurídico y lo cultural. Y es justamente el testimonio y la relación ensayo y testimonio (y no su oposición), lo que expone esta urgencia vinculada a la violencia de género.

Testimonio y responsabilidad

Las discusiones en torno a las definiciones de la violencia sexual, la violación y la imprescriptibilidad en Argentina van tomado una clara forma a comienzos del nuevo milenio, es decir casi veinte años después del inicio de la democracia. Hay en estos debates una marca del impacto que tienen, en el marco internacional, las definiciones de la violencia en relación con la coerción (en el estatuto de Roma o en la jurisprudencia de los tribunales de Ruanda y de Yugoslavia), que son discutidas por feministas, sobrevivientes mujeres, académicas y organizaciones de derechos humanos y que generan importantes debates que sirven para intervenir en las interpretaciones mismas de los testimonios. Con esto no quiero decir que recién después del 2003 empiezan las denuncias relacionadas a la violencia sexual en el marco del terrorismo de Estado, puesto que las sobrevivientes la habían denunciado desde el reporte de la Comisión Nacional sobre la Desaparición de Personas (CONADEP) ya en el año 1984. Las violaciones sexuales fueron incluidas en las sentencias del Juicio a las juntas. No fueron indultadas en las órdenes presidenciales del Indulto en 1990. Sin embargo, fueron consideradas por dos décadas, o bien como una de las formas de tortura en el marco del terrorismo de estado o bien como crímenes comunes y por lo tanto prescriptibles. Por otra parte, es importante también tener en consideración que la violación sexual durante los años ochenta era todavía considerada en el Código Penal Argentino como un crimen contra la honestidad que podía ser "reparado" con el casamiento del perpetrador con la víctima. Esto recién se transforma parcialmente en el año 1999 y finalmente en el 2012 luego de un caso de violación y avenimiento seguido de femicidio.

El ingreso del género a los derechos humanos implica una vuelta al testimonio en una vertiente jurídica pero también en una vertiente cultural, donde los debates sobre lo testimonial son usados como herramienta de combate frente a las interpretaciones del presente, y por lo tanto la militancia del presente y la del pasado. Con esto quiero decir que el debate y la crítica se produce a partir del uso del testimonio, en una vertiente experiencial pero también interpretativa, donde se cuestionan toda una serie de interpretaciones sexistas que venían de la mano de otras narraciones testimoniales. Un trabajo clave al respecto es el de Ana Longoni, que en *Traiciones: la figura del traidor en los relatos de los sobrevivientes de la represión* (2007) analiza (y critica) la construcción del sobreviviente como traidor, y examina diferentes relatos de traición que estigmatizan al sobreviviente y que dan cuenta de la escasa audibilidad de los testimonios de sobrevivientes fuera del espacio jurídico. En este marco, Longoni también estudia la acusación que se hace a las mujeres detenidas, a quienes se responsabiliza, a diferencia de los militantes varones, de traiciones sexuales y no solo políticas. Longoni expone así la construcción del mito del consentimiento dentro de las relaciones coercitivas que se establecen entre los represores y las víctimas de los centros clandestinos. Testimonios como *Ese infierno* de Munú Actis, Cristina Aldini, Liliana Gardella, Miriam Lewin y Elisa Tokar (2001) o *Putas y guerrilleras*, de Miriam Lewin y Olga Warnet (2014) o proyectos documentales como *Montoneros, una historia* ([1994]1998), *Lesa Humanidad* (2011), *Campo de batalla, cuerpo de mujer* (2013) y los debates que suscitaron han resultado clave para *exponer* no solo la violencia sexual sino además una larga serie de velos patriarcales que escondían y normalizaban esas formas de violencia. Puesto que la narración testimonial tiene como parte constitutiva la escucha que la legitima o la deslegitima, muchas de estas narraciones que daban cuenta de la violencia sexual se ubicaron por largos años en un limbo a la espera de ser escuchados. Sus testimonios han intentado y siguen intentando dar cuenta de una experiencia marcada por la violencia sexual frente a una cultura patriarcal que las des-legitima como testigos, asignándoles de antemano el lugar enunciativo de la mujer seducida, de la mujer transgresora, de la mujer culpable o merecedora de la violencia recibida. Contrarrestar esa marca es también una tarea de des-representación, de desmontaje de la lógica narrativa dominante y de construcción de nuevos saberes feministas, que han puesto en crisis las pautas de la masculinidad como eje de la humanidad.

En estos casos, el testimonio entra a disputar no solo con las prácticas genocidas ancladas en el género, sino además con las interpretaciones de otros testimonios y de otros compañeros. Y juega, por otra parte, un importante rol en la demanda al Estado democrático respecto de las leyes y la implementación de las leyes que sirvan para erradicar la violencia de género. Un ejemplo puede verse en el documental *Lesa humanidad*, que incluye los testimonios de cuatro sobrevivientes y víctimas de violencia sexual en el marco del terrorismo de Estado, pero donde además del testimonio individual, se recoge la siguiente demanda colectiva de un grupo de sobrevivientes: "Aspiramos al reconocimiento público que las violaciones deben ser entendidas como crímenes de lesa humanidad".

Este modelo de irrupción de la víctima de violencia de género en un espacio marcadamente masculino fue llamado por las académicas uruguayas

Soledad González Baica y Mariana Risso Fernández (2012) el modelo de las Laurencias. No para reemplazar al modelo de Antígona y la tradición de las Madres de Plaza de Mayo, pero sí para marcar esa irrupción en el escenario público del reclamo de una víctima que (como en la obra teatral de Lope de Vega del siglo XVII) da cuenta de la complicidad de los interlocutores masculinos en la violencia que está sufriendo. Y así repara la trama comunitaria destruida por el patriarcado. Los debates que hubo en Argentina en torno a la violencia sexual en el marco del terrorismo de Estado, en referencia a *Lesa humanidad*, *Ese infierno*, *Montoneros una historia*, *Campo de batalla, cuerpo de mujer* y *Putas y guerrilleras*, entre otras producciones testimoniales, apunta justamente a hacer visible una urgencia que retorna a través de lo testimonial (en la próxima parte del ensayo me referiré a la urgencia de la violencia femicida). Lo que quiero destacar ahora es que justamente el testimonio es usado para distanciarse de otros relatos testimoniales que situaban la masculinidad en el centro del debate y con ella la fantasía de la invulnerabilidad del cuerpo y de la subjetividad.

Así, en luchas que van de lo cultural a lo jurídico en el marco del modelo de justicia transicional de responsabilidad que se reinaugura en el 2003 (y que continúa el modelo iniciado por la presidencia de Raúl Alfonsín y el Juicio a las juntas), se llega a las históricas decisiones de la Cortes de Mar del Plata y Santa Fe en el 2010 cuando se reconoce que la violación que tuvo lugar sistemáticamente en los centros clandestinos fueron crímenes de lesa humanidad para abrir el paso a una decena de nuevas sentencias por violencia sexual. La discusión sobre la violencia de género va ingresando al debate público y cultural al mismo tiempo que el escenario de la ley se ve transformado a partir de importantes leyes como la Ley de trata o la Ley integral contra la violencia. Por otra parte, la visibilización del femicidio se acrecienta con los debates mediáticos (no sin controversiales representaciones) que ponen al género y la violencia contra las mujeres (si no al feminismo) en un espacio de alta visibilidad (y vulnerabilidad). La urgencia de intervención comienza a crecer. Y con ella también crece la marea feminista.

Ni una menos, del desecho a la vida

En el año 2015, luego del femicidio de Daiana García (cuyo cuerpo aparece en una bolsa de arpillera) se convoca en Buenos Aires a una maratón de lectura en el Museo del Libro y de la Lengua, a la que asisten más o menos trescientas mujeres. Uno de los textos que la inauguran es "Mujeres de la bolsa", de María Moreno, donde la conocida periodista y escritora argentina toma como punto de partida esta referencia a una serie de femicidios en los que las víctimas fueron desechadas en bolsas de basura, para articular su texto alrededor la desechabilidad (Moreno 2015, 28-30). Su propuesta es revisar la historia política de la bolsa para plantear un nuevo acto de subversión que consiste en salirse de la bolsa de basura, pero no con una "identificación sacrificial o melancólica con las víctimas, sino una práctica de ocupación del lugar donde se encubrió el cadáver". Decía la convocatoria: "El hombre de la bolsa era uno y se llevaba niños. Las mujeres de la bolsa somos muchas y decimos 'ni una menos'". La imagen del deshecho tiene un lugar central en la convocatoria a la maratón de lectura y en las primeras articulaciones del colectivo. Otra de las imágenes de la convocatoria tenía un basural. Es decir, la idea del desecho está enclavada en este primer llamado en marzo del 2015. Tal vez apelando a una re-escritura subversiva de la imagen del desecho, se lo proponía desde una nueva significación de las "mujeres de la bolsa", que eran ahora, por obra de esta transformación, un grupo de mujeres feministas.

Sin embargo, el movimiento no se alza sino hasta luego del femicidio de Chiara Páez, una adolescente de catorce años asesinada y enterrada en el patio de la casa de su novio. Es ahí cuando se organiza la primera marcha y donde se produce la primera y más importante transformación de la consigna de *Ni una menos*. Esta centralidad del desecho en la fundación del colectivo será reemplazada por un rotundo énfasis en la vida. Y en lo que va desde marzo del 2015 (maratón de lectura con trescientas mujeres) a la histórica marcha del 3 de junio del 2015 (con cerca de trescientas mil mujeres), la consigna se transforma en "Ni una menos: Vivas nos queremos". Es decir, del colectivo original y su énfasis en el desecho y el cadáver, a la masiva marcha del movimiento y su énfasis en la vida, se re-articula el duelo por el femicidio a través del eje de la resistencia y sobre todo de la afirmación de la vida y de su defensa colectiva. Surge aquí un movimiento que tiene al testimonio como un aspecto central, y que se hace visible en las pancartas que se llevan a la plaza con historias personales ("fui víctima de violencia", "soy sobreviviente", "recibí 18 puñaladas", "Yo ya tengo UNA MENOS: mi hermana. Asesinada brutalmente por su esposo el 19 de abril del 2011). Es la ocupación de la plaza con el grito de "ni una menos", donde se articula un sujeto colectivo ("si matan a una nos matan a todas"). Muchas de estas voces son recogidas por la periodista Paula Rodríguez a través de breves testimonios de madres y padres de víctimas de femicidio, a los que se suman las voces del colectivo y del movimiento e incluso voces anónimas de las pancartas de la marcha (como por ejemplo la ya muy conocida: "Somos las nietas de las brujas que no pudiste quemar").

Este intento de transformar la vulnerabilidad en resistencia, y el silencio en grito surge en el marco del kirchnerismo, más precisamente en el 2015. Y puede verse aquí una analogía entre lo que las sobrevivientes disputaban a la memoria (la violencia de género que había quedado afuera del diseño de la memoria) con lo que *Ni una menos* disputa al proyecto de lo que Ricardo Forster llamó, en el marco de un importante foro latinoamericano, la "reconciliación de la política con el deseo de las mayorías". También la violencia de género, aunque incluida en las leyes, había quedado de alguna forma fuera del debate de cambio cultural o incluso del proyecto de la igualdad, ya sea dislocada, ya sea desplazada de las discusiones sobre "los procesos emancipadores y de transformación democrática" (http://www.tvpublica.com.ar/nuevaindependencia/).

Poco más de un mes después del 3 de junio del 2015, cuando la histórica marcha de *Ni una menos* irrumpe en las calles, tiene lugar en la provincia de Tucumán el Foro Nacional y Latinoamericano por una Nueva Independencia (donde también participa John Beverley). En él se discutía el significado de la emancipación en el marco del bicentenario, aunque se comenzaba a hacer evidente la amenaza de la ola conservadora en el paisaje latinoamericano. El foro había sido organizado por el Ministerio de Cultura a través de la Secretaría de Coordinación Estratégica para el Pensamiento Nacional que dirigía en ese momento el mismo Forster. En este marco, Beverley planteaba las posibilidades que podía tener el proyecto de la marea rosada en ese momento en Argentina y en América Latina. Y decía: "se encuentra hoy suspendida entre dos opciones: la primera sería la posibilidad de producir una modernización capitalista con una cara más humana, más igualitaria [...]. La segunda posibilidad sería la de producir una radicalmente nueva forma de sociedad y vida, una cultura nueva, una posibilidad política, histórica, nueva" (Beverley, 2015).

Y en cuanto al latinoamericanismo, retomaba su ataque al arielismo (al neoarielsimo) y a plantear, discretamente (era el único estadounidense en el foro), una serie de tensiones que distanciaban la ciudad letrada de la cultura popular, pero al mismo tiempo sugiriendo, podría pensarse, que esas tensiones ya estaban presentes en el foro: un foro que reunía estudiosos e intelectuales, artistas y activistas, y donde se hacía evidente la desigualdad de género, aunque había pasado bastante desapercibida. Y esta observación oblicua de

Beverley apuntaba (leída desde una perspectiva de género) a la distribución de los roles en el foro. No es que no había mujeres. Pero la voz intelectual estaba reservada a una mayoría de exponentes varones, así como el cierre interpretativo del foro. Esta ha sido también la historia del latinoamericanismo en América Latina, en los Estados Unidos y en las formas intersticiales del latinoamericanismo de los migrantes.

Quiero volver a la propuesta de Beverley en *Latinoamericanisn after 9/11* cuando se refiere a la creación de un Estado popular ("a people state or a state of the people") haciendo referencia a relaciones de horizontalidad en las cuales la noción de pueblo no borre, reprima o torne invisible la heterogeneidad (125). Entendiendo esta noción de pueblo desde una perspectiva de género, lo que *Ni una menos* viene a poner sobre la mesa en el 2015 en Argentina, lo que hace visible y político, es justamente ese otro eje vertical (y aquí estoy pensando en el aporte que hace Rita Segato) que existía invisiblemente dentro de la horizontalidad, una horizontalidad mayormente masculina, aun cuando la jefa de Estado era una mujer. Y aquí debe considerarse el trabajo de Ileana Rodríguez respecto de la relación cultura-masculinidad-ley-Estado para no pensar esta verticalidad como un caso no aislado del debate intelectual sino para exponer la vinculación de los Estados y la masculinidad, por una parte, y la perversidad, y la pulsión irrefrenable por otra. La violencia de género, quiero decir con la referencia a Rodríguez, está entrelazada a ese anclaje de la masculinidad heteronormativa como fundacional del Estado, la ley y la cultura. Lo que venía a mostrar *Ni una menos* era que todas estas políticas de Estado en relación al género no habían logrado transformar las interpretaciones culturales que funcionan como "el reverso del espejo" de la visibilización de los derechos de las mujeres. Así la ley de trata, la ley contra el acoso callejero, la erradicación de la violencia e incluso la eliminación del último resabio de la noción de honor dentro del código penal en relación a la violación sexual y la posibilidad de repararla a través del casamiento que tiene lugar en el 2012, todas estas transformaciones e iniciativas y políticas (parece plantear *Ni una menos* en el 2015) habían fracasado en la transformación cultural.

Ni una menos se constituye como una fuerza crítica del patriarcado femicida para hacer visible la verticalidad que se agazapa en esa horizontalidad "del deseo de la mayoría", asociado a la noción de pueblo (en la cita de Beverley que mencioné anteriormente). Estos dos ejes no se agotan en el género, pero *Ni una menos* sale del claustro del colectivo para organizarse con la asisten-cia de "organizaciones partidarias, sindicatos, movimientos sociales, grupos feministas, colectivos de acción cultural y muchas personas que se movilizan en su propio nombre" para pensarse como un movimiento "democrático, igualitarista, anticapitalista, feminista" (López, 2017). En una presentación en la Universidad de Minnesota en el 2017, María Pía López, una de las integrantes del colectivo, propone una relación entre la lucha contra el femicidio y la creación de un nuevo tipo de sociedad y de cultura: "el combate contra los femicidios implica tramar una nueva sociedad, en la que haya lugar para todos los cuerpos y todas las diversidades" (López, 2017).

A partir del 2016 se produce una nueva transformación en *Ni una menos*. El primer paro de mujeres fue organizado para el 19 de octubre de 2016 y a partir de ese momento comienzan a hacer redes con activistas de otros países. Se elaboran documentos colectivos y demandas que se van ampliando con el correr del tiempo. No puedo dejar de mencionar la centralidad que va tomando el travesticidio en esta tarea de ampliación y de redefinición de la violencia, del género, de los debates en las asambleas y de las demandas. Muy recientemente, en junio de 2018 tiene lugar la primera sentencia por travesticidio, en el caso de Diana Sacayán, en una histórica sentencia a su autor por "homicidio agravado por el odio a la identidad de género" (https://latinta.com.ar/tag/travesticidio/).

Como demuestra el extensísimo documento que elabora *Ni una menos* en las asambleas del 2017, a partir de la embestida conservadora del gobierno de Mauricio Macri el movimiento se transforma en una fuerza de oposición (si al principio había sido una fuerza crítica del patriarcado, incluso que habitaba al kirchnerismo), luego se convierte en un movimiento que además de enfocarse en el femicidio demanda el fin de todas las formas de opresión (Lobos). El documento que elaboran en 2017 (consensuado con decenas de organizaciones políticas y sociales dice: "Contra violencia patriarcal y contra la violencia del Estado. Basta de represión y movilización. Trabajo digno para todas, basta de ajuste, exclusión y endeudamiento. Basta de Femicidios. Ni una menos." (¡Ni una menos!, 2017). Lo que está en juego, dice López, es el "proceso de conformación de un sujeto político democrático."

Las consignas se van transformando, pero siempre se articulan alrededor de la vida. En el 2018 se leía: "Vivas, libres y desendeudadas nos queremos", haciendo referencia al financiamiento del Fondo Monetario Internacional. O "sin aborto legal no hay ni una menos", con referencia a lo que solo días más tarde sería la histórica noche del 13 de junio del 2018, con la vigilia frente al congreso, donde se debatía la media sanción de la ley del aborto legal, gratuito y seguro.

Se trata entonces de la ocupación de la plaza con la vida (y la plaza también es "el lugar donde se encubrió el cadáver", como sugiere María Moreno (30). Se trata de la ocupación de la plaza con la denuncia testimonial, con la supervivencia, con el grito de "ni una menos", y donde se articula un sujeto colectivo ("si matan a una nos matan a todas"). Es la ocupación donde se pone en escena la fuerza que surge de la construcción de una comunidad, primero, y de una subjetividad política. "Somos frágiles solas pero juntas somos fuertes" dice María Pía López (2017). Es la vulnerabilidad la que vuelve a ponerse en juego, no para negarse, sino para tejerse en la comunidad, a través de lo que llaman "conventilleo asambleísta." No solo en las marchas sino también en los paros de mujeres que se organizaron hasta este momento, tiene lugar una nueva transformación, que pasa de la figura de la bolsa y del cadáver a la vida de todas y a la afirmación del deseo en relación a los cuerpos y en relación a lo político. Una transformación que se inunda de pañuelos verdes en el 2018 con la histórica campaña nacional por el aborto legal, seguro y gratuito.

Nuevos giros testimoniales

Vuelvo al debate con Sarlo y al entramado de otra memoria fundacional que se elabora a partir del 2003. Lo que quiero destacar es la inauguración de un nuevo relato de la memoria que es fundacional, de alguna forma, de este Estado marcado por una nueva dirección en la justicia transicional. El primer relato oficial de la memoria (el de la CONADEP) era un relato en base a testimonios, pero elaborado por la comisión. El reporte de la CONADEP es sin duda alguna un texto importantísimo e indispensable en el proceso de justicia transicional. Pero no puede funcionar como único relato de memoria. Lo que viene a revelar la practica testimonial cultural, literaria y documental son los múltiples pliegues de la reconstrucción de la memoria y, sobre todo, sus sucesivas disputas. Estos nuevos relatos que surgen de la mano de la izquierda testimonial son más heterogéneos, más plásticos y en parte están basados en la idea de debate y de batalla de la memoria, memoria en proceso y en transformación. Si el testimonio en el primer momento del proceso de justicia tradicional sirve para armar un relato colectivo y una demanda de justicia que se pone en escena primero con el Juicio a las juntas en 1985 y luego, a partir del 2003, con el desmontaje de las leyes de impunidad y con la cascada de juicios que le suceden, el testimonio sirve luego, sobre todo pensado en términos de género, para reconsiderar lo fijo de ese relato fundacional de la democracia en 1984 y revelar las pautas culturales que habían producido importantes borramientos en los contornos del género y la violencia sexual. A partir del 2015, el testimonio inunda las calles (mucho más recientemente con las masivas marchas a favor de la legalización del aborto) para dar cuenta de las urgencias que retornan. La marea feminista es una fuerza de intervención que a partir de las luchas contra el femicidio expande y reforma la noción de la vida y la dignidad de las mujeres, así como la vulnerabilidad del cuerpo a través de una lectura que enfatiza el deseo y el poder de gestión de las mujeres.

Para terminar y a modo de conclusión, al pensar la propuesta del simposio que se organizó en Pittsburgh en honor a John Beverley y las urgencias del latinoamericanismo, y al mismo tiempo al pensar en el conservadurismo neoliberal del presente, ¿qué lugar puede tener *Ni una menos*, como fuerza crítica que se aleja de la representación de la vulnerabilidad (del cuerpo y del proyecto político) para plantear una militancia política asociada a tanto la marea rosada como a la marea feminista? Tanto las luchas feministas que intentan hacer un lugar al femicidio como una forma de genocidio y al giro personal de la izquierda testimonial que sirve para contar las memorias de las mujeres y para poner en movimiento nuevas formas de militancia y de lucha, como el intento de abordar y teorizar un tipo de violencia que queda siempre marginalizada (la violencia íntima, siempre desplazada a un espacio privado de relevancia política) pueden ser formas de acercarse a revelar la verticalidad de proyectos que, como el del kirchnerismo, intentaron democratizar la política y la cultura. *Ni una menos* llena las calles de pancartas con brevísimas historias personales y con testimonios efímeros que vienen a sumarse también al entramado de la memoria que comienza a hacerse política de Estado desde el 2003 hasta el 2015 y que, como las sobrevivientes de los centros clandestinos, la cuestiona para demandarle un lugar al género y a la violencia dentro de la ley, dentro de las sentencias, dentro de la cultura.

También quiero mencionar que a la marcha de junio del 2017 se suma un grupo que hace historia y que elige la marcha de *Ni una menos* para salir con sus pancartas y darse a conocer públicamente: se trata de los hijos de genocidas que presentan su agrupación *Memorias desobedientes: 30,000 motivos hijos e hijas de genocidas por la memoria, la verdad y la justicia* en la marcha del 3 de junio del 2017. Son entonces tres mujeres que se suman a la marcha de *Ni una menos* y que dicen haber llegado ahí por repensar la violencia de género en sus hogares. Son estas viejas urgencias que retornan en las pancartas que dan un testimonio vivo. ("Mucha gente que pasaba caminando de golpe se ponía a llorar, veía la bandera y lloraba. [...] Ahí uno puede entender hasta qué punto la herida está abierta y queda tanto por hacer" (Curia). Nuevo giro personal. De alguna forma esta emergencia da cuenta del cruce de la izquierda testimonial y de *Ni una menos*. De la memoria de la violencia íntima a la estatal. Fuera de los contornos familiares, una salida marcada por la ética y solidaridad. Están desde hace un año dando sus testimonios en diferentes espacios, incluyendo su propio sitio en la red. La fecha de su nacimiento público quedó impresa en una de las marchas de *Ni una menos*.

Este nuevo giro personal, ese grito, ese desborde del cuerpo y del afecto de la marea feminista que toma al cadáver como punto de partida pero que lo resignifica a través de la defensa de la vida de todas las mujeres, (así como las narrativas testimoniales y los documentos con que elaboran sus reclamos) se expande hacia una agenda cada vez más radical que, al hacer visible la violencia femicida, hace visible un entramado de violencias con una constante demanda al estado.

En esta intersección entre la izquierda testimonial y el proyecto de profundización democrática que significó el kirchnerismo y las demandas de género, tanto las articuladas por las mujeres sobrevivientes de la dictadura como por el grito "Ni una menos", puede verse el impacto de lo testimonial como una forma cultural que, justamente a través del giro personal, permitió poner el cuerpo, el desborde del afecto, la fragilidad de la narración de la primera persona que reclama haber sido víctima no sólo para denunciar, sino también para repolitizar el sujeto narrativo y que sugiere lo que Beverley le debatía a Sarlo: que el giro personal que venía a traer el testimonio no era sólo acerca de la primera persona del singular, sino de la lucha por construir un proyecto en el pasaje a la primera persona del plural (es decir, a ese deseo de las mayorías) y donde estaba en juego el proyecto político no de la militancia de los setenta sino de la marea rosada. Es ahí, en esa primera persona del plural, en la definición de ese deseo donde interviene críticamente *Ni una menos* en el 2015 para radicalizarse en estos últimos tres años y enfatizar, a través de los ejes de la vida, el conventilleo, el deseo y la militancia, la presencia del grito como registro acústico del disenso y la resistencia, la reparación de la trama comunitaria, la revisión de las categorías con que estudiamos la violencia de género y la relocalización del femicidio y el travesticidio en un entramado de violencias del Estado y sus zonas de excepción.

Obras citadas

Actis Munú, Cristina Aldini, Liliana Gardela, Miriam Lewin y Elisa Tokar. *Ese infierno: Conversaciones de cinco mujeres sobrevivientes de la ESMA*. Buenos Aires: Sudamericana, 2001.

Álvarez, Fernando. Dir. *Campo de batalla, cuerpo de mujer*. Argentina, 2013.

Beverley, John. *Latinamericanism After 9/11*. Durham, London: Duke University Press, 2011.

———. Participación en la mesa 4 "No se puede comprar el viento". *Foro Nacional y Latinoamericano por una nueva independencia*. San Miguel de Tucumán, 2015. Argentina. Web: https://www.tvpublica.com.ar/post/mesa-4-no-se-puede-comprar-el-viento-2.

Carbajal, Mariana. "Casi todas sufrieron abusos". *Página/12*, 17 de enero de 2001. Web: https://www.pagina12.com.ar/diario/elpais/subnotas/160611-51510-2011-01-17.html.

———. "El crimen silenciado: ataque sexual como delito de lesa humanidad". *Página/12*, 7 de enero de 2011. Web: https://www.pagina12.com.ar/diario/elpais/1-160611-2011-01-17.html.

———. "Asimetría entre el victimario y la víctima". *Página/12*, 13 de diciembre de 2011. Web: https://www.pagina12.com.ar/diario/sociedad/3-183261-2011-12-13.html.

Carri, Albertina. Dir. *Los rubios*. Buenos Aires: Primer Plano Film Video, 2003.

Crimen de la Pampa. *Clarín*, 14 de diciembre de 2011. Web: https://www.clarin.com/crimenes/crimen-pampa-zaffaroni-advenimiento-arqueologica_0_S1BCFK3vme.html.

Curia, Dolores. "El Nunca Más y el Ni una Menos". *Página/12*, 4 de junio de 2018. Web: https://www.pagina12.com.ar/42137-el-nunca-mas-y-el-ni-una-menos.

Di Tella, Andrés. Dir. *Montoneros, una historia*. Argentina, 1998.

Forster, Ricardo. *El Laberinto de las voces argentinas*. Buenos Aires: Colihue, 2008.

González B. Soledad, Mariana Risso Fernández y Lilián Celiberti. *Las Laurencias: violencia sexual y de género en el terrorismo de estado uruguayo*. Montevideo, Uruguay: Trilce, 2012.

Lesa Humanidad. Luis Ponce. Dir. Programa de violencias de género en contextos represivos. Argentina, 2011.

Lewin, Miriam y Olga Wolmat. *Putas y guerrilleras: Crímenes sexuales en los centros clandestinos de detención. La perversión de los represores y la controversia en la militancia. Las historias silenciadas. El debate pendiente*. Buenos Aires: Planeta, 2014.

Lobos, Leila. Entrevista a Florencia Alcaraz. *Otras voces en educación*. 2017. Web: http://otrasvoceseneducacion.org/archivos/224226.

Longoni, Ana. *Traiciones: la figura del traidor en los relatos acerca de los sobrevivientes de la represión*. Buenos Aires: Norma, 2007.

López, María P. "Duelo, desobediencia y deseo". Presentación en la Universidad de Minnesota. 29 de marzo de 2017.

Moreno, María. "Mujeres de la bolsa". En Paula Rodríguez, comp. *#Ni una menos*. Buenos Aires: Planeta, 2015.

¡Ni una menos! *Página/12*, 3 de junio de 2017. Web: https://www.pagina12.com.ar/41947-ni-una-menos.

Nunca Más: Informe de la Comisión Nacional sobre la desaparición de personas. Buenos Aires, Argentina: Eudeba, 2009.

Partnoy, Alicia. "Cuando vienen matando: On Prepositional Shifts and the Struggle of Testimonial Subjects for Agency". *PMLA*. 12.5 (2006): 1665-1669.

Rodríguez, Carlos. "Diana Sacayán: La hora de la justicia". *Página/12*, 12 de marzo de 2018. Web: https://www.pagina12.com.ar/100945-diana-sacayan-la-hora-de-la-justicia.

Rodríguez, Ileana. *Gender Violence in Failed and Democratic States: Besieging Perverse Masculinities*. New York: Palgrave Macmillan, 2016.

Rodríguez, Paola. *#Ni una menos*. Buenos Aires: Planeta, 2015.

Schulte-Brockohoffe, Andrea. Reseña de *Tiempo pasado. Cultura de la memoria y giro subjetivo. Una discusión,* de Beatriz Sarlo. *Clarín.com.* 10 de marzo de 2006.

Sarlo, Beatriz. *Tiempo Pasado: Cultura de la memoria y giro subjetivo: Una discusión*. Buenos Aires: Siglo XXI Editores. 2005.

Segato, Rita. *Las estructuras elementales de la violencia: Ensayos sobre género entre la antropología, el psicoanálisis y los derechos humanos*. Bernal, Buenos Aires: Universidad Nacional de Quilmes, 2003.

Sonderéguer, María. "Perspectiva de género y narrativa legal: Sexualidad y poder en las políticas de memoria y justicia en Argentina". En Ksenija Bilbija, Ana Forcinito y Bernardita Llanos, coords. *Poner el cuerpo: rescatar y visibilizar las marcas sexuales y de género de los archivos dictatoriales del Cono Sur*. Santiago, Chile: Editorial Cuarto Propio, 2017. 201-216.

Tessa, Sonia. "Dar testimonio". *Página/ 12,* 9 de octubre de 2009. Web: https://www.pagina12.com.ar/diario/suplementos/las12/13-5228-2009-10-09.html.

Traban proyectos para eliminar el avenimiento. *La Nación,* 18 de diciembre de 2001. Web: https://www.lanacion.com.ar/sociedad/traban-proyectos-para-eliminar-el-avenimiento-nid1433643.

Testimonios mutantes y literatura de hijos

Adriana Pitetta
MOUNT HOLYOKE COLLEGE

Abstract: In the last two decades, the so-called "subjective turn" and self-fiction have occupied central places in Latin American cultural criticism, particularly in relation to cultural productions linked to the recent past in the Southern Cone. In this article, we will analyze some narrative strategies present in the works of artists that are part of the post / postdictatorship generation (post transitions to democracy and neoliberalism of the nineties) or the "generation of children" in Argentina (referring to the condition of children of the disappeared). These cultural products, which emerged during the height of the pink tide (left-wing governments that dominate the region in the early 21st century) propose a return to the centrality of subjectivity and the first-person genres, challenging a part of our cultural criticism which announced their exhaustion.

Keywords: self-fiction/ subjective turn/ testimonio/ Southern Cone/ postdictatorship

Resumen: En las dos últimas décadas, el denominado "giro subjetivo" y la autoficción han ocupado lugares centrales en la crítica cultural latinoamericana y en particular con relación a la producción cultural vinculada al pasado reciente en el Cono sur. En el presente artículo, se analizarán algunas estrategias narrativas presentes en las obras de artistas que son parte de la generación post/ postdictadura (post transiciones a la democracia y neoliberalismo de los noventa) o la "generación de los hijos" en Argentina, aludiendo a la condición de hijos de desaparecidos. Estos productos culturales, que emergen durante el apogeo de la marea rosada (los gobiernos de izquierda que dominan la región a principios del siglo XXI) proponen una vuelta a la centralidad de la subjetividad y la primera persona desafiando a esa parte de la crítica cultural que anunciara el agotamiento de tales géneros.

Palabras clave: autoficcion/ giro subjetivo/testimonio/ Cono sur/ postdictadura

> Los hijos son los detectives de los padres, que los arrojan al mundo para que un día regresen a ellos para contarles su historia y, de esa manera, puedan comprenderla. No son sus jueces, puesto que no pueden juzgar con verdadera imparcialidad a padres a quienes se lo deben todo, incluida la vida, pero sí pueden intentar poner en orden su historia, restituir el sentido que los acontecimientos más o menos pueriles de la vida y su acumulación parecen haberle arrebatado, y luego proteger esa historia y perpetuarla en la memoria.
> —Patricio Pron, *El espíritu de mis padres sigue subiendo en la lluvia*

El cruce entre el eje historia-pasado-memoria-presente y el eje experiencia-representación-narración/relato de lo vivido, define gran parte del legado socio-político y cultural de la historia reciente en el Cono Sur. La continua presencia de las consecuencias del terrorismo de Estado reaviva estas preguntas incesantemente y las respuestas, o sus ensayos, se encuentran en permanente mutación desde las transiciones a la democracia, que para el caso argentino podría definirse como un *giro autoficcional o devenir de la memoria* en la post-postdictadura. En las páginas que siguen ensayaré una interpretación de algunos fragmentos de las obras de tres artistas hijos de desaparecidos que desde sus aproximaciones han contribuido al surgimiento de este giro autoficcional: la novela autoficcional *Los topos*, de Félix Bruzzone; el *Diario de una princesa montonera*, de Mariana Eva Pérez y el docudrama *Los Rubios*, de Albertina Carri. Desde estas obras también me aproximaré a los encuentros y desencuentros con la categoría de lo testimonial y las tensiones que se han generado en torno a la misma.

El testimonio: sobre la derrota y el pasado o una pedagogía para el futuro

Podría decirse que, en el punto de convergencia de los ejes mencionados al comienzo, el testimonio se clava como una cuña: como (re)solución y como molestia, como reacción e incomodidad, como necesidad y como urgencia. Terreno histórico, batallas jurídicas y acumulación de hechos para Avelar, en *Alegorías de la derrota*; memoria imperativa, instrumento jurídico, modo de reconstrucción del pasado, actos de memoria, en el caso de la crítica de Beatriz Sarlo al giro subjetivo en *Tiempo pasado*. Estas son algunas de las lecturas canónicas de la literatura testimonial y de sus efectos productivos. Sin excepción, se enfatiza la carencia de "valor literario" de las obras, y quienes las crean son relegados a la función de testigo-víctima-sobreviviente y vinculados a un sentido muy específico de la verdad. Pero estos testigos víctimas también son actores/actrices, agentes activos, a menos que se parta de una versión tremendamente limitada de la experiencia. Así, por oposición a esto, me afilio a comprender la experiencia en la forma propuesta por Hermann Herlinghaus cuando anota que "experiencia" quiere decir, más allá de lo experimentado, posibilitar una mirada capaz de enfocar el presente desde un estar-siendo-en-la-historia de subjetividades en conflicto (Herlinghaus 92 y ss.).

Una versión de la experiencia que no apunta sólo al haber vivido sino también al estar siendo, implica un giro radical, por el cual estos sujetos testimoniales reclaman un lugar en la conversación (tomando prestada la frase a Alicia Partnoy). Sin embargo, como se ve más arriba, cuando se lo valora entre lo histórico y lo jurídico, la Historia y la Ley marcan el destino del testimonio, limitándolo a su valor de verdad. Así, las interpretaciones de la escritura testimonial han creado un objeto de acuerdo a una mirada del pasado en coincidencia con aquel paradigma de la desilusión que describiera John Beverley en su artículo "Repensando la lucha armada". Desarrollando la idea de que la expansión de las guerrillas con la salida armada como proyecto, significó un desvío equívoco y debe ser leído como un error político, el paradigma de la desilusión se apoya en un relato que entiende las décadas revolucionarias de los sesenta y posteriores en consonancia con la juventud biográfica de los militantes —una especie de adolescencia tan irresponsable como arriesgada y romántica. En la perspectiva de Beverley, esa adultez política que mira con desdén y se desentiende con alivio de aquel pasado subversivo, se identificaría entonces con las transiciones a la democracia de los ochenta y los *espectaculares* noventa de neoliberalismo salvaje. El sustento de tal narrativa sería una "visión profundamente ideologizada de la historia que identifica el paso del tiempo con el progreso" (Beverley 2011, 167). Ahora bien, las antes mencionadas son tendencias que han opacado, cuando no borrado por completo, las subjetividades militantes. Se ha convertido a los héroes y las heroínas, la militancia que implicó el poner el cuerpo por la justicia, por la igualdad y por la revolución, a los rebeldes y a los guerrilleros (tanto a quienes ejercían su poder con autoritarismo en sus grupos de referencia como a los que realmente creían en la horizontalidad como premisa), en víctimas y profesionales liberales, agrupados en los discursos de *humanitarización* de la política en las postdictaduras. Durante largos años (especialmente los noventa) las discusiones de los sesenta y setenta fueron fijadas en el tiempo como parte de los proyectos políticos de vaciamiento de sentido impulsados por la derecha neoliberal que se consolidaba en el poder, quedando fosilizadas en una especie de mueca absurda y *démodé*. Por un lado, la iconización pop de los líderes de aquellos años violentos o locos de la revolución, con la cara del Che Guevara en las remeras de bandas de rock latino; por otro lado, las fotografías en blanco y negro de los desaparecidos, ellos también como viniendo desde otro tiempo con esos rostros jóvenes, vistos como los sacrificios innecesarios de una época que había que olvidar y dejar atrás. Es interesante pensar que es justo a mediados de esa década en apariencia despolitizada de los noventa, cuando emerge la agrupación H.I.J.O.S, destacada entre otras cosas por la decisión de repolitizar a esas víctimas de las que hablara más arriba, remarcando la importancia de su militancia política.

Considero que la lógica de esta visión de la *madurez* que reniega del pasado adolescente de la militancia política de los sesenta se traslada de cierta forma a la distinción entre testimonio - giro subjetivo y *literatura* que no casualmente ofrece un paralelo con los cambios a nivel político en Latinoamérica. A propósito de esta afirmación pienso en un debate fundamental condensado en la antología de textos *La voz del otro*, editada por Beverley y Achugar en 1992, y muchas de las interrogantes ahí discutidas que siguen interviniendo y habitando los sentidos de las escrituras del yo. En el prólogo de 2002, Beverley y Achugar sostienen lo siguiente:

> El testimonio es, en nuestra propia definición en estas páginas, un *"arte de la memoria"*, pero un arte dirigido no simplemente a la memorialización del pasado, sino a la construcción futura de una nación más heterogénea, democrática e igualitaria. Para construir esa patria, sin embargo, habría que comenzar con el reconocimiento de una autoridad cultural que no es la nuestra, que reside en la voz de otros. Para ese efecto, aún en sus ambigüedades y contradicciones [...], el testimonio sigue siendo parte de una pedagogía necesaria. (énfasis míos, 15)

Los autores complejizan los lazos de identificación inmediata del testimonio con el tiempo pasado y la voluntad de verdad, para definirlo como una necesidad para el futuro a través de dos palabras clave: pedagogía y arte. Es interesante el llamado de atención sobre la necesidad de esta pedagogía en 2002, umbral de dos movimientos simultáneos en la reflexión y la producción cultural en tanto generación de conocimiento en torno al pasado reciente en el Cono Sur: uno es el giro autoficcional (aquí en particular me refiero a la producción cultural de hijos de detenidos desaparecidos por la última dictadura militar argentina). Por autoficción parto de la coincidencia de la identidad nominal de autor, narrador y protagonista en acuerdo tanto con el pacto testimonial como autobiográfico, pero con un pacto de lectura más ambiguo. En tal sentido, es útil la definición de Ana Forné cuando sostiene que: "En las obras de autoficción el límite entre lo ficticio y lo factual se despliega de manera imprecisa, condición impensable en las modalidades narrativas que a efectos de producir un efecto de realidad respetan los principios de identidad y de referencialidad" (63). Parte fundamental de la elaboración de esta noción es resaltar cómo estas escrituras plantean un discurso metaliterario que configura una transgresión de las convenciones literarias del pacto de lectura referencial, destacando la predominancia del carácter imaginativo más que el compromiso de estas escrituras, dado que "resalta como constitutivo de esta categoría de textos la calidad creativa de la inserción del autor en el texto" (Forné 64). Sin embargo, también es posible colocar los énfasis críticos en el sentido opuesto. Quisiera quedarme entonces con una de las apreciaciones críticas que realiza Forné via Dalmaroni en el artículo mencionado: "estas escrituras usan los mismos materiales que los testimonios y los discursos políticos pero en vez de presentar una versión coherente, reproductora de los sentidos rituales de un discurso heredado, ofrecen a base de la voz narrativa subjetiva un discurso en proceso, de significados inacabados e inestables, sin llegar a renunciar a la *propia posición política e ideológica clara*" (énfasis míos 67).

Esta producción escritural que no evita los posicionamientos, está atravesada a su vez por la crisis económica y social que enfrenta Argentina en 2001 y por el Kirchnerismo (en tanto proyecto político que surge a partir de tal crisis y que ocupó el gobierno nacional en la *década larga* post-crisis del 2001), un proyecto nacional-popular que al tiempo que se define desde los sentidos comunes de la militancia sesentista y setentista (menos la parte revolucionaria), tiene también prácticas clientelistas que desembocan en el fin de la mencionada década en medio de escándalos de corrupción (también funcionales a la proliferación de manifestaciones de odio de clase). Más allá del análisis del kirchnerismo, su *década larga*, la herencia económica o social del período, entre otras posibles aristas a considerar, existe cierto consenso en torno a la centralidad de las políticas de derechos humanos en ese período, tanto en el plano simbólico como en reformas específicas, y a esto agregaría yo, una repolitización/ideologización de las políticas de derechos humanos.

El otro eje al que hacía referencia más arriba está signado por el rechazo y la sospecha de buena parte de la crítica respecto al "boom de la memoria" o las críticas al giro subjetivo antes mencionadas. Permanentemente, nuevas subjetividades testimoniales desafían no sólo los límites entre los géneros, sino los propios postulados de la crítica, así como las formas en que las humanidades y las ciencias sociales se aproximan a ellas. En tal sentido me parece interesante pensar en una de las distinciones / dicotomías que la teoría *queer* ha cuestionado, descentrado y en buena forma destruido: aquella entre *lo natural y artificial*. Según Eve Kosofsky Sedgwick (1993) lo *queer* designa: "the open mesh of possibilities, gaps, overlaps, dissonances and resonances, lapses and excesses of meaning" (8).

Creo que en textos como los de Mariana Eva Pérez, o en películas como las de Albertina Carri o en novelas como la de Félix Bruzzone, lo que opera es una estética de la de-diferenciación, a la cual cierta parte de la crítica se ha enfocado en leer con máximo énfasis desde el encorsetamiento de los géneros literarios y que se configura como una *praxis queer* que, a diferencia de la linealidad biográfica de evolución hacia la edad adulta, se vincula con el pasado reciente desde una adolescencia extendida y sin pretensiones de madurez, que no propone lo nuevo como solución a lo viejo, sino la superposición, la contradicción y el exceso como estrategia.

En su artículo de 2007 "El giro neoconservador en la crítica literaria y cultural latinoamericana," Beverley analiza uno de los síntomas de esa mezcla de sospecha y cansancio en la lectura del giro subjetivo que realiza Beatriz Sarlo. Las críticas de la autora a esa saturación del yo definen estas escrituras como una forma de autoindulgencia y un espectáculo de la vanidad o como un riesgo político, "[u]na mala práctica cultural —el giro subjetivo", representado por el testimonio, las políticas de identidad, etc.— lleva a una mala práctica política: el neopopulismo. Es mejor dejar ambas en manos de "expertos" (161).

Beverley también apunta cómo, distanciándolo de esa *mala práctica*, Sarlo destaca elogiosamente el trabajo de algunos sobrevivientes de la dictadura en Argentina, como lo hace con Alicia Partnoy y su colección de cuentos *La escuelita* [*The Little School*]. Partnoy es rescatada por Sarlo en oposición al testimonio de corte "realista romántico"; destacando que la escritora erige una voz diferente, marcada por la imaginación más que por la acumulación de detalles y que además se distingue por el uso de la tercera persona (71-72). Al manifestar qué es lo que la distancia del veredicto de Sarlo acerca del testimonio y de esta perspectiva sobre el giro subjetivo, Partnoy sostiene: "what concerns me about these words and Sarlo's statements is the belief that survivors are unfit for theoretical reflection unless they undergo traditional academic training and do not refer directly to their experience" (1665). Partnoy como escritora, sobreviviente y académica, desdibuja en su escritura los límites de la autoridad discursiva y los considera dinámicos, así como los límites entre la experiencia y el conocimiento: "the challenge that Sarlo and many scholars in Latin America seem to share involves the ability to train their imagination to go visiting without tying it to the leash of truth. In my view, that leash is a limit imposed by self interest: the preservation of academia as the only realm where knowledge can be produced" (1666). Asimismo, cuando una escritura rodea la cuestión testimonial desde lo imaginativo, hay que rescatarla para la literatura. Lo que propongo es simple: ¿qué pasa si a la preocupación que une a tantos críticos en la empresa de defender el distanciamiento estético en virtud de la superioridad de lo imaginativo en estas escrituras de los hijos, marginalizando la presencia de lo testimonial, los referentes reales y los posicionamientos políticos, se le opone un énfasis en la presencia de estos últimos? ¿Por qué la mayoría de las aproximaciones a las escrituras autoficcionales elaboran o cimientan la crítica en la problematización de los géneros, cuando estos textos proponen el exceso y la superposición?

Parece relevante traer a colación las ideas de George Gugelberger (quien afirmaba: "Thus, the testimonio becomes interesting not so much for what it says and how it says it (as literature *per se*), but rather for how it entered critical discourse and the institutional centers of higher learning, thereby dismantling *our treasured notions of literature*" (énfasis míos, 8).

Los hijos del fierro

Así titula el argentino Nicolás Prividera (escritor y cineasta, cuya madre Marta Sierra fue detenida y desparecida por la dictadura militar en 1976) un texto que problematiza las distintas formas en las que los hijos y las hijas de detenidos desaparecidos que se dedican a la producción cultural lidian con su condición y su experiencia. Así propone una tipología en la que por un lado están los que el autor define como hijos replicantes "que repiten las inflexiones fantasmáticas de la voz del padre"; otro grupo es el de los hijos frankensteinianos "que pretenden escapar a ese mandato negándose a ese destino hamletiano de encarnar la Historia" y el último grupo, el cual configura una especie de síntesis es el de los hijos mutantes "que asumen su origen pero no quedan presos de él" (Prividera 2012, 51). Este colectivo encarna, en la definición de Prividera, un compromiso con un presente y un futuro que los trasciende, intentando "construir desde esa mirada un inquebrantable mundo propio, bajo la forma más *inesperada*".

Mutante I. Los topos

Este texto (años más tarde integrado en una antología del propio Prividera llamada *restos de restos*) es leído originalmente como parte de la presentación de la autoficción *Los topos,* publicada por el también hijo de desaparecidos Félix Bruzzone, en 2008. El narrador y protagonista de la novela es Mariano, un hijo de desaparecidos que ha sido criado por sus abuelos. La compañera de Mariano se muestra tan comprensiva de la condición del protagonista, que llega al punto de militar en la agrupación H.I.J.O.S. sin tener en su familia ninguna persona detenida desaparecida por el terrorismo de Estado. Esto tiene su efecto en nuestro protagonista, quien no habla de su madre, hasta que conoce a Romina. La descripción de esta relación se elabora desde la ironía y el escepticismo respecto de las relaciones familiares. Al hablar de los amigos de su novia Romina, el protagonista afirma "la que mejor que me caía era Ludo, una chica que también militaba en HIJOS —su tía había desaparecido en Córdoba: hubiera sido bueno que se juntara con Romina y juntas fundaran SOBRINOS, NUERAS, no sé [...]" (18).

Mariano se enamorará más tarde de Maira, una travesti quien él sospecha, podría ser la misma persona que su hermano nacido en cautiverio. Maira a su vez es una doble agente que investiga a genocidas y represores de la última dictadura militar, para luego asesinarlos en venganza de la memoria de su familia; luego, también Maira desaparece. Como parte de su búsqueda, el protagonista deviene travesti y emprende un viaje a Bariloche, donde espera encontrarse con su amada, sólo para caer cautivo de El Alemán, un ex torturador agente del estado que ahora asesina travestis.

Parte de la muy buena recepción de la novela es el elogio de Beatriz Sarlo en su texto *Una condición de búsqueda* (2008), donde propone que: "Los topos se afirma en el derecho de *hablar de cualquier modo* sobre la ausencia de padres desaparecidos; es el derecho de la literatura" (s/p). Ahora bien, ¿cuál es la naturaleza de esta defensa? ¿Qué es este *cualquier modo*? ¿Por qué se interpreta tan enfáticamente esta irreverencia inmediatamente como terreno literario? Me hago eco de la reflexión en la que Ana Ros (2014) plantea:

> A mi entender, sin embargo, Los topos no habla de "cualquier modo" de la desaparición de los padres, ni es un ejercicio literario habilitado por la tradición de pensamiento crítico sobre el tema: su modo de hablar de la desaparición es, en sí, pensamiento crítico. La transgresión en la novela permite, por un lado, visibilizar las representaciones del horror que han contribuido a la realización simbólica del genocidio y, por otro, visibilizar los efectos de dicha realización simbólica en los vínculos sociales del presente". (96)

Tal vez justamente ahí radica el peligro. Hay que apurarse a "ganar" estos textos para la literatura porque sus elaboraciones, con lo testimonial como punto de partida, son más radicales que muchos análisis de las humanidades y las ciencias sociales sobre los mismos "temitas". Porque existe un cierto riesgo en que la capacidad de producir conocimiento o pensamiento crítico escape a la esfera de la academia.

Mutante II. La princesa montonera

Leemos en un pasaje de *Diario de una princesa Montonera: 110% verdad* de Mariana Eva Pérez, hija de José Manuel Pérez y Patricia Roisinblit, ambos secuestrados y desaparecidos en 1978:

> Blog temático
> Tengo blog nuevo: Diario de una Princesa Montonera. El temita este de los desaparecidos *et tout ça* viajó de polizón en las crónicas europeas, me boicoteó el plan de escribir sobre la escritura y hasta logró colarse entre los dichos de mi abuelo, al que no le gustaba hablar de esto. Me cansé de luchar: hay cosas que quieren ser contadas [...]. El deber testimonial me llama. Primo Levi, ¡allá vamos! (12)

Cómo leer y categorizar las narrativas de "Hijos fans del pasado" en Argentina, ha planteado un desafío y una obsesión para la academia en la antedicha década (larga) inaugurada post crisis de 2001. Cómo comprender a la generación de los hijos, con qué conceptos y categorías, con qué herramientas teóricas, fueron algunos de los desafíos que pusieron en evidencia cómo estos textos estaban produciendo conocimiento y desestabilizando los intentos de lectura.

Un buen ejemplo de esto es la forma en que el concepto de posmemoria acuñado por Marianne Hirsch (2008) se volvió una especie de referencia obligatoria para hablar de la producción cultural generada por, o asociada a los hijos de desaparecidos. Hirsch define la posmemoria pensando en los hijos de sobrevivientes del holocausto, como "the relationship of the second generation to powerful, often traumatic, experiences that preceded their births but that were nevertheless transmitted to them so deeply as to seem to constitute memories in their own right" (103).

La autora Mariana Eva Pérez (2013) cuestiona el uso del término posmemoria, preguntándose hasta qué punto ser criado por padres que han sobrevivido el trauma de los campos de concentración nazis puede ser una experiencia análoga a la pérdida de los padres en una desaparición forzada. Como apunta Pérez, la primera diferencia tiene que ver con la orfandad en el caso de los hijos de desaparecidos y, más aún, la condición de huérfanos a quienes les falta confrontar los cuerpos de sus padres.

Mostrando la radicalidad de lo inadecuado del término, Pérez destaca la existencia de un grupo de ex niños víctimas, que se oponen a ser considerados hijos de desaparecidos y se denominan "huérfanos científicamente producidos por el genocidio". El punto del grupo, tal como lo señalan varios autores mencionados por Pérez, es destacar que en la denominación "hijos de" dominante tanto en los medios de comunicación como en el movimiento de derechos humanos y en la academia, "permanece velado, detrás de la sobredeterminación del vínculo, el alcance del accionar genocida sobre sus propios cuerpos" (9).

De esta manera, las voces que a menudo se han intentado leer bajo el paraguas de la posmemoria como reacciones a esas "overwhelming inherited memories" de las que habla Hirsch, reclaman el uso y el habitar del legado de la historia en sus presentes. De diferentes maneras, lo hacen apelando a la construcción de lazos de solidaridad, de debate y de análisis de sus realidades. Como se puede apreciar con claridad en la definición de Pérez, en ese grupo de quienes se definen como "hijos de desaparecidos" cristaliza la tortura y el abuso perpetrado por agentes del estado sobre sus propios cuerpos (siendo parte de esto, sin ir más lejos, el cambio de identidad), el conocimiento no pensado de estos traumas, orfandad causada por la desaparición forzada de los padres y la imposibilidad del duelo. Es por estas razones que la posmemoria no sirve como perspectiva de análisis. Proponiendo un concepto que se adapta mejor a estas variables, Pérez habla de "transmisión transgeneracional de trauma", lo cual además permite contemplar un aspecto para nada menor, como la crianza en manos de abuelos u otros miembros de la familia, también afectados por la ausencia de las personas detenidas desaparecidas. En palabras de Pérez, "it is not bearing witness to their histories versus testifying by proxy, witnessing on behalf of their disappeared parents or to the impossibility of accounting for their death. *It is both at the same time*" (14).

En definitiva, el desafío al que nos exponen estas voces que reclaman agencia desde el giro autoficcional, es el de la construcción de una identidad a través de nuevas subjetividades testimoniales. Subjetividades que están reconfigurando su lugar, deconstruyendo la propia condición de víctima durante la infancia o la adolescencia, pero que han crecido en el marco de una convicción hegemónica de su condición de víctimas indirectas. El hijismo se agencia, lo cual nos lleva a pensar en aquella cita bellísima y desgarradora de Albertina Carri, hija de desaparecidos que en cierta forma inaugura este movimiento autoficcional con su película *Los rubios*:

> Dice Régine Robin que la necesidad de construir la propia identidad se desata cuando esta se ve amenazada, cuando no es posible la unicidad. *En mi caso, el estigma de la amenaza perdura desde aquellas épocas de terror y violencia en las que decir mi apellido implicaba peligro o rechazo* [...] construirse a sí mismo sin aquella figura que fue la que dio comienzo a la propia existencia, se convierte en una obsesión, no siempre muy acorde a la propia cotidianeidad, no siempre muy alentadora, ya que la mayoría de las respuestas se han perdido en *la bruma de la memoria*. (*Los Rubios*)

Estas nuevas subjetividades testimoniales logran, de esta manera, crear una conexión de sentido entre la denuncia y la reivindicación de la condición de víctima desde una praxis.

Epílogo

¿Será posible pensar que esta pedagogía necesaria de la que hablaban Beverley y Achugar, a través de su reconfiguración, abre el paso a una transición del hijismo como retórica de la sangre al hijismo como una forma de generar una solidaridad en base a la disputa entre la identidad que se les ha impuesto a los hijos e hijas de desaparecidos y la condición de víctimas directas que se les ha negado?

Creo que estas escrituras plantean, más que escapes imaginativos/creativos o una defensa de la literatura, una crisis del sujeto testimonial en la post-postdictadura. Lo más importante, además, es que se posicionan políticamente sobre la condición de hijos en paralelo a su propia experiencia y no sólo a la de sus padres.

Obras citadas

Avelar, Idelber. *Alegorías de la derrota: la ficción postdictatorial y el trabajo del duelo*. Santiago: Cuarto Propio, 2011.

Beverley, John y Hugo Achugar, eds. *La voz del otro: testimonio, subalternidad y verdad narrativa*. Guatemala: Universidad Rafael Landívar, 2002.

——. "El giro neoconservador en la crítica literaria y cultural latinoamericana". *Nómadas*. 27 (2007): 158-165.

——. "Repensando la lucha armada en América Latina". *Sociohistórica*. 28 (2011): 163-177.

Bruzzone, Félix. *Los topos*. Buenos Aires: Mondadori, 2008.

Carri, Albertina. Dir. *Los rubios*. Buenos Aires: Primer Plano Film Video, 2003.

Forné, Anna. "La autoficción testimonial: *Oblivion* de Edda Fabbri". *Revista Telar*. 7-8 (2016): 63-75.

Gatti, Gabriel. *Identidades desaparecidas. Peleas por el sentido de los mundos de la desaparición forzada*. Buenos Aires: Prometeo Libros, 2011.

Gugelberger, Georg, ed. *The Real Thing: Testimonial Discourse and Latin America*. Durham: Duke University Press, 1996.

Herlinghaus, Hermann. 2009. *Violence without Guilt: Ethical Narratives from the Global South*. New York: Plagrave, Macmillan, 2009.

Hirsh, Marianne. "The Generation of Postmemory". *Poetics Today*. 29.1 (2008): 103-128.

Jelin, Elizabeth. "The Politics of Memory: The Human Rights Movements and the Construction of Democracy in Argentina". *Latin American Perspectives*. 21.2 (1994): 38-58.

Kosofsky Sedgwick, Eve. "What's Queer?" En *Tendencies*. Durham: Duke University Press, 1993. 5-9.

Partnoy, Alicia. "Cuando vienen matando: On Prepositional Shifts and the Struggle of Testimonial Subjects for Agency". *PMLA*. 121.5 (2006): 1665-1669.

Pérez, Mariana Eva. *Diario de una princesa montonera: 110% verdad*. Buenos Aires: Capital Intelectual, 2012.

——. "Their Lives After: Theatre as Testimony and the So-Called 'Second

Generation' in Post-Dictatorship Argentina". *Journal of Romance Studies.* 13.3 (2013): 6-16.

Prividera, Nicolás. *restos de restos.* City Bell, La Plata: Libros de la Talita Dorada, 2012.

Pron, Patricio. *El espíritu de mis padres sigue subiendo en la lluvia.* Buenos Aires: Mondadori, 2012.

Ros, Ana. 2014. "*Los Topos*" de Félix Bruzzone: Travestis y traidores contra la realización simbólica del genocidio en Argentina". *Confluencia: Revista Hispánica de Cultura y Literatura.* 29.2 (2014): 92-105. Web: www.jstor.org/stable/43490037.

Sarlo, Beatriz. *Tiempo Pasado: Cultura de la memoria y giro subjetivo: Una discusión.* Buenos Aires: Siglo XXI Editores, 2005.

———. "Condición de búsqueda. Sobre *Los topos* de Félix Bruzzone". *Diario Perfil.* 7 de diciembre de 2008.

Schindel, Estela. "¿Hay una 'moda' académica de la memoria? Problemas y desafíos en torno del campo". *Aletheia. Revista de la Maestría en Historia y Memoria de la FaHCE.* 2.3 (2011): 1-11.

3. Literatura, post-literatura y políticas de la cultura: Lo que dicen los debates actuales

Diáspora y exilio en Cardoza y Aragón: Conversación con la post-literatura

Leonel Delgado Aburto
UNIVERSIDAD DE CHILE

Abstract: This article takes up the concept of "post-literature" by John Beverley to show its importance for Central American cultural history. The text warns about the importance of critical perspectives about literature that go beyond the traditional philological fixation of texts. For that, it problematizes the exiled location of the modern Central American author with respect to nationalist identification discourses, among them literature itself. This problem is analyzed by retaking Luis Cardoza y Aragón as a figure of the literary avant-garde and his appropriation of surrealism. Cardoza would represent a kind of modern pilgrim who through the uses of surrealist principles proposes a radical critique of the literary. The article, therefore, emphasizes, the link between "post-literature" and the avant-garde, particularly in the case of Central American literary figures.

Keywords: Avant-gardes, baroque, exile, Central America, Surrealism

Resumen: Este artículo retoma el concepto de "post-literatura" de John Beverley para mostrar su importancia dentro de la problemática histórica de la cultura centroamericana. El texto advierte la importancia de instancias críticas de lo literario que rebasen la idea filológica tradicional de fijación de textos. Para eso problematiza la localización exiliada del autor moderno centroamericano con respecto a los discursos nacionalistas identificatorios, entre ellos la propia literatura. Este problema es analizado retomando a Luis Cardoza y Aragón como figura de la vanguardia literaria y su apropiación del surrealismo. Cardoza representaría una especie de peregrino moderno quien propone, desde principios surrealistas, una crítica radical a lo literario. Se enfatiza, de esa forma, el vínculo entre la "post-literatura" y las vanguardias, particularmente en el caso de sujetos literarios centroamericanos.

Palabras clave: Barroco, Centroamérica, exilio, surrealismo, vanguardias

Este trabajo intenta ser una conversación con el concepto de post-literatura tal y como fue planteado por John Beverley en la década de los 90. En ese sentido intenta ser también una incursión en lo literario, más exactamente en el barroco o sus descendencias y desinencias, particularmente a través de la vanguardia literaria, sobre todo una de las formas en que es acogido el surrealismo en América Latina. Tomaré como caso a Luis Cardoza y Aragón, su escritura, sobre todo, pero también al hombre (como se decía antes) en su circunstancia. Como enseña Beverley, en el caso del sujeto barroco algunos de sus tópicos significantes son la sobrevaloración de la literatura, su existencia en un entre-lugar impreciso (entre lo colonial y lo moderno) y quizá, sobre todo, la ambigua función de sus discursos: su desconexión con respecto a una operatividad moderna o revolucionaria, insignia de una "modernidad obsoleta". Beverley señala este asunto en los casos, sin duda excéntricos, de José Gabriel Túpac Amaru y su hermano Juan Bautista: "Las imágenes autobiográficas que configuran simplemente no son conmensurables con el hecho real de la rebelión, que involucra la acción colectiva de grandes masas" (*Una modernidad obsoleta* 144). La rebelión a que se refiere aquí es la de Túpac Amaru iniciada en 1780 (139), pero se podría extrapolar, por ejemplo, a la escritura autobiográfica de los letrados de la revolución sandinista: sus novelas autobiográficas tampoco corresponden con las eventuales versiones de un sujeto popular, si bien gozan de mayor autoridad histórica. En realidad, en la estrategia interpretativa propuesta como post-literatura estaría comprometida una mirada a ese tipo de alienación subjetiva que confluye en la escritura, y particularmente la escritura autobiográfica. Mi deseo sería proyectar tal disonancia en la vanguardia literaria. Antes de entrar en materia me gustaría introducir dos digresiones en cierto sentido autobiográficas.

Hace unos 25 años teníamos un grupo de estudio en la UCA de Managua, la universidad jesuita. El grupo lo dirigía el profesor Franz Galich, escritor guatemalteco exiliado en Nicaragua. Era el momento de acelerada transición en Centroamérica hacia proyectos de paz condicionada por la racionalidad neoliberal; en esencia veníamos de la guerra e íbamos hacia el mercado. Nuestro modesto grupo de estudio representaba una instancia de aprendizaje de un lenguaje crítico que correspondiera con aquel momento histórico: intentábamos aprender a pensar no en términos nacionales sino regionales, es decir como centroamericanos, cuestionando de hecho los mitos nacionales, y con incierto, y quizá subrepticio deseo de explicar el sentido de las derrotas de los proyectos revolucionarios en Centroamérica. Fue el momento en que lo que

Jean Franco llamó "el auge de la crítica" (significando sobre todo la llegada de los estudios culturales) nos alentó en las tareas, o nos pareció una salida. En particular, recuerdo haberme encontrado en esa época precisamente con el texto de John Beverley sobre Post-literatura, cuyo proyecto difería en cierto sentido de ese "auge de la crítica". Decía Beverley por entonces: "En vez de estudios culturales, entonces, mi proyecto sería más bien el de problematizar la literatura en el mismo acto de enseñarla dentro de su estamento. No tengo ilusiones sobre la posibilidad de este proyecto" (*Una modernidad* 153). En lugar de huir hacia algún sitio diferente (a estudiar otros discursos que podrían desplazar de hecho a la literatura), resulta significativo esa especie de deseo de quedarse a ver terminar el espectáculo de la literatura, cargado de desilusión ("teatro, sobre el viento armado" para citar a Góngora). Por segunda vez quizá se podría invocar la cuestión de la alienación literaria. El mismo Beverley lo comprobaba así en uno de sus textos: "En esto, nos aproximamos más y más en nuestras tareas a las de nuestro ilustre precursor, el "ingenioso caballero" Don Quijote" (*Una modernidad* 7). Digo, pues, que fue decisivo en aquella ola de llegada de los estudios culturales a Centroamérica, los cuestionamientos de Beverley a la literatura y la imaginación de una perspectiva crítica abarcadora de la condición colonial o barroca de lo moderno literario. Intentaré explicar más adelante las implicaciones que esto pudo (¿o puede aún?) tener para la literatura centroamericana. (Entre paréntesis y en perspectiva, sin duda mi estudio de las autobiografías centroamericanas partió de ese choque con los planteamientos de Beverley en el momento de crisis y acabamiento de los proyectos revolucionarios en Centroamérica).

La segunda digresión involucra a otro guatemalteco. Haciendo una revisión del desarrollo de los estudios literarios en Centroamérica, el escritor y crítico Dante Liano dice:

> De alguna manera, los estudios postmodernos vinieron a confluir con una crítica marxista académica, de una ortodoxia que ya no existía (no podía existir) en los países de la órbita soviética. El profesor John Beverley reunió, en Pittsburgh, a un par de generaciones de centroamericanos, que siguieron fielmente sus enseñanzas. Beverley había comenzado sus estudios como especialista del Siglo de Oro español. Luego, había ido cuestionando la función social de la literatura, tal y como era entendida por el pensamiento dominante. Contra esa concepción de literatura, escribió un libro llamado *Against Literature* (publicado en 1993), en donde sostiene que la

única literatura válida en los tiempos postmodernos es el llamado "testimonio". (Liano 5-6)

Las razones para introducir esta cita resultan quizá visibles. En primer lugar, porque soy uno de esos centroamericanos que el profesor Beverley reunió hace algún tiempo en esta Universidad. En ese sentido no sé si he seguido "fielmente sus enseñanzas", pero precisamente la ocasión me permite pensar y quizá cuestionar el tipo de fidelidad que cabría tener con los planteamientos de John Beverley en general. En segundo lugar, queda planteada la cuestión de lo que se podría llamar el imperialismo de la teoría, y que mucho se teme a veces en América Latina, caso de que el profesor Beverley nos hubiera enseñado a repetir un sistema crítico que no se corresponde con las realidades centroamericanas o latinoamericanas, con lo que seríamos doblemente alienados (por la literatura y por el imperio). En tercer lugar, porque en cierto sentido el testimonio como discurso estratégico de la post-literatura tiende a oscurecer un poco los cometidos más generales de su planteamiento. Con respecto a estos puntos, ya dije que había algo endógeno en los noventa, crisis del modelo revolucionario y auge de la crítica, que nos empujaba a la búsqueda de lo que podríamos llamar escenarios de transculturación teórica. Por eso, descreo tanto de un extremo paternalismo teórico desde los Estados Unidos, como de la eventual pureza de una crítica no contaminada por "la teoría" metropolitana.

Las preocupaciones de Liano corresponden en realidad al momento que podría llamarse de alejamiento u ocaso del "auge de la crítica". Comprobada muchas veces por los críticos, esta crisis o hundimiento lleva a Liano a optar por la crítica filológica, partiendo de la obvia necesidad de tener corpus de literatura centroamericana debidamente fijados. En cierto sentido, se trata de una especie de vuelta al orden y a cierta modestia crítica, en que se aplican "métodos ya comprobados" y en donde "no se esperan grandes vuelos del pensamiento" (9). Por supuesto, coincido con Liano en la necesidad de tener corpus fijados que permitan la amplitud y certidumbre de la crítica. Otra cosa me dice, sin embargo, el pensar que una dosis de filología logrará estabilizar el desvarío implícito de la literatura, que constituye algo mucho más fundamental (y político). Quizá el entrecruce entre fundamento y política sea uno de los ejes principales de una estrategia post-literaria, y como tal una de las enseñanzas persistentes de Beverley.

En efecto, sigo aquí algunos de los planteamientos de Beverley en cuanto a cómo la situación del intérprete y su texto (incluso si el caso fuera el de un crítico filológico modesto y esmerado) está mediada por una cuota de alienación. Cito, de nuevo, de *Una modernidad obsoleta*:

> Quizás hemos perdido memoria de las razones que nos impulsaron hacia el campo de la literatura inicialmente: nuestra vida profesional tiende a vacilar entre el oportunismo y la rutina. Sin embargo, ninguno de nosotros estaría en este campo si no hubiera asociado un sentimiento íntimo, desgarrador, de enajenación, opresión o marginación social con la literatura, hecho que después se convirtió de una manera u otra en la posibilidad de hacer carrera. Ese sentimiento, creo, nos acerca inevitablemente a un compromiso, si no político... por lo menos afectivo con otras situaciones de marginación o subordinación. Sentíamos en nuestras vidas la necesidad de un espacio-otro, que era la literatura, y podíamos vislumbrar en nuestro compromiso con la literatura, sin estar de acuerdo siempre sobre su forma precisa, la posibilidad de un espacio social-otro que de una forma u otra la literatura participaría en crear. (*Una modernidad* 7-8)

Como se sabe, la persecución de estos índices entre enajenantes y utópicos alcanzan un campo vasto en la crítica de Beverley, pero se anclan en figuraciones literarias fundamentales como son el peregrino (en la prosapia gongorina), el pícaro, el letrado barroco y el subalterno, en particular en la dicción testimonial. Quisiera enfatizar este aspecto de potencial igualdad literario-utópica y cómo esta es proyectada en la autobiografía, incluyendo los modelos falseados de la picaresca. Es significativa, en este sentido, la lucha insistente y tal vez inútil del texto autobiográfico por representar un espacio comunal. En algún punto de su defensa del testimonio, Beverley señala que en la autobiografía literaria "la posibilidad de hacer literatura-escribir 'la vida' de uno mismo-equivale precisamente al abandono de una identidad étnica y de clase, la pérdida del *Gemeinschaft* de la juventud en favor de una individualización secularizadora y modernizadora" (*Una modernidad* 133). Esta definición, que por una parte resulta muy didáctica para focalizar al testimonio, y quizá el modelo de autobiografía liberal, me ha ido resultando con el tiempo controvertible. ¿No es el caso, más bien, que tal abandono es proyecto, simulación, máscara? ¿No permanece de alguna manera atado el autobiógrafo a lo comunal de manera inopinada, subrepticia, quizá alienada? Al menos es lo que creo encontrar en ciertos modelos de autobiografías de autores ligados a las vanguardias literarias.

En este punto es que quisiera introducir el caso de Luis Cardoza y Aragón. Se sabe en general que Cardoza es, un poco a la sombra de Miguel Ángel Asturias, la otra gran figura de la vanguardia guatemalteca. De manera mucho más decidida que Asturias, la prosa y la poesía de Cardoza, así como su monumental autobiografía (*El río: novelas de caballería*, 1986), están marcadas por el barroco. Resulta significativa su identificación con Rafael Landívar, el poeta y letrado jesuita del siglo XVIII cuyo regreso a Guatemala Cardoza fabula como proceso de desindentificación y alienación. La alteración que introduce el exilio o el peregrinaje los distancia a ambos de una tierra de la que, sin embargo, no pueden separarse totalmente. Dice Cardoza en un poema que retoma la voz de Landívar: "No hay casa, ni patria, ni mundo. / Somos de otra parte. / ¡Al carajo!" (*Poesías completas* 180). Al asumir un destino de exilio, Cardoza realiza una operación cultural fundamental: siempre hablará desde un lugar excéntrico con respecto a la cultura mexicana (siendo México su lugar de exilio) y, por supuesto, la guatemalteca. Pero, además, asume un lugar intersticial entre las corrientes de la vanguardia internacional y las refundaciones nacionales revolucionarias (en México y Guatemala). Quizá es este el espacio de localización del "peregrino" de la vanguardia, particularmente el centroamericano, y que creo valdría la pena analizar de forma un poco más detenida. Aludo, por supuesto, al modelo de peregrino proveniente de las *Soledades* de Góngora, descrito por Beverley en su ambigüedad subjetiva, sentimental y narcisista: "La personalidad del peregrino se define por una oscilación perpetua. Motivan su acción una pérdida inicial y su deseo de recuperar (o hallar) algo que no tiene" (*Una modernidad* 44). Además:

> Está indispuesto con el mundo, como la figura meditabunda de la Melancolía de Durero; es el espectador que no pertenece ni a los centros de poder de la aristocracia dominante ni a las comunidades más sencillas de los artesanos y jornaleros de su país. (44-45)

Esa condición peregrina coincide en Cardoza con un ánimo de apropiación de las vanguardias internacionales. Sobre todo, me gustaría enfatizar que hay en Cardoza una forma barroca de acoger el surrealismo, el que aprendió en su incursión parisina vanguardista de los años veinte. De hecho, junto a figuras como Alejo Carpentier o César Moro, Cardoza podría señalarse como uno de los sujetos literarios que de manera más radical acogen el surrealismo en América Latina. Quizá se olvida un poco, pero la apelación al inconsciente que blanden los surrealistas implica a la vez un reparto democrático (en el sentido de Rancière) y una puesta en cuestión de la literatura. No se quiere solamente desplazar al escritor como figura tradicional, sino democratizar el sentido de lo literario. Como resume Nadeau refiriéndose al Manifiesto surrealista: "Todo el mundo es poeta a partir del momento en que acepta ponerse a las órdenes del inconsciente...", y dice, citando directamente el Manifiesto: "el surrealismo está al alcance de todos los inconscientes" y, más adelante: "Confiad en el carácter inagotable del murmullo" (*Historia del surrealismo* 77). Por eso a veces la acusación de caer en la literatura es enarbolada como punto de separación o expulsión. Como cuando el propio Cardoza y Aragón comenta la Exposición Internacional del Surrealismo realizada en México en 1940, y deplora que: "La 'literatura', esta palabra abominable, nunca ha encontrado mejor aplicación que hoy al recordar la incapacidad y la degradación de unos cuantos mistificadores sin talento" (Bradu 201-202). Para Cardoza hay una función implícita en la poesía que enuncia, en el mismo comentario de la siguiente forma: "¡Como si la poesía fuera para divertir a la gente y no para resolver el problema de nuestro destino" (Bradu 202). La desfamiliarización o extrañamiento del discurso en el caso surrealista apunta a la proverbial mezcla de arte y vida, potenciado en el lenguaje libre del sueño, cuyo código de época es lo maravilloso. Me interesa, sin embargo, esta puesta en crisis de la literatura por la relación genealógica eventual con otras formas de anti o post-literatura, incluida la de Beverley.

Cardoza pone a prueba su acción estético-política sobre todo en el contexto mexicano revolucionario de los años treinta y, posteriormente, durante los años breves de la revolución guatemalteca de 1944. La democratización del inconsciente que propone el surrealismo potenciará en Cardoza el acogimiento de las culturas prehispánicas como trasfondo de la cultura nacional mexicana. El gesto de poner a Apolo junto a Coatlicue (su libro de crónicas y ensayos se llama *Apolo y Coatlicue*, precisamente) indica la politización identitaria del gesto surrealista. Como ha indicado James Clifford, la yuxtaposición inesperada es una estrategia surrealista asociada con el uso de fragmentos y colecciones curiosas (Clifford 150). En este sentido otra yuxtaposición fundamental que realiza Cardoza a través de su escritura es la interpretación de la pintura moderna mexicana, en *La nube y el reloj* (1940), principalmente polemizando con un eventual realismo socialista atribuido al muralismo. En contraposición con la pintura de Rivera, Cardoza encuentra en José Clemente Orozco el modelo de enunciación de ese inconsciente identificatorio que conforma a México, espacio en donde los Dioses viven y andan sueltos (*Apolo y*

Coatlicue 65). Aparte de la especie de alianza con la plástica que realiza Cardoza, la que se articula de manera sofisticada a su prosa barroca, me pregunto si esta apelación será quizá en el fondo una versión más del verso vilipendiado de Neruda: "Yo vengo a hablar por vuestra boca muerta", apuntando a lo que Beverley llama un "modelo vertical de representación [estética] y representación política" (*Una modernidad* 149). Para ponerlo en otros términos y quizá complejizar la pregunta, creo que la forma en que lo indígena ingresa a la representación político-estética en el caso de Cardoza es a través de una apelación al inconsciente negociada entre corrientes de representación transnacional (el surrealismo) y procesos de la política cultural revolucionaria. En este sentido, mi propuesta es que la yuxtaposición de materiales (escritura, pintura, colecciones singulares o maravillosas) puede apuntar a una política potencialmente democrática.

Aquí pensar el carácter de exiliado o de peregrino de Cardoza me parece clave. Intentaré ilustrar esta tensión a través de un solo ejemplo. A su llegada a México en los años treinta, Cardoza encuentra un clima de represión y ostracismo en contra de sus amigos del grupo de los Contemporáneos, acusados de esteticistas y homosexuales. Es el momento también del auge del cardenismo, que amaga con una radicalización populista revolucionaria. Explica Cardoza: "Mi situación era singular: sentía como propios algunos valores de los Contemporáneos y me percataba de su galicismo y de su anemia y participaba de ciertos puntos de vista de las "hordas"" (*El río* 374). Las hordas en este caso, se refiere a la Liga de Escritores y Artistas Revolucionarios, liderada por el Partido Comunista, y que opera una campaña de agitación en favor del realismo socialista y de Cárdenas quien, según Sheridan "tiene interés en corporativizar a la pequeña burguesía ilustrada" (Sheridan 269). Aquí la posición excéntrica de Cardoza potencia su posición crítica. A propósito, dice: "Y México ha sido mi hogar, acaso más porque como extranjero, por una parte, me ha sido vedada la participación entera; por la otra, no sólo me ha permitido sino alentado en lo esencial de mi vida con amigos, papeles, libros, pinturas." (*El río* 374). A veces esta posición adquiere un tono más incómodo y dramático. Al narrar la muerte de Jorge Cuesta, se queja Cardoza entre otras cosas de "la sociedad que asesinaba a mi amigo, la que enloqueció a Artaud, la que me negaba la participación, la del "exclusivismo nacional" descalabrado por Sarmiento: "¡Ay del que persista en llamarme extranjero!" (*El río* 389).

Pero es como extranjero que Cardoza se permite una visión crítica, de, por ejemplo, la apoliticidad de los Contemporáneos. Cardoza advierte bien la continuidad del grupo con el Ateneo de la Juventud, su intelectualismo y afrancesamiento. La mirada surrealista que en México está relacionada con una articulación transnacional, figurada por ejemplo en las visitas de Artaud y de Breton en los años treinta, permite a Cardoza admirar en forma maravillosa la constitución de la cultura nacional revolucionaria: "Para mis amigos Contemporáneos, el México que a mi paso en 1930 conocí, les era tan familiar que no distinguían lo que al extranjero maravillaba" (378). Asimismo, aparece un impulso práctico con el que Cardoza disiente activamente de sus amigos de Contemporáneos: "Sentía que me pudriría si no me bañaba en algo más conciso, en algo más denso de la realidad de lo humano" (391). Se trata del conocido impulso "sistemático, científico y experimental" (Nadeau 62) del surrealismo. En torno a este impulso pueden entenderse las clases de historia del arte que Cardoza imparte en la Escuela Nocturna para Trabajadores (escuelas fundadas por el cardenismo). Cardoza hace ver que su colaboración con el proyecto gubernamental y la clase obrera es opuesta a la posición de sus amigos literatos, quienes "Juzgaban inconcebible cualquier actividad con matiz político, y más de una política partidaria de los "pelados"" (*El río* 377).

Este ejemplo podría prolongarse en las actividades políticas que Cardoza realiza a la llegada de la revolución guatemalteca de 1944. Sin embargo, es preciso, en este punto, resumir, diciendo que su escritura irá acumulando y enredando derrotas políticas, y diseñando la figura perpetua del peregrino y el exiliado. En un ensayo de madurez sobre André Breton, Cardoza reflexiona sobre la radicalidad revolucionaria del surrealismo, su promesa no cumplida: "El surrealismo es anterior a su nacimiento y posterior a su muerte. Se halla en su prehistoria y en su porvenir. La relación Marx-Freud no ha logrado concertarse" (*André Breton* 17). Se trata quizá de ese tipo de recuento de la derrota de la vanguardia hecho por ancianos vanguardistas (uno piensa en Borges y en su elegía a Joyce: "que importa mi perdida generación/ ese vago espejo/ si tus libros la justifican").

En Cardoza, por supuesto, el libro (digamos la literatura) no justifica una clausura elegíaca (¿quizá la necesidad barroca abunda en esta imposibilidad de cierre?). El mapa, es decir, el surrealismo y su potencialidad, me atrevo a decir su tensión post-literaria, resulta mucho más ancha que el territorio (el "surrealismo realmente existente" con su historia menor). La mirada de Cardoza sobre Breton indica en cierta medida un autorretrato y una referencia a los límites vitales o no-literarios del surrealismo:

Marx y Engels lo atraían y lo repelían. Un puente de nubes: Fourier. Y vivió su vida, harto de la rígida y seca racionalidad. Preocupado de la precisión y del matiz, supo que el humanismo burgués ya no es humanismo. Quienes lo defienden no son contemporáneos. Imaginan que actúan con audacia, tal si caminaran a gran altura sobre un hilo de acero. El hilo de acero yace sobre el asfalto. (*André Breton* 25)

¿Cómo pensar las post-literaturas (si es que se admite en este momento el plural, que abarcaría la que John Beverley propuso en los noventa) sino en relación con un componente vanguardista tanto en el sentido político como cultural? ¿Cómo calibrar esa tensión entre lo elegíaco, es decir, el duelo o las derrotas que nos asedian, y lo potencial? No hay certezas probables para responder tales preguntas. Sin embargo, creo que para nosotros los centroamericanos resulta aún decisivo un cuestionamiento crítico que desplace la autoridad tradicional de la literatura. En este punto es importante repasar una cita de Beverley en que apunta a los componentes utópicos de la post-literatura:

Podemos imaginar una futura comunidad de objetos que llamaríamos literatura, pero esa comunidad y las nuevas relaciones sociales que expresaría, está probablemente más allá del alcance de nuestras identidades y vidas. Lo que hace falta y es posible ahora sería una democratización relativa de nuestro campo, a través de, entre otras cosas, el desarrollo de un concepto *no literario* de la literatura. (*Una modernidad obsoleta* 154)

En este sentido, y para cerrar, creo que al retomar críticamente el canon de la literatura moderna centroamericana es clave asumirla sin ignorar los espacios y territorios intersticiales que quedan implicados (desde los típicamente coloniales a los transnacionales) e incluyendo también los bordes no convencionalmente literarios que rodean y asedian los textos. El gesto de fijación es decisivo, pero también el de paso hacia una visión intelectual y crítica de lo literario. Para mí es una discusión abierta por Beverley y todavía no concluida. En ese sentido, quizá menos que el reposo y la fijación del texto, las vanguardias y Cardoza y Aragón nos enseñan la importancia de su contradicción y oscilación.

Obras citadas

Ades, Dawn, Rita Eder, y Graciela Speranza. *Surrealism in Latin America: Vivísimo Muerto*. Los Angeles: Getty Research Institute, 2012.

Beverley, John. *Del Lazarillo al sandinismo: Estudios sobre la función ideológica de la literatura española e hispanoamericana*. Minneapolis: Institute for the Study of Ideologies and Literature; Prisma Institute, 1987.

———. *Against Literature*. Minneapolis: University of Minnesota Press, 1993.

———. "Post-literatura". *Nuevo Texto Crítico*. 14-15 (1995): 385-400.

———. *Una modernidad obsoleta: Estudios sobre el barroco*. (No. 12). Los Teques, Estado Miranda: Fondo Editorial ALEM, 1997.

Bradu, Fabienne. "La Exposición Internacional del Surrealismo en México". En *André Breton en México* México: Fondo de Cultura Económica, 2012. 197-208.

Cardoza y Aragón, Luis. *La nube y el reloj*. México: Ediciones de la Universidad Nacional Autónoma, 1940.

———. *Apolo y Coatlicue: Ensayos mexicanos de espina y flor*. México: La Serpiente Emplumada, 1944.

———. *Poesías completas y algunas prosas*. México: Fondo de Cultura Económica, 1977.

———. Cardoza y Aragón, Luis. *André Breton: Atisbado sin la mesa parlante. Malevich: Apuntes sobre su aventura icárica*. México: Fondo de Cultura Económica, 1982.

———. *El río: Novelas de caballería*. México: Fondo de Cultura Económica, 1986.

Clifford, James. *Dilemas de la cultura: Antropología, literatura y arte en la perspectiva postmoderna*. Traducción de Carlos Reynoso. Barcelona: Gedisa, 1995.

Delgado Aburto, Leonel. *Excéntricos y periféricos: Escritura autobiográfica y modernidad en Centroamérica*. Pittsburgh, PA: Instituto Internacional de Literatura Iberoamericana, Universidad de Pittsburgh, 2012.

———. "Memorias apocalípticas, administrativas y campesinas: Por una crítica de la memoria del sandinismo". *Meridional: Revista Chilena de Estudios Latinoamericanos*. 2 (2014): 107-131.

Liano, Dante. "Cursos y recursos de la literatura centroamericana". *Istmo: Revista virtual de estudios literarios y culturales centroamericanos* 23 (2011). Web: http://istmo.denison.edu/n23/proyectos/02.html.

Nadeau, Maurice. *Historia del surrealismo*. Traducción de Juan Ramón Capella. Barcelona: Ariel, 1972.

Schneider, Luis Mario. *México y el surrealismo (1925-1950)*. México: Arte y Libros, 1978.

Shellhorse, Adam Joseph. *Anti-Literature: The Politics and Limits of Representation in Modern Brazil and Argentina*. Pittsburgh, PA: University of Pittsburgh Press, 2017.

Sheridan, Guillermo. "Los escritores revolucionarios contra el sonámbulo solitario (Xavier Villarrutia)". En *Señales debidas*. México: Fondo de Cultura Económica, 2011. 269-282.

Yuxtaponer el documento: Parámetros sutiles para otra ética (entre la cita y la oralidad en Dalton y Cardenal)

Áurea María Sotomayor-Milleti
UNIVERSITY OF PITTSBURGH

Abstract: The poetic voice performs speech acts which are similar, in my opinion, to those offering a testimony in some Latin American literary pieces during the seventies and eighties. These correspond to the sub-genre "testimonio", which John Beverley, Ileana Rodríguez, Margaret Randall, Jean Franco, and others have studied. Taking into consideration the above affirmation as the principal axis of my essay, I would like to establish a parallel between the Jewish witness that faints in Eichman's trial with the poetic voice, which leaves suspended his (or her) speech at the end of a poem, but without suturing it. The exploration of this kind of speech and its link with the exterior world, when elaborating an "informative" poetic form, filiates this form of expression to the documentalist aesthetics and the objectivist poetry of the thirties in North America. I explore the repercussions of these documentary practices from the mechanisms of quoting the word of the other, and the anthological gesture, two recurring practices in the poetry of Cardinal and Dalton, although distinguishable by the historicist and lettered vocation of Cardinal against Dalton's oral aesthetic. Lastly, I address the emphasis on the visual in the case of North American poetry in the thirties, in contrast to the "letter" (either as a literary quote or as a sound), in Latin American poetry.

Keywords: Aesthetics, documentary, Ernesto Cardenal, ethics, Jacques Derrida, poetic montage, Roque Dalton, testimony, trial

Resumen: La voz poética efectúa actos de habla testimoniales, que estimo similares a quien ofrecía un testimonio literario en las décadas de los setenta y ochenta. Las últimas corresponden al sub-género del testimonio, conceptualizado por John Beverley, Ileana Rodríguez, Margaret Randall, Jean Franco y otros. Tomando la citada afirmación como eje principal de mi reflexión, deseo vincular al testigo judío que se desploma en el juicio de Eichmann con la "voz poética" que deja suspendido su decir al cerrar (pero no suturar) el poema. La exploración de dicha forma de decir y su estrecho vínculo con el mundo exterior, al elaborar una forma poética "informativa", filia dicha forma de expresión a las estéticas documentales y a la poesía objetivista de los años treinta en Norteamérica. Exploro las repercusiones de dichas prácticas documentales a partir de los mecanismos de la cita de la palabra de otro y del gesto antológico, dos prácticas recurrentes en la poesía de Cardenal y de Dalton, aunque distinguibles por la vocación historicista y letrada de Cardenal frente a la estética oral de Dalton. Por último, abordo el énfasis en torno a la predilección visual en el caso de la poesía norteamericana de los treinta, en contraste con la "letra" (ya sea como cita literaria o como sonido), en la poesía latinoamericana.

Palabras clave: Documental, Ernesto Cardenal, estética, ética, Jacques Derrida, juicio, montaje poético, Roque Dalton, testimonio

I call 'subject' the bearer (le support) of a fidelity, the one who bears a process of truth. [...] We might say that the process of truth induces a subject.
—Alain Badiou, *Ethics*

Dos formas de producir la verdad relucen en el mundo jurídico a partir del genocidio nazi: sostenerse en documentos (Juicio de Nuremberg) o en los testimonios de los sobrevivientes (Juicio de Eichmann). De ambos juicios brotan narrativas diversas centradas en los documentos corroborativos del tipo "crímenes contra la humanidad" o de los testimonios vivos de los sobrevivientes frente a uno de los responsables. En el Juicio de Eichmann, un testigo interrumpe su testimonio, deja de responder a las preguntas de su interrogador y, sumido en el recuerdo de los hechos que han causado un trauma, se desvanece. Según Hannah Arendt, que cubría el evento como periodista, el testimonio del ex-prisionero que lo había visto y sufrido todo fue inútil porque éste, al no poder relatar su relación con el acusado ni la experiencia sufrida en el campo de concentración, se desplomó y entró en un coma profundo por varias semanas. La prueba contundente de que se decía la verdad la ofreció ese testigo en el juicio de Eichmann (1961). En opinión de Arendt, sin embargo, el testigo se desvaneció al tratar de recordar, lo cual invalida su testimonio y no sirve bien a la justicia. Estimo, como lo hace Shoshana Felman, que precisamente por ese colapso es que este testigo (K-Zetnik) es el más valioso:

> The witness body has become within the trial what Pierre Nora would call "a site of memory". In opposition to the trial's effort to create a cons-

cious, totalizing memory and a totalizing historical consciousness, the site of memory is an unintegrable, residual, unconscious site that cannot be translated into legal consciousness and into legal idiom. (*The Juridical Unconscious* 162)

Podríamos, incluso, comparar el habla "inaudible" del testigo con la acción de poetizar. Ese desvanecimiento que supera aquello que lógicamente el cerebro pueda indicarle al cuerpo, y que equivale a no poder decir lo allí ocurrido, perturbado el sentido del decir, es la poesía. Y el testigo es el más conmovedor de todos: decir su verdad conduce al desvanecimiento, un movimiento espontáneo que en sí mismo constituye la demostración absoluta de su compromiso con el decir, pese a todo. Así también la voz poética merodea y experimenta con las formas del decir para adecuar su sentido a las imposibilidades materiales de un lenguaje que intenta re-crear y dominar de alguna forma. Finalmente, detiene el poema y su mejor devenir resulta en ceder ante quien lee para que el silencio (la interrupción del poema al concluir) haga su parte. Se trata de decir la verdad, mas de otra manera. En el caso del poeta y su lector o lectora, éste(a) completa el proceso de poner en circulación la verdad que la palabra suspendida por uno e interpretada (intuida) por el otro pueda efectuar. Como señala Phillipe Lacoue-Labarthe, siguiendo a Hölderlin y a Nancy, la poesía es el espasmo o síncopa del lenguaje.

En otro registro, podríamos atenernos al acto de testimoniar en sentido estricto, jurídicamente hablando. Citar la palabra de otro, en su versión escrita o en su versión oral tiene sus cortapisas. Un testigo puede dar testimonio de lo que escucha y ve, o hacer referencia a lo que le han dicho o visto. Se sabe que referir o relatar lo que se vio o se escuchó personalmente posee mayor valor probatorio que la evidencia por referencia (*hearsay*), a partir del criterio de veracidad de lo dicho o de lo visto. Sin embargo, las siguientes preguntas son fundamentales para quien no le interese mirar o escuchar en primera persona, sino referirse a lo escuchado y lo mirado. ¿Cómo asumir las mediaciones existentes entre lo citado y lo recordado, entre el archivo y el trabajo de selección que supone un archivo? Si se sabe que la cita autoriza, ¿qué autoridad se imprime en el origen? ¿Cómo contribuye la voz autorial en el tejido del sentido?

La tendencia objetivista, prevaleciente en la poesía norteamericana de los treinta, decididamente influenciada por las figuras de Ezra Pound (1885-1972) y William Carlos Williams (1883-1963) decidió abordar lo que se miraba como si la palabra fuera una cámara, y la sustentaba el intento ético y estético de declarar la verdad. Las imágenes producidas por este medio fotográfico o poético remitían a los hechos enfrentados durante la gran depresión: sufrimiento, registro de la cotidianidad, precariedad. En 1938 la poeta norteamericana Muriel Rukeyser (1913-1980) sostenía que la poesía podía extender el documento. Monique Vescia, por su parte, afirma que la poesía documental (Whitman) y la fotografía documental (Mathew Brady) "developed in each other company" (2006, 23). Para el norteamericano George Oppen (1908-1984), uno de los más importantes poetas objetivistas del 30, comunista, al igual que Louis Zukofsky (1904-1978) y Muriel Rukeyser, "The self is no mystery, the mystery is/ that there is something for us to stand on" (Oppen 2002, 159).

El "momento de convicción" que comentaba Oppen y que coincidía con la escritura de un poema es comparable a una revelación secular, al momento heideggeriano cuando la verdad se revela, según Vescia. Se funden aquí la verdad de la realidad contemplada y vertida en la evidencia documental que se presenta, además de la "convicción" con que el o la poeta la dice, una especie de disciplina auto-impuesta que suprime el sentimentalismo al proponer una nueva economía poética cónsona con los tiempos de la depresión económica. Oppen mismo compara los poemas minimalistas de su libro *Discrete Series* (1934) con el fotomontaje, creando una ilusión de continuidad entre los objetos. En términos generales, a la corriente documentalista de los treinta le era inherente una posición política de izquierda, popular y proletaria (Vescia 90). El término "objetivista" de dicha poesía la explicaba Zukofsky al remitirse a su uso óptico, militar, o a un deseo objetivo: "an objective is the lens bringing the rays from an object to a focus" o "that which is aimed at" o "desire for what is objectively perfect, inextricably the direction of historic and contemporary particulars" (citado en Charles Altieri, "The Objectivist Tradition" 25). Enumero algunos elementos de la preceptiva de los poetas objetivistas: 1) tratamiento directo de la cosa, ya fuera objetiva o subjetiva, 2) evitar palabras que no contribuyan a la presentación, 3) componer siguiendo la frase musical y no el metrónomo, desde el punto de vista rítmico. La sinceridad a la que aludían estos poetas se relacionaba con la verdad producida por la cámara o el lente documental y el compromiso de ellos, como artistas, de decirla claramente.

Es de destacar que el elemento visual demarque lo que es "la verdad" en la poesía objetivista norteamericana y que los poetas mismos, así como diversos críticos, hayan destacado la influencia de los objetivistas en la poesía centroamericana. En el prólogo a su antología *Poesía nueva de Nicaragua,* Ernesto Cardenal define su poética:

El exteriorismo es la poesía creada con las imágenes del mundo exterior, el mundo que vemos y palpamos, y que es, por lo general, el mundo específico de la poesía. El exteriorismo es la poesía objetiva: narrativa y anecdótica, hecha con los elementos de la vida real y con cosas concretas, con nombres propios y detalles precisos y datos exactos y cifras y hechos y dichos. En fin, es la poesía impura. (9)

Y añade el poeta nicaragüense: "considero que la única poesía que puede expresar la realidad latinoamericana y llegar al pueblo, y ser revolucionaria, es la exteriorista" (10). La interiorista, "en cambio, es una poesía subjetivista, hecha sólo con palabras abstractas o simbólicas, como: rosa, piel, ceniza, labios, ausencia, amargo, sueño, tacto, espuma, deseo, sombra, tiempo, sangre, piedra, llanto, noche…" (10).

El valor de la narrativa testimonial surge del contexto en que se inscribe respecto a la misma realidad latinoamericana a la que refiere Cardenal. En la conocida y clásica definición provista por John Beverley, se trata de una narración extensa contada en primera persona por su protagonista o por el testigo de los eventos (Beverley y Zimmerman 173), y la crítica Ileana Rodríguez destaca su relación con la insurgencia popular, al compartir hechos referentes a la resistencia, de modo que no solo es una forma de representación, sino además una práctica cultural entrañablemente ligada a la insurgencia misma (Rodríguez 85-96). Margaret Randall alude a características tales como: 1) uso de fuentes directas, 2) entrega de una historia a través de las particularidades de la voz o las voces del pueblo protagonizador de un hecho, 3) la inmediatez de la experiencia, 4) el uso de material secundario, 5) una alta calidad estética (o el montaje) (Randall 21-45). Jean Franco, particularmente, llama la atención a su estilo dialógico y al hecho de que muchas mujeres en Latinoamérica, como excluídas y marginadas, lo han usado "en lucha por el poder interpretativo" (Franco 109-116). Estimo que si no fuera porque se trata de dos géneros, los uniría: 1) una voz en primera persona, 2) la apuesta de la voz a un movimiento centrífugo (sea ello visible o disimulado), 3) la intención o deseo de documentarlo y 4) el fervor de vincularse éticamente con ese modo del decir, en el caso de la poesía "documental". Deseo destacar la solemnidad gestual implícita en gran parte de la poesía latinoamericana de dicha época, así como su ansia declarativa, independientemente de su empaque lírico o épico. Quizás a esto se refiera Jacques Derrida en su conocido ensayo "A Self-Unsealing Poetic Text": Poetics and Politics of Witnessing" y de lo que de allí me parece pertinente en este momento: 1) que en el acto mismo de poetizar el poema constituye su propia poética y 2) siempre se da testimonio ante alguien, lo cual implica una promesa y una esperanza de respuesta respecto a quien se interpela (Derrida 180-207).

Rescato las repercusiones de algunas de las polémicas que el testimonio como género se planteó alguna vez, a saber, la presencia de un testigo, el hecho de representar un acontecimiento, la verdad o falsedad de lo que se testimonia. Ello me induce a pensar en la voz poética como eminentemente testimoniante al decidirse por un tono que entraña la manifestación de su convicción (como sugería Georges Oppen) y por los referentes reales que evoca como indicador de un suceso transformable en el tiempo. Con ello pretendo colocar la poesía en el centro de una discusión de donde se la ha marginado, por razón de su lenguaje, renuente a la paráfrasis, pleno de equívocos y ambigüedades. El lenguaje poético, sin embargo, es una forma de decir la verdad singular del poema a otro u otra, es una declaración que le exige algo a quien lee, un compromiso ético, un trance reflexivo. Del poeta vidente de la antigüedad griega al poeta testimoniante no hay gran trecho, por razón de la interpelación que entrañan ciertos modos del decir. Algunas de las preguntas a las que este modo de poetizar nos invita son las siguientes: 1) ¿para qué "sirve" su parcial legibilidad? 2) El desvanecimiento del testigo (es decir, la suspensión del poema al concluir, el uso de la figura de la "voz poética"), ¿es prueba irrevocable de la verdad? 3) ¿Qué es probar? 4) ¿Se compromete el afecto con la prueba o, más bien, su valor estriba en lo que revela de nosotros el exigir la prueba?

Hacer de tripas, corazón. Decir y maldecir. No hay género que se resista mejor a una paráfrasis que la poesía, porque la palabra poética funciona como un *dictum* que emana del cuerpo a manera de una segunda piel. Por eso la paráfrasis no basta cuando se leen poemas como los del poeta puertorriqueño Francisco Matos Paoli (*Canto de la locura*, 1961) o de Paul Celan, "Nadie testimonia por el testigo" (*Cambio de aliento*, 1967). En ambos casos estos versos son, como señala Derrida, la fundación de una poética, dado el acto mismo de prometer que entrañan. Con ello conforman un compromiso que proviene de la voz como emblema de un cuerpo que se involucra éticamente con aquello que enuncia. En esta ocasión examinaré el gesto documental de la voz poética en dos poemarios donde "la palabra de otro" constituye el origen de la palabra del poeta. Aquí el objeto mirado es esa otra palabra: el Cardenal de *Homenaje a los indios americanos* (1969) y el poema "Taberna" (1969), de

Roque Dalton. ¿Dónde se halla la voz poética que enuncia textos tan disímiles entre sí, pero que remiten al acopio de voces para producir un texto único? ¿En qué medida al reproducir estas texturas heteróclitas se convierten en testigos? ¿Cómo no puede dejar de ser *hearsay* lo que el testigo no presencial pone directamente a nuestra disposición? ¿Cómo valorar el peso de esta prueba? ¿Cómo se distingue este procedimiento inherente a la cita en dichos poemas de los procedimientos usados en el documental o la fotografía norteamericana de los treinta?

Dentro de lo que calificaría como "la vertiente documental en la poesía", me entusiasma la posibilidad de pensar en uno de sus recursos: el montaje o el *collage*, por la acumulación de texturas y fuentes que se suman en un producto único compuesto de elementos heteróclitos. Así, existe una diferencia entre lo que sería yuxtaponer fragmentos provenientes de la vida cotidiana y aquellos que remiten a la ciudad letrada. En consecuencia, existe una diferencia entre "Taberna", de Roque Dalton y el *Homenaje a los indios americanos*, de Cardenal. El mecanismo nos invita a reflexionar sobre cómo el género más apegado a la subjetividad (la poesía) es el único que en su diálogo con la realidad puede acercarse más a la verdad. Entre lo real y la verdad, la poesía siempre apuesta a una verdad, aunque tenga que pasar por la realidad para confirmarla. Porque la verdad emana de la relación del yo con el otro y constituye un "trance ético" (Badiou), la poesía es su mejor testimonio, pero no admite paráfrasis; su clave es el tono con que enuncia su relación con el evento, su real. El testimonio lo da el tono y los fragmentos de realidad que se acumulan; del evento real llegan como en oleadas fragmentadas. Lo que congregan los poemas que quiero comentar es un *collage*, una especie de detritus de la pasantía de una voz sobre el mundo. La *poiesis* consiste en congregar las piezas disjuntas, reformularlas. Entre esas piezas pasa el tiempo, que las disgrega armónicamente. Y lo que se congrega, tanto en *Taberna* como en "Netzahualcóyotl", es una antología.

Una antología es un conjunto de textos que se reúnen bajo un principio rector. Se trata de una extensa cita que congrega la palabra de otro, los textos de un conjunto de otros. Es un *montaje* lo que une esos fragmentos, y la cola es el mecanismo rector de quien la organiza, quien antologa. "Taberna", el poema que da título al libro, es una "antología", un conjunto de citas extraídas de conversaciones previamente escuchadas por Roque Dalton en boca de estudiantes, obreros y revolucionarios en una taberna checoslovaca a fines de los sesenta. "Taberna" ha sido definido como un poema político, y ganó el premio de poesía de la Casa de las Américas en 1969. Al título le sigue una clasificación entre paréntesis: "Conversatorio", y de ahí en adelante fluyen los fragmentos. El alcohol compartido por el grupo en la taberna concita a la conversación.

Respecto al contenido, el vaivén de los motivos podría ser un criterio para identificar el proceso de selección llevado a cabo por la voz poética, y los temas, el tono, el ambiente, son predominantemente masculinos. A lo largo del texto, que consta de unos 666 versos de variada extensión, se reiteran tres tópicos: poéticas diversas, la mujer amada y la guerrilla revolucionaria. Es imposible ubicar la voz poética, a no ser por la selección de lo heteróclito, pero para ello habría que conocer de qué madeja más amplia se extrajeron los fragmentos que fluyen indistintamente en letra regular y en mayúsculas, mediante un léxico variado, hablas cotidianas, aserciones tajantes e interrogaciones irónicas. En medio de todo, reluce una importante referencia metapoética que cito: "Esta conversación podría recogerse como un poema. ¿Para qué? ¿Crees que asustarías a alguien?" (343). El que la voz poética se mantenga oculta entre el sustrato de los comentarios, fundiéndose con los otros sin que pueda aflorar un "yo" es, en sí mismo, un comentario sobre la naturaleza desjerarquizante de los hablantes a quienes la voz poética ha preferido referir a partir de sus hablas.

La ausencia de juicios de valor sobre los comentarios abona a la ambigüedad implícita a un texto configurado de esta forma, especialmente si de testimonios hablamos, dado que el testimonio se organiza con miras a un objetivo particular que pretende asignar responsabilidad sobre el referente claro. Quiero destacar además que aquí lo único que podría imputársele a la voz poética es el sentido del oído, lo que refiere no pasa por sus ojos, sino por su audición. La extensa cita que es el poema pretende verter directamente, sin mediaciones, lo escuchado. La mediación autorial, sin embargo, sería la intervención o ruptura llevada a cabo entre una cita y la otra. Esta oralidad, que atañe predominantemente a un decir enunciado que no aspira a ser recogido ni fijado, y que tampoco proviene de la cultura letrada, adquiere un valor adicional en el contexto más amplio del libro. La pregunta a hacer es qué razones existen para cerrar un volumen con esta forma poética que recoge y reorganiza fragmentos de varias conversaciones que ha antologado, destinándoles otro fin, reorganizando su ruta para interpelar a quienes leen la suma del diálogo tabernario. Más que cuestionar lo que nos dicen los fragmentos, habría que pensar qué nos dice el conjunto, es decir, la forma, respecto a la suma total. Aquí la manifestación oral de cada uno, su voz, ha devenido un objeto a cuidar, a antologar eventualmente, y se las ha colocado a dichas voces de forma yuxtapuesta para producir un efecto final. El comentario metapoético antes mencionado: ¿"Para qué? ¿Crees que asustarías a alguien?" es crucial. ¿Es la cláusula normativa de la vanguardia, la de *épater le bourgeois,* un derrotero de este texto? ¿Es factible atribuir a la voz poética este comentario? ¿Dónde hallar la voz poética? La dificultad de clasificar este texto como un poema político, como han hecho algunos, estriba en la imposibilidad de ubicar a la voz poética, que es más bien una fuerza aglutinante de los fragmentos que se resiste a proveer dirección. La voz poética se ha disuelto. La única forma de leerla es reconociendo una doble yuxtaposición: rememorando otro conjunto que ocurre al interior del texto, el de las poéticas que allí se encuentran. La antología de voces que "La taberna" es, el núcleo de su *verdad,* quizá reside en la cámara de ecos que la constituye, en el sentido de la desposesión y el extravío que las citas acumuladas imprimen en términos de cómo fluye una historia, la de la poesía. De esa yuxtaposición rezuma la ironía del texto una vez se concluye su lectura. Pero mientras tanto, un sentido de extravío acompaña el acto de leer, pues dado que se trata de citas en ristra no se va creando un sentido teleológico. La desjerarquización habita tanto en la variedad, como en la trayectoria de las voces acumuladas. ¿Interviene esta voz autorial en el tejido del sentido? Y si lo hace, ¿dónde leerlo?

Pasemos a un ejemplo clásico del uso de la cita en la poesía de Ernesto Cardenal. Recordemos que quienes hablan en "Taberna" todo lo dicen en presente, mientras que en muchos de los poemas de Ernesto Cardenal, es la forma verbal en presente lo que le presta un aura perdurable a lo ya pasado hace siglos, en una poesía que identifico como principalmente arqueológica. Viene a colación el primer cuestionamiento: ¿qué autoridad se imprime en el origen? Es predominantemente la historia evocada y no la vivida la que transcurre en el poema "Netzahualcóyotl", de *Homenaje a los indios americanos.* En la ilusión de presente que recrea Cardenal, es una escena la que describe:

El Árbol Florido está brotando flores
en Tamoanchan. Flores tropicales
en Tamoanchan ... (Como las de las jícaras)
Las aves chupan miel en el Árbol Florido
y digo: 'Aquí sin duda viven'. Y oigo su canto florido
como si estuviera dialogando la montaña
canta el zenzontle y contesta el pájaro-cascabel
Axayácatl es zenzontle, Xicohténcatl pájaro cascabel

> como teponaztlis, como tambores, timbales, atabales
> aves de vivos colores entre las flores. Y veo
> al Quetzal, en que se ha convertido Netzahuálcoyotl
> cantando cantos floridos en el Árbol Florido.
> Otra vez como en Texcoco, como en la corte, cuando
> recitaban en el jardín junto a un árbol-florido". (66)

Porque un artista es, sobre todo, un interventor de la realidad, su arte no es mimético, y la inclusión de citas es parte del tramado artístico. Ahora bien, ¿se es "objetivista" al citar las palabras de otro? ¿O ya el hecho mismo de citar nos coloca en una vertiente no objetivista? Es obvio que en ambos poetas (Cardenal y Dalton) se trata de citas intervenidas y, en el caso de Cardenal, estas son el objeto real de su elocución, que a su vez ostenta una posición muy particular al elegir ciertas observaciones sobre otras. Cardenal utiliza el objeto textual para armar una historia. Ya aquí, a diferencia de los objetivistas norteamericanos, no se pretende decir o enunciar u observar el objeto real, sino realizar una operación consistente en reduplicar textualmente las apreciaciones personales de la realidad que eventualmente se convirtieron en textos, fuentes de autoridad. Es casi una operación barroca lo que aquí observamos, una metáfora al cuadrado de la mirada de los conquistadores abismada a su vez en la mirada del poeta. Para cuestionarla, Cardenal la interviene y necesita la cita para contrastarla, y proliferan en el poema las partículas que recuerdan la semejanza: "como". Ello no obsta a que, conscientes de ese distanciamiento, los lectores se vean obligados a realizar una lectura en contrapunto referente a quién lo dijo en su origen y cómo lo lee la voz poética. Su realidad, por razón del gesto valorativo que los invoca en su origen y los provoca en el presente siempre es escapadiza o equívoca. Son comentarios reales porque son comentarios que han existido, pero no dejan de ser equívocos respecto a la realidad que comentan. Es decir, los textos solo son reales para quienes los leen y ya desde los *Epigramas*, pasando por los *Salmos*, *El Estrecho dudoso* y *El Homenaje a los indios americanos*, la poética cardenalista, pese a reposar en el *fiat* exteriorista, deviene un paradójico exteriorismo abocado a lo que dicen los textos de historia: crónicas, salmos, epigramas, y no a los que remite la poesía objetivista que aspira a mirar directamente. Para decirlo positivamente, Cardenal le provee un nuevo aliento a la palabra muerta de los folios.

¿Dónde hallar el *fiat* poético de ambos poetas? En la identificación de la voz poética con Netzahualcóyotl, en el caso de Cardenal, y en la a-teleología, en el de Dalton. Lo que ambos buscan en estos poemas no es describir un acontecimiento ni un objeto externo en ánimo de representarlo o de invocar una temática de justicia social, sino arribar a las palabras-citas como si fueran ese objeto. Es decir, aspiran a convertir la palabra en objeto, y traerlas al ruedo de alguna forma. Recontextualizarlas en Cardenal, acumularlas en Dalton, cual un gran remolino, evoca la estimulante imagen a la que recurre Didi-Huberman cuando al aludir a la "imagen-malicia" destaca el malestar de la representación. Del ejercicio de Cardenal, destaco el origen arqueológico, de Dalton, su anonimato deconstructor.

De este modo, asistimos a montajes auditivos en Dalton y a montajes visuales-temporales (con énfasis arqueológicos) en Cardenal. La situación aleatoria de la conversación *vis-à-vis* la congregación consciente de los fragmentos en un período histórico específico recalca una tendencia antitética en Cardenal que no aflora de la misma forma en Dalton, aunque ambos se filian a una raíz crítica y comunista, pero quizás Dalton nos invita a una mayor producción como lectores. En el poema de Cardenal es evidente la recreación del espacio del rey, poeta e ingeniero Netzahuálcoyotl rodeado de su corte de poetas. (El árbol florido se puebla de cantos de flores (xochicuicatl), y la voz poética traduce su lenguaje: "Axacáyatl es zenzontle...". Pronunciar con su propia boca las palabras de Netzahualcóyotl y asumirlas, opera como transición para ver en el rey al quetzal, es decir, declararlo muerto, y de inmediato pasar al uso del pretérito imperfecto. Solo queda entonces la voz poética evocando al gran rey poeta y desplegando en el poema citas varias, pero en comillas, de varios poetas contemporáneos a éste.

Mi propósito ha sido contrastar la muestra antológica que deriva de ambos poemas y, por ende, las poéticas de Dalton con las de Cardenal a partir de un mismo principio organizador que es el montaje, a fin de examinar el testimonio y la verdad que uno y otro presentan. La diferencia estriba en el carácter oral, antijerárquico, azaroso, cotidiano, intempestivo, de Dalton en contraste con el letrado, de Ernesto Cardenal. Mientras pasa el poema y se evoca la tradición poética, Cardenal la custodia en beneficio del homenaje que le rinde: "Él es aquel quetzal. Junto al río de jade y bajo el Árbol Florido/ cantan las aves canoras para el Inventor de la vida/", conminándole al regreso. El fulcro que sostiene este poema es también el concepto de "antología" o recopilación, pero no con el propósito irónico de aplastar al burgués, como sería el caso de Dalton, sino para recopilar a la manera del florilegio en el que consistían las antiguas antologías griegas y romanas: "Ahora pintáis un cuadro de poetas que cantan". El énfasis de Cardenal, fuera del compendio que también realiza Dalton, estriba en la representación visual, razón para entrecomillar las citas, a diferencia de la indistinción anónima de la oralidad diversa en el conversatorio de Dalton. Hay unos momentos equívocos, sin embargo, como cuando al relatar quién era Netzahuálcoyotl, se desplaza:

> hizo versos, y también hizo diques
> Platicando de puentes y de poesía nueva
> cuestiones de carreteras y cuestiones de melodía
> 'estas carreteras se necesitan'
>   'ete dique aquí'
> 'y aquí en Chapultepec haremos parque'
> '¿Y cuáles son las corrientes?
> Digo, nuevas corrientes literarias'

Cardenal interviene otra tradición, que no proviene de un azaroso encuentro de personajes varios en una taberna, ni recoge sus voces, sino que más bien remite a unos códices donde quedaron plasmados estos poemas, casi todos traducidos por jesuitas y franciscanos. Interviene su memoria antológica rindiendo homenaje a dicha poesía y reorganizando los fragmentos de forma más evidente, lineal. Frente a la tradición, las bisagras se descoyuntan en Dalton, mientras que se aceitan en ánimo teleológico en Cardenal, quien siempre avizora la función de sus fragmentos: "Ven otra vez a presidir junto al lago la reunión/ entre flores y cantos, de Presidentes-poetas./ Ponte en tu cabeza tu corona de flores/ oh rey Netzahualcóyotl" (81). Así también, difiere la posición del lector en Dalton y Cardenal, donde en el último, por razón de la relación equitativa paralela entre la voz poética y Netzahuálcoyoyl, lo que se ha trabajado es la asimilación de uno y otro:

> YO cantor lloro al recordar a Netzahualcóyotl
>   oh Netzahuálcoyotl
> nadie vive 2 veces.

Así también, difiere la posición del lector en Dalton y Cardenal, donde en el último, por razón de la equiparación entre la voz poética y Netzahuálcoyotl, lo que se ha inducido vía la lectura es la asimilación de uno y otro. Pero, sobre todo, demarca una economía y una función a la palabra poética (función que Dalton no especifica, o simplemente baraja, en "Taberna") para que constituya a la sociedad a partir de esa tradición cuya genealogía remite a Netzahuálcoyotl y a Texcoco, "ciudad de la belleza". Y sin embargo, la estética o la *poiesis* de Netzahualcoyotl es muy diferente a la poética exteriorista de Cardenal. Si recordamos a Oppen, lo que significa el Objetivismo aun en los treinta es "the necessity for forming a poem properly, for achieving form. That's what "Objectivist" really means. There's been tremendous misunderstanding about that. People assume it means the psychologically objective in attitude. It actually means the objectification of the poem, the making an object of the poem" (Oppen 2012, 9).

Si nos ceñimos a la combinación Dalton-Cardenal, la sintaxis descoyuntada del primero y su sistema de valores fluctúa entre una poética y la otra, dado que "Taberna" es un caleidoscopio, otro tipo de antología, frente al florilegio de Cardenal. En ambos, Dalton o Cardenal, se asume el compromiso de buscar y examinar cuál es su verdad: así Cardenal la declara y Dalton la presenta; incluso no se sabe cuándo y dónde en esa ristra se dice irónicamente; no hay una constante irónica a lo largo del texto de Dalton. Uno expone, el otro valora. Dalton en "Taberna" realiza un desmontaje en movimiento, estimulado por la sensación de un mareo que lo puede desmoronar o hacerle perder el sentido, como le ocurre al testigo de Arendt. Y el de Cardenal, menos que un montaje es una historia poética intervenida, cuya teleología constituye un homenaje que concluye con el deseo de identificarse con el rey filósofo. También los saltos o interrupciones en el poema de Dalton, están allí exigiéndonos una interpretación, pero la voz poética se rehúsa a intervenir, quizá porque en su poética no tiene sentido el rearmarlos o asignarles prioridades. A Dalton no le interesa limar las asperezas entre el revolucionario y el poeta.

Piensa Cardenal que "la poesía impura" es la única que puede llegar al pueblo. El sociólogo o el historiador, el cronista y otros, abordan esa realidad. Aún pensando que el modo poético ostentado por Cardenal sea realmente "impuro" (dando fe de su pasión exteriorista), habría que re-plantear las involuciones por las que pasa "la poesía impura" en sus desdoblamientos y transformaciones al incorporarlas tal cual en la historia y prácticas del género poético. Es decir, preguntarse cómo se transforma la palabra cotidiana y oral al insertarla en un espacio letrado como es la poesía. Ello ocurre no tan solo en el caso de Cardenal, sino también de un Nicanor Parra, un Dalton y otros poetas, al poner en circulación el lenguaje y, en específico, el acto de nombrar. ¿Qué es nombrar en un poema? ¿Nombrar sitios, nombrar nombres? ¿Para qué se nombra en un poema? Pienso en las citas de Cardenal, en las recurrencias de un poema de Nourbese Phillips, *Zong*, en los nombres de los nacionalistas evocados por Francisco Matos Paoli en su poesía, en el Pedro Rojas de Vallejo y en tantos otros nombres que pasan desapercibidos cuando se incorporan en el discurso poético. Esos nombres, ¿son reales? ¿O pertenecieron a entes reales? ¿Cómo el transcurso del tiempo o la descolocación afecta su evocación o repercusión? Digamos el nombre de Pedro Albizu Campos en *Canto de la locura,* de Matos Paoli, o el caso *Gregson vs. Gilbert* en *Zong*, o Wowoka o Netzahuálcoyotl en el poema de Cardenal, o la cita de Pedro Rojas en el poema de César Vallejo "Solía escribir con su dedo grande en el aire..." en *España aparta de mí este cáliz*. Si no los conocemos o ansiamos conocerlos, ¿de qué vale nombrarlos? ¿Son estos nombres meras reverberaciones de lo real? ¿Para qué se mencionan? ¿Equivalen esos nombres, esas citas, esos fragmentos provenientes de las voces de los otros, ese poema "objetivista", a las fotos en blanco y negro de la mejor tradición documental? Cuán sublime el arte de esas voces citadas, cuán lejos de la representación o de la cita se hallan.

La academia le imprime un valor enorme al origen inscrito en el archivo o en lo escrito como si ello fuera la evidencia palpable de una presunta verdad. Pero del objeto encontrado, en su abandono o anonimia, brota otro valor. La yuxtaposición o el montaje habla tanto de lo que se selecciona como de las razones o prejuicios de la selección. El objeto, más que encontrado, es el objeto buscado. Pensemos entonces en la intención en la que reposa la responsabilidad. El lenguaje que une dichos objetos no es inocente. La nota anónima que precede al libro "Taberna", (probablemente adjuticable al editor Manlio Argueta) dice:

> El poema Taberna, escrito como los demás de esta sección, en Praga, entre 1966 y 1967, resultó del recogimiento directo de las conversaciones escuchadas al azar y sostenidas entre sí por jóvenes checoslovacos, europeo-occidentales y —en menor número— latinoamericanos, mientras bebían cerveza en U Fleku, la famosa taberna praguense. El autor solamente ordenó el material y le dió el mínimo trato formal para construir con él una especie de poema-objeto basado a su vez en una especie de encuesta sociológica furtiva. En el conjunto de opiniones recogidas no hay ninguna que pueda atribuirse completamente al autor y por ello éste las presenta en el seno del poema sin ninguna jerarquización, ni frente a la verdad, ni frente a la bondad moral o política.

Quien da testimonio da fe de algo para reclamar algo de vuelta, la creencia. La realidad contada es solo la verdad de quien la cuenta o escucha, y la reconfigura con el propósito de testimoniarla, reclamando así una respuesta. En esa relación, la (el) poeta se entrega con el cuerpo (el tono del poema) y quien lee selecciona aquello que desea de lo referido. Solo quedan trazos del mensaje original. El "activismo" se halla en la respuesta. Así, sobre los poemas analizados ¿cómo actuar ante ellos? Estos poemas ven, relatan y, sobre todo, seleccionan, pero solo dan fe del tono con que el cuerpo ha acogido esa realidad. La crítica literaria no debe buscar en ellos ninguna contundencia, ni siquiera en obras de prosa como *Puño y letra*, de Diamela Eltit, o aquellas que incluyen imágenes, como *El infarto del alma,* de la misma autora, o *El deseo del lápiz*, de Eduardo Lalo. Lo único que representa el poema es el tono. Si buscáramos en un poema un cuerpo, un "he aquí el cuerpo", habría que buscarlo en el tono de su voz. Ahora bien, ¿por qué algunos poemas optan por relatar hechos que fueron reales o al menos convocarlos? ¿A qué se debe la existencia de ese tipo de poema que algunos han llamado poesía documental?

Lo que se yuxtapone allí, inclusive como voz o voces, son hechos ya verbalizados, siempre ansiosos de ser documentados para ser creíbles o verosímiles. Pero los documentos no sostienen una historia, más bien le permiten escoger, a quien los selecciona, una historia posible. Cardenal, por ejemplo, opta por escoger un documento en el momento de escribir y, como hemos visto, las citas y fragmentos que allí inserta devienen otra trama, desempeñan otra función al ser repetidas y yuxtapuestas por la voz poética. ¿Es un documento una pieza con la que construir o es el fundamento de la construcción? La palabra de quien es citado(a) siempre se transforma en el proceso de la yuxtaposición. Nuestra indagación consiste en examinar el funcionamiento del archivo a partir del mecanismo u operación que es antologar. Cardenal cita el archivo de los folios pasados, Dalton escucha o subvierte las palabras vivas en el presente de sus textos.

En la crítica literaria, una cita en comillas remite a las palabras exactas de alguien vertidas en un documento. Pocas veces se cita la palabra oral. 'Biban los compañeros', transcribía (de su memoria visual) César Vallejo, a fin de citar las palabras vivas de Pedro Rojas. Irónicamente, la transcripción al texto poético realiza estos malabares: indicaciones diversas de clase o raza, al igual que Nicolás Guillén al citar de su memoria oral las palabras de los cubanos negros en sus primeros libros. ¿Habrá un espacio para la veracidad en estos textos o acaso esos resquicios que atañen a la trancripción ya insinúan una distancia de la realidad? ¿O querrán re(con)-figurarla, pero con insistencia? Aquí, la poesía de Dalton regresa a nuestra discusión cuando consideramos la manera en que la palabra del otro puebla el texto variopinto de su elocución. Así también, la palabra de Netzahuálcoyotl, mediada por los versos de Cardenal, opera en un procedimiento diverso. Si prestamos atención a la obra de Cardenal, su amplia obra puede remitirse a un repertorio de palabras de otros: la palabra sagrada de los Salmos, el modelo de los epigramas helenísticos, así como las crónicas que intervienen en *Homenaje a los indios americanos*. La diversidad de las texturas evocadas, provenientes de una taberna o de un libro signado por la autoridad los ubican en diversos órdenes a Cardenal y a Dalton. Cuán diversa la figura del *collage* aquí, quizá por la diversidad de las texturas evocadas. Ese mecanismo, que tanto hallamos en Pound, Williams, o en los poetas objetivistas, no solo testifica sobre lo oral, sino sobre diversas oralidades. Y como cada cual da fe de su alteridad, la filiación atribuible a cada poeta es notable.

Tanto Zukofsky como Oppen fueron marxistas. El sentir de la izquierda norteamericana en los treinta era que el escritor debía contribuir a la revolución, y consideraban que la poesía no respondía a lo que ocurría en ese tiempo. En *Documentary Expression and Thirties America* (1973), William Stott registra que había motivos documentales en todo: literatura, teatro, danza, ciencias sociales. Se desarrolló un sentido de solidaridad nacional y surgieron proyectos federales de obra pública artística, tales como The Works Progress Administration (WPA)—y otros programas fundados durante la depresión—para ofrecer trabajo a artistas y escritores. Se creó en el imaginario una oposición entre la información o documento y la ficción, y lo que recordamos de los treinta es *The Grapes of Wrath*, el *Trilogy* de John Dos Passos y *Let Us Now Praise Famous Men*, de Evans y Agee. Se trata de textos híbridos que incorporan diversas materias e imágenes que evocan el estilo documental.

Destaco en esta mi reflexión que el elemento visual se constituya en el fulcro de la verdad en la poesía objetivista norteamericana, mientras que en Latinoamérica lo sea la historia (otro ejemplo importante es Pablo Neruda en su *Canto general*), y que el fundamento de la verdad en el *montage* lo armen pedazos de la historia colonial, principalmente en la poesía de Cardenal, de forma muy diferente a lo que ocurre en um poema de José María de Heredia ("En el teocalli de Cholula", por ejemplo), donde la ideología borra lo que la imagen exótica descrita en el poema transmite. La creencia o la verosimilitud creada en el poema de Cardenal proviene de las citas insertadas en el texto.

Este cúmulo histórico le permite crear las oposiciones entre aquel mundo y el actual, o trazar poéticamente el surgimiento de la sociedad militar en Mayapán. La presencia del documento como crónica o historia en la literatura latinoamericana es central aquí. Algo parecido ocurre en la obra de Galeano, por ejemplo. Sin embargo, ¿a dónde se remite el trazo de lo oral, qué lugar ocupa? Dado que la filiación con lo épico (desde el punto de vista de su tono o de las hazañas referidas) podría provenir de esta impronta escrita, la pregunta descansa sobre la mesa: ¿es esta historia escrita semejante a la historia transmitida oralmente por esos mismos pueblos indígenas? ¿Cómo dicha poesía interpela al indígena o a los sectores populares de Centroamérica? ¿En qué consiste su exteriorismo, políticamente hablando?

Derrida alude al pliegue de la presencia—presencia ante uno mismo y ante algo otro y ante los demás, como condición de su responsabilidad. Y acoto la transición del vidente al testigo, invirtiendo el orden de alguna de las semejanzas que orientaba el devenir de este ensayo. La promesa es una variante implícita a algunos actos de habla y nos sostiene para el futuro; es un "speech act" que es juramento o promesa. La voz que da el tono es el verdadero cuerpo del poema. "Bearing witness is not altogether and necessarily discursive. It is sometimes silent. It has to involve something of the body which does not have the right of speech" (Derrida 190). El tono no tiene derecho al habla porque es el habla. Su contenido, el testimonio, solo puede apelar a un acto de fe. Aquello que se desvanece es lo crucial, porque es lo que se entrega al concluir la interpelación poética. El acto de habla implícito en la voz poética ofrece una deposición y deviene *terstis (superstes,* según Benveniste, es quien sobrevive después de ser testigo presencial de un acto) y testifica ante nosotros, el jurado, los lectores. Antes, sin embargo, se desvanece, porque lo fundamental se halla entre líneas y solo con delicadeza puede captarse lo que allí reposa.

Aquello sobre lo que se discrepa es la realidad del evento atravesado por el tiempo en la memoria de una voz. ¿A qué otro el (la) poeta le presta la voz para dar su testimonio? La dificultad de responder a estas preguntas que atañen principalmente a lo que dice quien enuncia, equivale al perturbado sentir de la voz que se disuelve, es decir, se desvanece, mientras habla. Así, dar testimonio, en el caso de una voz poética, siempre es una empresa enigmática, pero no deja de ser su verdad. La promesa que alberga esa voz no admite sustitutos. Se dice en primera persona y el acto involucra a todos aquéllos ante quienes se dice. En suma, este decir que es una promesa, le exige a sus lectores una posición, pero tan solo la coloca ante sus ojos a manera de escenario.

Quizá por eso en algún momento mencionara Derrida que el poeta es aquel que testimonia para no morir. Y añado, prepara el poema para su posterior revolución en quienes leen: la verdad se halla en la respuesta, en el lector o lectora que adviene una vez que la voz poética lleva a cabo su acción más importante: desvanecerse, desaparecer.

Obras citadas

Altieri, Charles. "The Objectivist Tradition". En Rachel Blau DuPlessis y Peter Quartermain, eds. *The Objectivist Nexus. Essays in Cultural Poetics*. Tuscaloosa: University of Alabama Press, 1999. 25-36.

Arias, Arturo and David Stoll. *The Rigoberta Menchú Controversy*. Minneapolis: University of Minnesota Press, 2001.

Badiou, Alain. *Ethics. An Essay on the Understanding of Evil*. P. Hallward, Trans. New York: Verso, 2001.

Beverley, John y Hugo Achúgar. *La voz del otro: Testimonio, subalternidad y verdad narrativa*. Lima; Pittsburgh: Latinoamericana Editores, 1992.

———. y Marc Zimmerman. *Literature and Politics in the Central American Revolutions*. Austin: University of Texas Press, 1990.

Cardenal, Ernesto. *Poesía nueva de Nicaragua*. Selección y prólogo de Ernesto Cardenal. Buenos Aires: Cuadernos Latinoamericanos, 1974.

———. *Homenaje a los indios americanos*. Buenos Aires: Cuadernos Latinoamericanos, Ediciones Carlos Lohlé, 1972.

Celan, Paul. *Obras Completas*. Traducción de José Luis Reina Palazón. Madrid: Editorial Trotta, 2000.

Dalton. Roque. "Taberna y otros poemas". En *Poesía escogida*. Selección del autor. Prólogo de Manlio Argueta. Costa Rica: Editorial Universitaria Centroamericana, 1983. 332-355.

Dayton, Tim. *Muriel Rukeyser's The Book of the Dead*. Columbia: University of Missouri Press, 2003.

Derrida, Jacques. "A Self-Unsealing Poetic Text. Poetics and Politics of Witnessing". Rachel Bowlby, Trans. En Michael Clark, ed. *Revenge of the Aesthetic. The Place of Literature in Theory Today*. Berkeley: University of California Press, 2000. 180-207.

Didi-Huberman, Georges. *Ante el tiempo. Historia del arte y anacronismo de las imágenes*. 3ra. edición aumentada. Buenos Aires: Adriana Hidalgo editores, 2011.

DuPlessis, Rachel Blau. *The Selected Letters of George Oppen*. Durham: Duke University Press, 1990.

Felman, Shoshana. *The Juridical Unconscious. Trials and Traumas in the Twentieth Century*. Cambridge, Mass: Harvard University Press, 2002.

Franco, Jean. "Si me permiten hablar: La lucha por el poder interpretativo". En John Beverley y Hugo Achúgar, eds. *La voz del otro: Testimonio, subalternidad y verdad narrativa*. Lima; Pittsburgh: Latinoamericana Editores, 1992.

Gugelberger, Georg M. *The Real Thing. Testimonial Discourse and Latin America*. Durham: Duke University Press, 1996.

Lacoue-Labarthe, Philippe. *Poetry as Experience*. A. Tarnowski, Trans. Stanford: Stanford University Press, 1999.

Matos Paoli, Francisco. "Canto de la locura". En *Raíz y Ala. Antología poética de Francisco Matos Paoli*. Vol. 1. San Juan: Editorial de la Universidad de Puerto Rico, 2006. 181-231.

Oppen, George & Davidson, Michael. *New Collected Poems*. New York: New Directions, 2002.

———. "George Oppen Interviewed by L.S. Dembo". En Richard Swigg, ed. *Speaking with George Oppen. Interviews with the Poet and Mary Oppen, 1968-1987*. Jefferson, NC: McFarland, 2012. 8-23.

Randall, Margaret. "¿Qué es y cómo se hace un testimonio?" En John Beverley y Hugo Achúgar, eds. *La voz del otro. Testimonio, subalternidad y verdad narrativa*. Lima; Pittsburgh: Latinoamericana Editores, 1992. 21-45.

Rodríguez, Ileana. "Organizaciones populares y literatura testimonial: Los años treinta en Nicaragua y El Salvador". En Rose S. Minc, ed. *Literatures in Transition: The Many Voices of the Caribbean Area*. Gaithersburg, MD: Montclair State College, Hispamérica, 1982. 85-96.

Stott, William. *Documentary Expression and Thirties America*. New York: Oxford University Press, 1973.

Sotomayor-Miletti, Áurea María. "Juzgar un juicio o las roturas de lo que se cose con afán (*Puño y Letra*, de Diamela Eltit)". *Revista Iberoamericana*. 78.241 (2012): 1013-1026.

Uriarte, Iván. *La poesía de Ernesto Cardenal en el proceso social centroamericano*. Managua: Centro Nicaragüense de Escritores, 2000.

Vallejo, César. *Obra poética completa*. Caracas: Biblioteca Ayacucho, 1979.

Vescia, Monique Claire. *Depression Glass. Documentary Photography and the Medium of the Camera-Eye in Charles Reznikoff, George Oppen, and William Carlos Williams*. New York: Routledge, 2006.

White, Steven F. *Culture and Politics in Nicaragua. Testimonies of Poets and Writers*. New York: Lumen Books, 1986.

———. *Modern Nicaraguan Poetry. Dialogues with France and the United States*. London; Lewisburg: Bucknell University Press, 1993.

Fiction and Document:
Los Libros, Los diarios de Emilio Renzi and "Homenaje a Roberto Arlt"

Daniel Balderston
UNIVERSITY OF PITTSBURGH

Abstract: This article focuses on Ricardo Piglia's activities in the journal *Los libros* in the years leading up to the military coup of 1976 and how his work in that journal relates to his writing at the time, particularly the novella "Homenaje a Roberto Arlt" (1975) and the book in which it was published, *Nombre falso*. It is based on a study not only of the three published volumes, *Los diarios de Emilio Renzi*, but also on parts of the enormous Piglia archive at Rare Books and Special Collections in the Firestone Library at Princeton.

Keywords: "Homenaje a Roberto Arlt," *Los libros*, Maoism, *Nombre falso*, Piglia

Resumen: Este artículo trata de las actividades de Ricardo Piglia en la revista *Los libros* en los años anteriores al golpe militar de 1976, y de cómo su trabajo en esa revista se relaciona con su producción literaria de la época, en particular con la novela corta "Homenaje a Roberto Arlt" (1975) y con el libro donde ésta fue publicada, *Nombre falso*. El artículo se basa en un estudio no solo de los tres tomos publicados de *Los diarios de Emilio Renzi* sino también en el enorme archivo de los papeles de Piglia en Rare Books and Special Collections de la Biblioteca Firestone de Princeton.

Palabras clave: "Homenaje a Roberto Arlt," *Los libros*, maoísmo, *Nombre falso*, Piglia

Piglia gives the perhaps ironic title of *Los años felices* to the second volume of *Los diarios de Emilio Renzi*, the one that goes from 1968 to 1975. Perhaps ironic because of course the backdrop—from Onganía's coup in 1966 to Perón's death in 1974 and the ensuing chaotic period that ended in the coup of March 24, 1976—was surely not so happy for the nation.

But for Piglia this is a crucial period of creativity, beginning with the publication of *La invasión* or *Jaulario* in 1967, the work on the novel *Plata quemada* (though that book wouldn't be published until 1997, the first great larger project (the novella "Homenaje a Roberto Arlt" with its appendix "Luba," which of course is a modified translation of an Andreyev story), and the beginnings of *Respiración artificial*: these are the years of greatest intensity of Piglia's writing. At the same time, and it is not at all a coincidence, these are also the years of the frenzied production of the magazine *Los Libros* (1969-1976), in which Piglia started as a minor player and ended up as the one of the main editors, and of his most intense political involvement, as the second volume of the published diary, and the pages of *Los Libros*, show. These are also the years of his trip to China (1973), which I understand will be the subject of one of several posthumous books (so far including also the third volume of the diary). *China 1973* will no doubt shed light on the political dimension of his activities in this period.

When the facsimile edition of *Los Libros* was published by the Biblioteca Nacional in four large volumes in 2011, *Página 12* did an interview with many of the participants in the journal, including Héctor Schmucler, Guillermo Schavelzon, Carlos Altamirano, Germán García and Piglia (Beatriz Sarlo evidently declined to be interviewed). Piglia speaks in that interview about the "sensación de felicidad que tenía cuando iba a la oficina y estaban todos los libros que se habían publicado." Altamirano talks in that interview about his and Beatriz Sarlo's fractious relationship with Piglia at this point:

> La posición de Ricardo, que estaba próximo a Vanguardia Comunista, era que no se podía defender al gobierno de Isabel contra el golpe, porque era el golpe el que producía la situación que activaba el golpismo, se podría decir. Nosotros decíamos que había una actividad conspirativa que abarcaba civiles y militares y que había una actividad de provocación por parte de la izquierda. Y se va Ricardo. En fin, tres maoístas juntos no podían más que dividirse (risas). (Somoza and Vinelli)

The documents of that rupture are at the beginning of issue 40 (March-April 1975); they consist of an open letter from Piglia to Sarlo and Altamirano, putting forward his objections to support for Isabelita, and signed "Fraternalmente," and their response to "Compañero Ricardo Piglia," also signed "Fraternalmente." Interestingly, just after the page in which Piglia breaks with the other two and resigns from the editorial collective, the first article in that issue is a long article by him, "Notas sobre Brecht," which occupies a good part of that issue; he also writes extensively about Brecht in the diaries from that period.

Bruno Bosteels writes in *Marx and Freud in Latin America* about the "shadow of Mao" in "Homenaje a Roberto Arlt." His argument is that the structure that Piglia will later explain in "Tesis sobre el cuento," that short stories tell two stories at the same time, obeys a Maoist logic in which, to quote Bosteels, the "two series of action and signification, the first literary and the second political, must be rigorously articulated without separating them according to an inert relation of exteriority or abandoning them to the false depth of interpretation" (196). He puts the novella in relation to two texts that Piglia published in *Los Libros* in that period, "Mao Zedong: práctica estética y lucha de clases" (issue 25, March 1972) and "La lucha ideológica en la construcción socialista" (issue 35, May-June 1974). His hypothesis is astute, since "Homenaje a Roberto Arlt" was first published in the book *Nombre falso* in December 1975. The publication of selections from Piglia's diary, perhaps rewritten or reshaped during the last two years of his life, while he was battling ALS, sheds significant new light on Bosteels's argument. I recently had the chance to spend two days at Princeton looking at the raw diaries (just opened to the public in March 2018). Though I was unable in two days to examine the voluminous diary in depth, it is clear that the published diary is selected from the real diary, and that the information in the published diary about the writing of "Homenaje de Roberto Arlt" does coincide in the real diary with notes for *Los Libros* and with the preparations and aftermath of the trip to China in 1973. The notebooks on the China trip (Ricardo Piglia Papers, Box 001126, Folder 4) are open to researchers, and I was able to read some pages (the most interesting of which are notes on reactions to talks that Piglia gave at the Universidad de Buenos Aires shortly after returning from China); it is clear that Piglia rewrote some portions of the diary for publication, and wrote reflections on the diary in blank pages of the many notebooks, but it is also clear that the information on the period I am focusing on here gives evidence that the second volume of *Los diarios de Emilio Renzi* is a reliable source.

What is also clear is the chronology. The second volume of the published diaries tells of the gestation of three works of fiction. The first is *Plata quemada*, the project he begins to work on in the first volume (the one that goes from 1957 to 1967), though the novel would not be completed until decades later and published in 1997 (I discuss the long gestation of that novel in an article published in *A Contracorriente* in 2018). The second is the book that will be my focus here, *Nombre falso*, which came out in December 1975 (at the close of the second volume), and which includes the short stories "El fin del viaje," "El Laucha Benítez cantaba boleros," "La caja de vidrio," the amazing story about the murder of Justo José de Urquiza, "Las actas del juicio," and "El precio del amor," as well as the novella "Homenaje a Roberto Arlt" which, with its appendix "Luba," takes up about half of the book. The third is *Respiración artificial*, published in 1980, which Piglia terms a family saga and a "novela de iniciación," which he had first begun to work on earlier (there are scattered thoughts about this project in the first volume) and which is the focus of the first hundred pages or so of the third volume. There is also a passing reference on page 65 of the second volume to the project that became Piglia's next-to-last novel, *Blanco nocturno*, decades later (2010), and on page 83 to what would become *La ciudad ausente* (1992). What is interesting, then, is that most of Piglia's narrative projects involved years of false starts, changes of direction, rethinking of narrative structure, spurts of writing and rewriting, and extended commentary on the process of publication. The exception, and it is fascinating, is "Homenaje a Roberto Arlt."

Los años felices tells of many projects at the same time: attempts to finish what would much later become *Plata quemada*, reflections on a "novela de iniciación" that would become *Respiración artificial*, the composition of various stories, work on various anthologies, interviews, political debates, activities in *Los Libros*, various women, and suddenly, and quickly, "Homenaje a Roberto Arlt." Piglia's novella, or *nouvelle* as he calls it in the diary (no doubt evoking José Bianco, who was fond of the French term), unfolds in the published diary from page 366 to page 385: 19 pages, starting 16 August 1974 and ending on 19 February 1975. For Piglia that is quick: his work on *Plata quemada*, as I explore in that other essay, took place over thirty years, while *Respiración artificial* took at least ten. Considering what an intricate mechanism the novella is, that rapidity of writing, and the coming together of the book that appeared as *Nombre falso* in December 1975, is astonishing. And it is preceded by pages about his trip to China and talks about it after his return (though there is a gap in the diary in 1973 and early 1974: this will become a separate book, whose title will be *China 1973*), surrounded (as Bosteels suspected in his brilliant essay on the shadow of Mao in the novella) by the essays on Mao that appeared in *Los Libros*, and immediately followed by advances on the project that became *Respiración artificial*, published in 1980. In fact, the first reference to what will become *Los Libros* is followed immediately by the first reference in this volume to what would become *Respiración artificial*: the editorial project, at the same time bibliographical, critical and political, is entwined with what will become Piglia's most important novel.

Piglia says in several different ways that he was many people in these years. One of the most eloquent reads: "Somos varios en mí" (281), and is immediately preceded in the published diary by a reflection on Arlt. There is also a lot on Borges and a lot on Onetti: the readings that come together in unexpected ways in "Homenaje a Roberto Arlt." And, of course, he confesses to himself the choice of an epigraph from the book and the misattribution of it not to Borges, its real author, but to Arlt (411). *Nombre falso*: the title is immediately underlined in the epigraph. And of course, the argument about authorship is developed brilliantly in the novella. Piglia is clear in the diary that the central problem that concerns him as he is writing is the structure of the novella, and in one lapidary statement he says "el narrador no lo sabe" (386).

A first reflection on the problem that will become "Homenaje a Roberto Arlt" and *Respiración artificial* is this consideration of the relation between "real materials" or "the document" and fiction:

> No se trata de convertir el documento en ficción, ni de explicar dónde está la verdad en lo que narro, se trata de definir la ficción en el modo de enunciar los materiales reales. Para mí la ficción se define por la fórmula 'el que habla no existe', aunque diga que se llama Napoleón Bonaparte y esté diciendo o contando sólo la verdad. Está en juego la creencia del lector, que es quien decide si recibe un relato como verdadero o falso, o mejor, como real o imaginario. (223)

A bit later, on page 283, there is a discussion of "el costado chino" of Brecht (the nucleus of the 1975 essay in *Los Libros*). Similarly, a quotation from the early Soviet avant garde writer Sergei Tretiakov (1892-1937): "La posición del artista no se juega en los materiales de los que se sirve, sino en el proceso de elaboración de esos materiales" (312), a quotation that Piglia quotes in the knowledge that Tretiakov was arrested in 1937 and died in captivity, and no doubt also that Tretiakov and Brecht knew each other (and that Brecht stayed with Tretiakov in 1935). This is followed by a discussion of the key idea of the great story "Las actas del juicio," about the assassination of Justo José de Urquiza by one of his men in 1870: "el cuento sobre Urquiza escrito sin proponérselo. Como si pensara que si llega tan lejos va a perder todo. Es el que dice él que es" (324). There are brief comments on the trip to China, and on talks about China that Piglia gave in Buenos Aires after his return (346-47, 348, 349, 363, 364 and 401). And then, quite suddenly, the project of "Homenaje a Roberto Arlt." First, early in 1974, a brief reference to a story tentatively titled "El hombre que conoció a Roberto Arlt" (351), then in August 1974 a vague reference to "una novela de no ficción que se basa en hechos reales pero que construye la trama libremente y, de hecho, es un libro de ficción encubierta" (366), then in mid-November the following:

> *Condensación en torno al relato sobre Roberto Arlt.* El narrador prepara una edición de las obras inéditas, conoce a un hombre que tiene textos sin interés, sin embargo luego de algunos tironeos el hombre le muestra un cuento de Arlt, el narrador se lo paga. Luego, un tiempo después, el cuento aparece publicado y firmado (¿con seudónimo?) por el hombre que se lo vendió. El enigma es ¿por qué lo publicó? (381)

Then, on 11 January 1975:

> Tengo más o menos resuelta la estructura de la *nouvelle* "Homenaje a Roberto Arlt".
> 1. El narrador habla de la edición de un homenaje a Roberto Arlt. Pone un aviso en los diarios. Aparece un cuaderno con notas e inéditos, allí se habla de Kostia y de un cuento que Arlt está por escribir.
> 2. Encuentra a Kostia en la pensión. Hablan de Arlt.
> 3. Una semana después aparece Kostia. Le trae el cuento. Hablan por teléfono.
> 4. Kostia va a verlo. Le pide el cuento (como si fuera una traición). Él no se lo da.
> 5. Días después aparece el cuento publicado por Kostia con su nombre.
>
> Alternativas:
> a) Kostia publica el cuento, le devuelve el dinero y le hace saber dónde está el original.
> b) Kostia *no* publica el cuento pero le manda el original y el dinero. (385)

This is followed three days later by the statement: "El relato sobre Arlt crece maravillosamente, la idea del cuaderno lo admite todo" (385), then the declaration over the next two pages (March 1975) that the book is finished, then in April a conversation with Héctor Schmucler, who has read the manuscript of the still unpublished book in which "llega entusiasmado con el 'Homenaje', diferenciado del resto" (393), then the decision to include the epigraph "Sólo se pierde lo que realmente no se ha tenido," a phrase based on several texts by Borges, and to attribute it to Arlt, yet another "nombre falso" (411), and then the publication of the book on December 9th (in the copy I have the colophon says that the printer finished in November 1975, and the copyright page gives the publication date as December 1975). What is clear here is that "Homenaje a Roberto Arlt" emerges out of a whirlwind, and is completed with a speed that Piglia would never match in his extensive later narrative writing. The signing of the contract with Siglo XXI (396) coincides with a reference to the publication in *Los Libros* of "mi carta de renuncia" (397). The writing of this novella happens at white heat, and takes place, as Bosteels suggested, shortly after the writings on Mao and the trip to China. In addition, the references to Brecht and Tretiakov reinforce what Piglia says in the conversation with *Página 12* in 2012: "¿Qué quiere decir ser maoísta? Quiere decir no estar con el PC. Eso era lo [que] quería decir para nosotros ser maoísta, hacer una crítica a la Unión Soviética." Piglia's political position, which evolved in the midst of the chaotic circumstances of 1974-1976, was intimately related to his literary production, not just the 1975 book but, one could argue, in the rest of his fictional work.

The larger project of which this is a part, something that comes out of a conversation decades ago, into the wee hours of the night (like the second half of *Respiración artificial*), with John Kraniauskas, is a book about the relations between fiction and history in Roa Bastos and his two literary nephews (as Piglia would say paraphrasing Viktor Shklovski and then falsely attributing Shklovski's words to Yuri Tynianov), Saer and Piglia. The crux of that relation, visible in the qutoation from Robert Musil that ends *Yo el Supremo* (609) and that also appears in this volume of the Piglia diaries, is the relation between life and fiction: "La historia de esta novela se reduce al hecho de que la historia que en ella debía ser contada no ha sido contada" (202).

Works Cited

Balderston, Daniel. "Piglia's Diaries: Recovering the Gestation of *Plata Quemada.*" *A Contracorriente.* 16.1 (2018): 253-263.
Bosteels, Bruno. *Marx and Freud in Latin America.* London: Verso, 2012.
Piglia, Ricardo. *Nombre falso.* Buenos Aires: Siglo XXI, 1975.
———. *Los diarios de Emilio Renzi: Los días felices.* Barcelona: Anagrama, 2016.
Ricardo Piglia Papers. Rare Books and Manuscripts. Princeton University Libraries.
Somoza, Patricia and Elena Vinelli. "Historia oral de *Los Libros.*" *Página/12,* April 8, 2012. Web: https://www.pagina12.com.ar/diario/suplementos/libros/10-4628-2012-04-08.html.

4. La circunstancia global: Transnacionalismos, post-humanismos y debates por las soberanías culturales

25 Years Later: Notes on *The Postmodernism Debate in Latin America* after 28 Years of American Warfare in the Middle East, the 'War On Terror', and the 'Clash Of Civilizations'

Michael Aronna
VASSAR COLLEGE

Abstract: This article reflects upon the intellectual and political legacy of Latin American discussions and disagreements concerning different theories of the so-called postmodern "mode" or "period" originating in the centers and peripheries of the multiple geo-historical and cultural sites of modernity and globalization as represented in the essays included in *The Postmodernism Debate in Latin America*. These reflections explore and commemorate the central intellectual, political, and ethical commitment of John Beverley, the senior editor of the *The Postmodernism Debate in Latin America*, in advocating for and articulating Latin Americanist thought and political agency in the context of the geopolitical paradigm shifts, theoretical realignments, and postcolonial conflicts that have interpellated Latin Americans and Latin Americanists in uniquely specific ways during the last twenty five years since the publication of this volume. In this light, the article reconsiders the overlays and disjunctures between postmodern, subaltern and postcolonial studies in the context of the United States' wars and military interventions in Afghanistan, Iraq, Syria and Yemen of the past twenty-five years as invoked by the Mexican novelist Carmen Boullosa in her novel *La otra mano de Lepanto* (2004) which she wrote while living in New York City after the 9/11 attacks. The analysis of Boullosa's novel traces the interrelatedness and difference of distinct variants of Spanish Golden Age and modern Latin American and American orientalism in the framing of the so-called 'War on Terror' and its relationship to the marginalization and criminalization of Mexican and Central American refugees along the Mexican/American border in 2018.

Keywords: Black legend, Carmen Boullosa, Cervantes, globalization, John Beverley, Latin America, Latin Americanism, orientalism, postmodernism, subalternism

Resumen: Este artículo reflexiona sobre el legado intelectual y político de las discusiones y desacuerdos latinoamericanos sobre diferentes teorías del llamado "modo" o "período" posmoderno originado en los centros y periferias de los múltiples sitios geohistóricos y culturales de la modernidad y la globalización, tal como se presentan en los ensayos reunidos en el volumen *El debate sobre la posmodernidad en América Latina*. Estas reflexiones exploran y conmemoran el compromiso intelectual, político y ético de John Beverley, editor principal del volumen, para abogar y articular el pensamiento y la agencia política latinoamericanistas en el contexto de cambios de paradigma geopolítico, realineamientos teóricos y conflictos poscoloniales que han interpelado a latinoamericanos y latinoamericanistas de manera singularmente específica durante los últimos veinticinco años desde la publicación de este volumen. En este sentido, el artículo reconsidera las superposiciones y disyuntivas entre los estudios posmodernos, subalternos y poscoloniales en el contexto de las guerras e intervenciones militares de los Estados Unidos en Afganistán, Irak, Siria y Yemen de los últimos veinticinco años como invocó la novelista mexicana Carmen Boullosa en su novela *La otra mano de Lepanto* (2004), escrita mientras vivía en la ciudad de Nueva York después de los ataques del 9/11. El análisis de la novela de Boullosa rastrea la interrelación y diferencia de distintas variantes de la Edad de Oro española y el orientalismo moderno latinoamericano y estadounidense en el marco de la llamada "Guerra contra el Terror" y su relación con la marginación y criminalización de refugiados mexicanos y centroamericanos a lo largo de la frontera mexicana / americana en 2018.

Palabras clave: América Latina, Carmen Boullosa, Cervantes, globalización, John Beverley, latinoamericanismo, leyenda negra, orientalismo, postmodernismo, subalternismo

Some 27 years ago my academic adviser, mentor, and friend John Beverley asked me if I would collaborate with him and my fellow graduate student and friend José Oviedo from the department of sociology on the translation and edition of a special volume of articles by Latin American scholars on the discussions surrounding different theories of postmodernity and the postmodern for the journal *boundary 2*. I immediately knew that this was an offer that I "could not refuse," and as a young Latin Americanist trained in what was then the emerging field of cultural studies within traditional literature departments in the American academy I was grateful for the opportunity. Shortly thereafter in 1991 with a supporting grant from the multidisciplinary program of Cultural Studies of the University of Pittsburgh I returned to my crumbling mid-nineteenth century apartment in Manhattan shortly before the real estate boom and extreme policing of the Guiliani era to begin the translations of thirteen articles consisting of seventeen authors and co-authors. I offer these provisional notes on my thoughts and recollections regarding the process of translating these Latin American notions of postmodernity in a strangely distant but at the same time ever-present moment of paradigm shifts, terminal points, and conflicts not only in Latin America but across the globe which pose new questions for postmodern, subaltern and postcolonial theory.

As I began to translate the first couple of articles I was aware of participating in a ground-breaking volume that would present knowledge about the relationship between local and global social movements, economic realignments, political shifts, cultural practices, gender roles, technological innovation and knowledge production in late twentieth-century Latin America from Latin American perspectives for English-speaking readers. In this way, *The Postmodernism Debate in Latin America*, both in its *boundary 2* volume of 1993 and in its subsequent and more inclusive Duke University Press edition of 1995, anticipated and addressed studies from 2015 concerning the disproportion between the publication of Latin American and Western authors on Latin American issues in specialized journals. These findings indicated that over the previous ten-year period 86% of peer-reviewed articles about Latin America in the preeminent Latin American area studies journals *Latin American Research Review* and *Journal of Latin American Studies* originated outside of Latin America while only 4% were the product of collaboration between Latin American and American and European scholars (Mu and Pereyra-Rojas 216). Although John's former departmental colleague and friend Hermann Herlinghaus and Monika Walter would edit a similarly ambitious volume, *Posmodernidad en la periferia: Enfoques latinoamericanos de la nueva teoría cultural* with a German publisher in 1994, their text was in Spanish and Portuguese. As I began the translations in the solitude of my apartment, I wondered about the geopolitical, anti-colonial or neocolonial politics of translation and dissemination inherent in our project, but the amount of work that lay ahead of me put these questions aside for the time being. Significantly, one of the chapters I would soon translate, "Cultural Peripheries: Latin America and Postmodernist Decentering" by Nelly Richard, would take this issue head on. While Richard criticized Western critical theory's tendency to appropriate Latin American alterity's counter-hegemonic agency (218), her critique of the relationship between the model and the copy, and the original and the translation, situated my translation of her work within politically and sexually "marked terms of a hierarchy (in the first sense, the canonical reference) that validates the superiority of the Center—prescription and control—in relation to the periphery—dependence and obedience" (220). In other words, for Richard, translating postmodernism, both in geopolitical and linguistic terms, commemorated postmodern theory's own role in erasing Western patriarchal hegemony through the illusory fragmentation of authorizing universals, the inclusive disarming of the margin currently championed as "diversity" (221).

Taking to heart Richard's insightful critique of postmodern discourse's coercive naturalizing potential, the profound belief in and commitment to the possibilities and necessity for collaborative theoretical work and collective organizing across substantive and at times conflictive difference, has always been at the core of John Beverley's decades-long career of scholarship, teaching, mentorship and activism. His senior-partner editorship infused the shared transnational project of conceptualizing political agency, resistance and struggle in late globalized capitalism of *The Postmodern Debate in Latin America* with a conviction that runs throughout the volume. For as the title of the conference that honored his work signals, there was political urgency to this publication of Latin American perspectives on postmodernism beyond what John and José characterized in the introduction to the text as the neocolonial aesthetic defamiliarization of peddling second-hand Western theory in Latin America (1). On the contrary, this volume was rooted in the many international crises and conflicts of the period which seemed to suggest the end of an era or the transition to a "post" something society which directly interpellated Latin America such as the "special period" in Cuba after the dissolution of the Soviet Union in 1991, the American invasion of Panama in 1989 (which served as a prelude to the American-led alliance against Iraq in the Gulf War of 1990), the plebiscite to end the Pinochet dictatorship in 1989, the electoral defeat of the Sandinista government in 1990, the negotiated conclusion of the civil war in El Salvador in 1992, the cessation of civil war and genocide in Guatemala in 1996, the Fifth Centennial of the "Discovery" of the New World in 1992, the free trade agreement of NAFTA between America and Mexico of 1993, and the ensuing Zapata uprising in Chiapas of 1994, among many others.

In this context, the degree to which John's scholarship in the years immediately prior, during and subsequent to the publication of the *Postmodern Debate in Latin America* corresponds to many of these conflicts in Latin America is striking. His principal works of the period, *Del lazarillo al sandinismo* (1987), *Literature and Politics in the Central American Revolutions* with Mark Zimmerman (1990), *Against Literature* (1993), *Subalterity and Representation, Arguments in Cultural Theory* (1999) all speak to the need of transforming the relationship between public intellectuals and grass-roots activists and movements in the shaping of new political alternatives to the militarized neoliberal forces of the time, a call to action made in the conclusion to the volume's "Founding Statement" of the Subaltern Studies group which signaled the post-postmodern direction and objectives of Latin American cultural theory, social movements and political organizing on the left: "Clearly, it is a question not only of a new way of looking at the subaltern, new and more powerful forms of information retrieval, but also of building new relations between ourselves and those human contemporaries whom we posit as the object of our study" (146). In this sense, equally striking across John's works is the informed and intimate dialogue he maintained with the work of Latin American thinkers and activists engaged in these issues. In this sense, John's impetus to coordinate *The Postmodernism Debate in Latin America* comes out of this body of work which doubtlessly persuaded many of our collaborators despite reservations regarding intellectual fashion or Western appropriation.

For many neoconservative and neoliberal political and cultural commentators in the West, the historical events associated with the phenomena of the postmodern augured the end of an era of political utopias, armed struggle, and the beginning of a purported "New World Order" of universal liberal democracy and free-market capitalism, or as Francis Fukuyama famously proclaimed, the end of history itself. Yet for the Peruvian sociologist Aníbal Quijano, as he argued in his contribution to the volume, "Modernity, Identity, and Utopia in Latin America," this future-oriented periodizing concept of sequential stages of economic development, social Enlightenment and political liberty denied the intersubjective nature of modernity initiated by "the violent encounter between Europe and America at the end of the fifteenth century" (202). Thus, for Quijano, the economic, political and ontological foundations of modernity were constructed upon a colonial and uneven relationship between the West and the periphery which denied Latin America the materiality of modernity concentrated in Europe as mercantilist economies transformed into the early industrial capitalism of the eighteenth century (205). In this way, Quijano affirmed, the newly independent republics of Latin America would be comprised of coexisting modes and discourses of production, governance and time at once sequential and simultaneous: "In

Latin America, what is a sequence in other countries is a simultaneity. It is also a sequence. But in the first place it is a simultaneity" (211).

For Walter Mignolo, who departs from a postcolonial and post-occidental perspective critical of both postmodern and subaltern studies, Quijano's articulation of the non-linear simultaneity of the postmodern reflects that modernity itself is a transnational process of European and American empire building which includes the interrelated and inseparable histories of the center and the periphery. Thus, for Mignolo, postmodern and/or postcolonial theory and practice constitute distinct forms of opposing modernity and colonialism from within different colonial geographies, national contexts, and settlement formations which make possible the decentering of postcolonial knowledge production away from traditionally privileged sites of critical theory dissemination (107).

Similarly, the many authors of *The Postmodern Debate in Latin America* challenged fundamental late-twentieth century Western philosophical, historical, sociological and political conceptualizations of modernity, coloniality, hybridity, totality, narration, center and periphery, original, copy and translation. For many years, the chapters which most held my attention, as a scholar and teacher of Latin American literature and culture, in addition to those by Nelly Richard and Anibal Quijano which I have already mentioned, were the treatise on political and social disenchantment by Norberto Lechner, the discussion of cultural heterogeneity by José Joaquín Brunner, the reading of Borges as peripheral center by Carlos Rincón, the "Declaration of the Lacandon Jungle" by the Zapatista Liberation Army, and the "Founding Statement" of the Subaltern Studies Group.

Now in 2018, as I reconsider the volume on postmodernism under the theme of "The Urgency of Latin Americanism in Times of Conflictive Globalization," I have returned to Beatriz Sarlo's analysis of the connections between the televised politics of the invasion of Panama and the Gulf War in her chapter "Aesthetics and Post-Politics: from Fujimori to the Gulf War." It's not that Sarlo's chapter now coincides with my theoretical formation and political convictions. Nor do I ascribe to her recent critique of subaltern knowledge production and experience in the context of the new social alliances of the so-called "pink tide" governments of the new left in Latin America, a critique John disputes in *Latinamericanism after 9/11*. Rather, what now draws my attention to her chapter in *The Postmodernism Debate in Latin America* is her examination of the role of *letrados* or public intellectuals and the media in the pivot from American military intervention in Latin America to the Middle East. In the present moment of geopolitical conflict in the Middle East and extreme tension along the Mexican/American border, this shift interpellates me profoundly as an American scholar of Hispanic Studies who was drawn to this field, first as a student and later as a professor, in opposition to American involvement in the social conflicts and civil wars of Central and South America during the 1980's and 1990's. Subsequent to this period of the so-called postmodern, as American intervention in and public discourse surrounding Latin America in large measure shifted to Iraq and the Gulf War, for the past 17 years since 9/11 I have reconsidered the urgency of hispanism and Latin Americanism in opposition to the American empire's continuous wars in Afghanistan, Iraq, Syria, and Yemen in ways which question the interrelatedness, limits and contradictions of postmodern, subaltern, and postcolonial studies from my disciplinary site of enunciation in the American academy.

In this context I have worked to examine the ways in which Western commentary justifying the multiple wars in the contemporary Middle East reproduces racialized and gendered discourses of orientalist fascination with and subjugation of Islamic and indigenous communities in the transatlantic and transpacific literature of the Spanish empire, in the scientific orientalism of early twentieth-century writings on indigenous and national identity, and in the nationalist rhetoric of the twenty first-century American empire—all of which come to focus in the Mexican novelist Carmen Boullosa's re-imagination of the ideological function of literature and *letrados* in the legitimation of ethnic cleansing and just war in her novel *La otra mano de lepanto* of 2004 which questions Cervantes' interrelated role as author and soldier during the period of the war of the Alpujarras against the Moriscos of Granada in 1568 and the Battle of Lepanto between the Spanish-led Holy league and the Ottoman fleet in 1571. Significantly, in this line of investigation, I have returned to John's seminal discussion of the "ideology of the literary" in Golden Age literature in his groundbreaking book *Against Literature* in dialogue with his most recent *Latin Americanism after 9/11*.

The non-sequential, coincident and geographically distant nature of these events, places and communities suggests for me a different manifestation of the simultaneity of different historical periods and spaces linked through colonial inter-subjectivity discussed by Quijano. In this sense Sarlo's discussion of the *mise-en-abyme* of the televised Gulf War recalls for me the episode in the Golden Age epic poem *La Araucana* (1578) lauding the Spanish conquest of Chile. In this passage the author of the poem, Alsonso de Ercilla y Zúñiga, himself a soldier in the Spanish army in Chile and an autobiographical character in his own epic poem, makes his way into the supernatural underworld cave and laboratory of the Araucanian wizard Fitón. With great ceremony Fitón shows the poet-soldier Ercilla a crystal ball which reveals a prophetic destiny for the Spanish empire, telling him "Presto verás una naval batalla estraña, donde se mostrará bien manifiesto el supremo valor de nuestra España" (652). It is striking that the prophetic event revealed in this small round screen is not immediately connected with the ongoing failed Spanish attempts to subdue Fitón's indigenous nation but is instead linked to another sphere and time of geopolitical, cultural and religious warfare of the period. Specifically, what is depicted in the Mapuche wizard's crystal ball is the live "breaking-news" broadcast of the naval battle of Lepanto of 1571 between the Holy League of the Vatican, Venice and Spain against the fleet of the Ottoman Empire. In this way the Mapuche wizard foresees and identifies with the ultimate triumph of "our Spain" in the Orient and the Americas.

As Maryam Khalid has signaled, it is precisely this heterogeneous difference across geographies, periods and peoples that has rooted orientalist discourse in the Western colonial powers' understanding of the 'East' and/or 'South' (Khalid 23). In this way, many different variants and histories of Spanish, Latin American, and American orientalism coincide and at times contradict one another in Carmen Boullosa's historical novel *La otra mano de Lepanto*. Significantly, the Mexican author wrote the novel in 2004 while living in post 9/11 New York City with financial support from a grant from the New York Public Library and from the Juan Carlos Center of New York University. In this sense Boullosa's novel abounds with storylines and subplots that trace the inter-religious and ethnic conflict, warfare and border securitization of sixteenth-century Spain while also mirroring the early twenty-first American 'War on Terror' as in this haunting description of the grisly aftermath of the naval battle of Lepanto which simultaneously invokes the reduction of the World Trade Center into a fiery cloud of dust, smoke and water: "Agua, fuego, aire y tierra, los cuatro elementos primordiales están aquí revueltos. El aire es agua, el agua es tierra, la tierra es fuego, el fuego es aire. Ya quedó dicho al comenzar estas páginas: estamos en el territorio del Caos primero" (Boullosa 368).

Writing from within and with the institutional support of the stricken financial and cultural capital of the twenty-first century American empire,

Boullosa witnessed the fear of a newly insecure American society questioning its religious, racial and cultural identity in ways that would particularly effect citizens and residents of color, be they African American, Middle Muslim, Asian or Latino. In this sense the American political and military response to the 9/11 attack on the World Trade Center mobilized racialized and gendered notions of 'Self' and 'Other' central to the so-called 'War on Terror' (Khalid 64). Significantly, these imagined boundaries between 'Us' and 'Them' were both external and internal or transnational and national. In addition to this anxiety regarding national identity, Boullosa observed at close range the mobilization of political discourses and military forces directed against the Islamic "axis of evil" by public intellectuals and politicians (Anabitarte). This notion of being at war with an alleged barbarian "other" implacably hostile to what the American empire perceives as its universal values of liberal democracy and freedom led to what Giorgio Agamben has defined as a political and legal state of exception that allowed for the declaration of unprovoked war against Afghanistan and Iraq, the detention and torture of alleged enemy combatants and sympathizers, and a regime of border securitization and closure to migrants, asylum seekers and refugees from the East and South.

As I consider Boullosa's *La otra mano de Lepanto* in 2018, two years after the quadricentennial anniversary commemorating the death and legacy of Cervantes' work after nearly seventeen continuous years of war in Iraq, Afghanistan, Syria, and Yemen, and the current crisis along the Mexican/American border, the postcolonial literary palimpsest of *La otra mano de Lepanto* develops multiple geopolitical, cultural, and institutional overlays which suggest a continuity between the Spanish Empire of the sixteenth century and the American Empire of the early 21st century. Nearly twenty-six years ago, or one year before the publication of the *Boundary 2* edition of *The Postmodernism Debate Latin America*, Boullosa's Mexican compatriot, the celebrated novelist and public intellectual Carlos Fuentes made a similar connection in his aptly named *El espejo enterrado. Reflexiones sobre España y América* between these two empires separated in time and space simultaneously at the height of their powers and on the edge of the abyss as early as 1992 at the time of the First Gulf War of 1990-91. After detailing the human tragedy and national disaster of the ethnic cleansing and expulsion of 270,000 Moriscos from Spain by Phillip III Fuentes prophesizes: "España también personificó una anomalía que los Estados Unidos de América corren el riesgo de repetir al terminar el siglo XX: la de ser un imperio pobre, cargado de deudas, incapaz de resolver sus problemas, pero no por ello menos obstinado en desempeñar un papel imperial en el mundo..." (Fuentes 203).

Curiously, when I presented the original version of this paper at the symposium "John Beverley and The Urgency of Latin Americanism in Times of Conflictive Globalization" in March of 2018, I felt disciplinarily adrift in my sense that the urgency of Latin Americanism had brought me to this focus on the American 'War on Terror' and its relationship to hispanism and Latin Americanism along the lines anticipated by Fuentes many years ago. Having read and reviewed John's latest work *Latin Americanism after 9/11* which examines the complex and at times conflictive relationship between institutional Latin Americanists and grass-roots activists and social movements in Latin America, or academic theory and subaltern experience in the so called "pink tide" populist-leftist governments in Latin America during the early 2000's, I wondered about the relationship of my current work to the ongoing debates between cultural, subaltern and postcolonial theorists and activists within Latin Americanism in the light of John's legacy despite his reference to 9/11 as a point of inflection in the field.

As luck would have it, while at the symposium I came across one of John's books I was not familiar with, a collection of articles translated into Spanish with the title *La interrupción del subalterno* from 2010. As I leafed through the volume on my return flight home from the conference I recognized some of the articles from other English-language publications but then came across an article I had never seen before which further developed the affinity between the profound interrelation between global hegemony and national decline in the Spanish and American empires suggested by Fuentes. In this article, "La cuestión de la tortura, la decadencia española y el futuro de los Estados Unidos," John explicitly foresees the decadence of the American empire in its military, political and juridical response to the attacks of 9/11 in the wars in Afghanistan and Iraq which for him approximate the overextension and decline of the Spanish empire in Europe, the Americas and Asia. In this way John establishes geo-imperial continuities and simultaneities across time and space not unlike the prophecy of Ercilla's Araucanian oracle: "Parece profundamente contradictorio, quizás perverso, pensar en los Estados Unidos como si entraran en una fase de decadencia precisamente en el momento de su hegemonía imperial. Pero tal concurrencia no es sorprendente. Fue, por supuesto, también el caso de la España del siglo de oro" (Beverley 2010, 183).

Not only had I not strayed from my mentor's ongoing influence, rather he had already beaten me to the punch.

For John, the definitive feature of this American transformation into an *ancien régime* is the use and public acceptance of torture in the extra-legal detention center of Guantánamo for alleged 9/11 suspects, in the Abu Gharib prison in Iraq and in the many anonymous "rendition" centers throughout the Middle East and Eastern Europe where torture was outsourced to proxy regimes. This national acquiescence in the dehumanization and torture of the allegedly barbarian Muslim enemies of the democratic 'American way of life' harkens back to the ethnic and religious persecution of Jews, Gypsies, and Muslims in Golden Age Spain associated with the Inquisition, La Leyenda Negra and the universal redemption of Catholicism (167).

Once again, for both Fuentes and Beverley, this fall from or disillusion with the universal claims to modernity, reason and faith of the Spanish empire is central to *Don Quijote*. Fuentes reaffirms Cervantes' known role as "el héroe menor de Lepanto" who "inicialmente cantó las glorias ortodoxas del imperio…" (Fuentes 214). For Fuentes, this initial identification with the religious, social, and political dogma of the empire is textually undermined by the multiplicity of characters, social classes, and literary genres of *Don Quijote* and the modern novel which culminates in the story-line of Alonso Quijano's disenchantment with humanist ideals and narratives (219). In a similar vein, Beverely notes that Cervantes is the "hinge" between Renaissance humanism and Baroque Counter Reformation, but goes on to make the compelling comparison between Cervantes' disenchantment with the humanist ideals of the early Spanish empire and the American empire's disillusionment with the radical social and cultural movements of the 1960's. Accordingly, Beverley equates the cooptation of Golden Age humanism by the Baroque Reformation with the reappropriation of the radical energy of the 1960's by an essentially conservative postmodernism which signaled a version of American exceptionalism rooted in the construction and militarization of outdated "frontier values" (Beverley 2010, 186). As Beverley affirms, the assertion and imposition of these values is the increasingly Quixotic project culminating in the so-called 'Clash of Civilizations' and the 'War on Terror': "'La Guerra contra el Terrorismo' es nuestra última versión de la frontera. George W. Bush y Mitch Rapp no difieren mucho de Don Quijote, tanto en su idealismo como en la astucia práctica para encontrar modos de mantener vivos sus proyectos más y más anacrónicos" (187).

These overlays between the co-opting politics of the postmodern and the Baroque in the legacy of Cervantes' relationship to empire are central to Boullosa's *La otra mano de Lepanto*. The novel relates the story of María la bailaora, an enchanting Gypsy dancer and singer of *romanceros* in Granada whose beguiling feminine grace in dance and song is matched by her stunning swordsmanship which she later displays in the battle of Lepanto disguised as a male Spanish soldier. In both her compulsion to dance and sing as a 'Gypsy' and in her equally gifted hand-to-hand combat as a male soldier María performs and undermines prescribed ethnic and gender roles. As Jill Kunheim has pointed out in earlier works by Boullosa, this "performative framing" allows María to engage in the society of the Spanish empire from different social, ethnic and gender identities while remaining an outsider (Boullosa 12). In an additional postmodern instance of performativity across Hispanic literary history, María' story is told in direct intertextual dialogue with Cervantes' exemplary novel *La gitanilla* which follows the unfolding shifting dynamic of ethnic identity in sixteenth-century Spain in the life of Preciosa, a white Christian maiden stolen by Gypsies and raised as one of their own. In a further instance of metanarrative complexity, near the end of the novel María herself relates her history and the plot-line of *La gitanilla* to a feverish co-combatant during the battle of Lepanto, Miguel Cervantes. Kuhnheim has characterized this metanarrative move typical of Boullosa's work as postmodern and/or linked to *Don Quijote*..." (Kuhnheim 19). Thus, in terms of ethnicity, religion, class and gender the illusory fluidity of María and Preciosa's interrelated identities challenges what Khalid has signaled as the binary polarities of 'self'/'other,' 'good/evil,' and 'civilized/barbaric' foundational to the American orientalist discourse of the 'War on Terror' (Khalid 7).

In the beginning of *La otra mano de Lepanto* María is adopted by the embattled Morisco community of Granada in 1568 when her father is violently hauled away to serve as a captive oarsman in the Spanish fleet as a result of the royal edicts which designated the Spanish Roma as non-citizens, vagrants, and criminals subject to arrest, bondage or expulsion. The brutal separation of María and her father by the Spanish authorities results in a profound psychological and cultural trauma which haunts both María and her father Gerardo throughout the novel. Even when Gerardo gains freedom after years of slavery he is so emotionally and physically disfigured and María is so culturally and socially transformed that they become alien to one another making their family reunion impossible: "Gerardo lo ha perdido todo: ciudad, oficio, pueblo, libertad, orejas, nariz, párpados, la piel de su cara, gallardía de su cuerpo, lógica, conciencia, y ahora está por perder a su hija, a la que no ha venido a buscar, a la que le ha traído el destino para golpearlo otra vez su maldito rayo" (253).

While this tragic separation of Roma parents and children is historically accurate in the context of the persecution of this community in sixteenth-century Spain, at the time Boullosa was writing *La otra mano de Lepanto* in post- 9/11 New York this inhumane violation of human rights and form of torture became an official American policy extended to migrants, refugees and asylum seekers from the Middle East, Asia, Africa and Latin America as documented by the Center for Immigration Studies: "Following the September 11, 2001 terrorist attacks, the US government largely abandoned its policies to release families or detain them in family units. Instead, it began to separate children from parents, or detain adults and send their children to family members or other facilities" (http://cmsny.org/publications/virtualbrief-detention/ accessed on 6/14/18).

If the intimate relationship between the marginalization and dehumanization of Muslim Americans and Muslim refugees on the one hand, and Latino Americans and Latin American refugees on the other was evident to Boullosa in New York while writing her novel after 9/11, then the Trump administration's unapologetic 'Muslim ban' on migrants and refugees from targeted 'Muslim countries' combined with the criminalization of all Mexican and Central American migrants and refugees as 'rapists,' 'criminals,' and 'animals' who are subject to arrest, detention, and family separation emphasize how far along the transformation of the American empire into a nationalist authoritarian *ancien régime*, where even mothers and their children can be separated, imprisoned and traumatized, has already taken place in 2018.

The interrelatedness of this racial and cultural vilification of Islamic, Hispanic and Latino peoples in xenophobic American nationalism is rooted in different variants of Spanish and American orientalist discourse and Black Legend anti-Hispanic beliefs that fan out in multiple and counterintuitive directions. In *La otra mano de Lepanto*, Boullosa gives voice to a vehement strain of anti-Spanish sentiment in solidarity with the persecuted Jews, Moriscos and Roma of sixteenth-century Spain against the grain of the Spanish dogma of *limpieza de sangre* and the ruthless persecution of these groups associated with Spain's late-medieval orientalism. In this light, the Spanish characters of the novel are in large measure plunderers, rapists, opportunists, mercenaries, barbarians, and religious fanatics and hypocrites of the worst order imaginable: "La natural animadversión contra los españoles—porque son detestados en el resto de Europa, se les cree burdos e ignorantes, altaneros y arrogantes y de costumbres salvajes—estaba exacerbada" (285). Considering the vexed history of Mexican-American relations one can certainly wonder whether these anti-Spanish sentiments might also be pointed at the United States, an American Black Legend, but more compelling is the way in which these visceral anti-Spanish ideas reproduce the nineteenth-century Latin American creole elite's scientific racism posited by such thinkers as Domingo Sarmiento, Octavio Bunge, and Alcides Arguedas, among many others, who combined Black Legend contempt for the Spanish "race" with biological pessimism regarding the Asiatic fatalism of indigenous and mestizo populations, a theory of national degeneracy Erik Camayd-Reixas has termed "auto-orientalism" (Camayd-Reixas 7). Moreover, from an Anglo-American perspective, the congenital and cultural inferiority of the "Spanish race," in part impugned to its Jewish, Roma, and Arabic bloodlines in addition to its allegedly obscurantist Catholicism, is consanguine to the Mexican, Latin American and Latino peoples of the Americas, an alleged inferiority purportedly exacerbated by racial mixing with indigenous and African peoples. This is the American nationalist articulation of orientalism infamously expressed in Trump's assertion that all Mexican migrants and refugees are criminals and rapists.

After María is forcibly removed from her father and given to an order of predatory nuns in bondage, she is rescued and adopted by the elders of the Morisco community of Granada. After a brief period of idyllic harmony in which María adopts the cultural identity and practices of this allied and equally persecuted community, this idyllic reprieve comes to an end as the edicts of Phillip II severely limiting the rights of the Moriscos and initiating their ethnic cleansing close in on María and her adoptive sisters. This oppression of the Morisco community and culture leads to the Morisco uprising or the War of the Alpujarras, the brutal defeat of the Moriscos by the Spanish Christian forces and their diaspora through expulsion or slavery. For María this signals the loss of a second family, community, and culture at the hands of the Spaniards which has particular resonance for a Mexican author invested in her nations indigenous and mestizo communities.

In this context Boullosa references her own contradictory site of privileged/marginalized enunciation as a female Mexican author who has been interpellated by the West's Orientalist othering of colonized peoples when María fantasizes that her lost father will return for her and take her to Nueva España or Mexico (70). This connection is made clearer when Boullosa describes the exchange between María and her Morisca companions who give her a small enameled box containing a mirror: "Al verte, nos ves, ves el corazón morisco de la península, que es decir lleno del Mediterreaneo, del Africa, de Asia, de Iberia y Europa; de las Indias también" (156). This shared Morisca, Roma and Mexican assertion of the connections between these colonized and subaltern peoples of the Spanish and American empires is textually lived by María as her travels and travails take her across the Mediterranean from Granada, to Naples, Algiers, to Lepanto in a route which re-writes the Western masculinist narrative of the Mediterranean as the sea of European origins negating the other cultures and origins along its shores, or as Iain Chambers has said:

> ...this type of negation is concentrated in the southern, denied shore of the Mediterranean against which modern Europe has sought to define itself. This alterity—Arabic, African, Asiatic, Islamic, Jewish—is supposedly expelled, separated exteriority, and yet, as we have seen, it is historically and culturally intrinsic to the making of modernity. (131)

In addition to this contested history of the Mediterranean world from the perspective of a marginal figure of multiple identities, this lived and existential movement across national, cultural, and gender borders also comes from a transatlantic Chicana feminist questioning of the boundaries of 'self' and 'other' famously articulated by Gloria Anzaldúa in *Borderlands/La Frontera. The New Mestiza* in 1987: "Borders are set up to distinguish *us* from *them*. A border is a dividing line, a narrow strip along a steep edge. A borderland is a vague and undetermined place created by an emotional residue of an unnatural boundary. It is in a constant state of transition" (Anzaldúa 25). These contested intersections of time, space and identity, which recall Fuentes' "buried mirror" of the connections between the Spanish and American empires, complicate the novel's meaning, problematize its site of enunciation, and pose the question of whether this orientalist tale of María la bailaora-poeta-soldado who ultimately betrays her people in the service of empire, actually constitutes a compelling alternative postcolonial narrative.

At the end of the novel María dies fighting for the Holy League at the battle of Lepanto after slaying over forty of her former Muslim allies for the love of a Spanish captain. The fluidity of María's movement across gender identities comes to an end as she is stripped to the waist in combat revealing her biologically assigned gender. The ethnic and class difference between María's tragic ending in *La otra mano de Lepanto* and her intertextual counterpart Preciosa's happy wedding in *La gitanilla* is brutally underscored when María the virgin warrior is raped in death.

In María's grotesque end and defilement Boullosa explores the limits of what Bret Levinson has characterized as Latin American de-Orientalist theory's battle with the ingrained literary and political discourse of Western hegemony (Levinson 29). If we consider the scale of the historical atrocity of the policies of ethnic cleansing and conquest of the Spanish empire with the current plight of tens of millions of displaced refugees from the Middle East, Africa and Central America across the globe by the American empire, María's story acquires extra-literary urgency.

Work Cited

Agamben, Giorgio. *Homo Sacer. Soverign Power and Bare Life*. D. Heller Roazen, Trans. Stanford, CA: Stanford University Press, 1998.

Anabitarte, Ana. "Lleva a las letras historia de una heroína de Lepanto." *El Universal Online,* March 2, 2005. Web: http://archivo.eluniversal.com.mx/cultura/40695.html.

Anzaldúa, Gloria. *Borderlands/La Frontera. The New Mestiza*. San Francisco: Aunt Lute Books, 1999.

Beverley, John, Michael Aronna, & José Oviedo, eds. *The Postmodernism Debate in Latin America*. Durham and London: Duke University Press, 1995.

———. and José Oviedo. Introduction. In John Beverley, Michael Aronna & José Oviedo, eds. *The Postmodernism Debate in Latin America*. Durham and London: Duke University Press, 1995. 1-17.

———. "La cuestión de la tortura, la decadencia española y el futuro de los Estados Unidos." In *La interrupción del subaltern*. La Paz, Bolivia: Plural Editores, 2010. 167-189.

Boullosa, Carmen. *La otra mano de Lepanto*. México: Fondo de Cultura Económica, 2005.

Camayd-Freixas, Erik. "The Orientalist Controversy and the Origins of Amerindian Culture." In Erik Camayd-Freixas, ed. *Orientalism and Identity in Latin America: Fashioning Self and Other from the (Post)Colonial Margin*. Tucson: University of Arizona Press, 2013, 1-18.

Chambers, Iain. *Mediterranean Crossings. The Politics of an Interrupted Modernity*. Durham and London: Duke University Press, 2008.
Ercilla y Zúñiga, Alonso. *La Araucana*. 1578. Madrid: Cátedra, 1998.
Fuentes, Carlos. *El espejo enterrado. Refelexiones sobre España y América*. México: Debolsillo, 2016.
Khalid, Maryam. *Gender, Orientalism, and the 'War on Terror.' Representation, Discourse, and Intervention in Global Politics*. London; New York: Routledge, 2017.
Kuhnheim, Jill. "Postmodern Feminist Nomadism in Carmen Boullosa's 'Duerme.'" *Letras Femeninas*. 27.2 (2001): 8-23.
Levinson, Brett. "Death of the Critique of Eurocentrism. Latin Americanism as a Global Praxis/Poiesis." In Erik Camayd-Freixas, ed. *Orientalism and Identity in Latin America. Fashioning Self and Other from the (Post)Colonial Margin*. Tucson: University of Arizona Press, 2013. 19-34.
Mignolo, Walter. *Local Histories/Global Designs. Coloniality, Subaltern Knowledges, and Border Thinking*. Princeton, N.J: Princeton University Press, 2000.
Mu, Enrique & Milagros Pereyra-Rojas. "Impact on Society Versus Impact on Knowledge: Why LatinAmerican Scholars do not Participate in Latin American Studies." *Latin American Research Review*.50.1 (2015): 216-238.
Quijano, Aníbal. "Modernity, Identity, and Utopia in Latin America." In John Beverley, Michael Aronna & José Oviedo, eds. *The Postmodernism Debate in Latin America*. Durham and London: Duke University Press, 1995. 201-216.
Richard, Nelly. "Cultural Peripheries: Latin America and Postmodernist De-Centering." In John Beverley, Michael Aronna & José Oviedo, eds. *The Postmodernism Debate in Latin America*. Durham and London: Duke University Press, 1995. 217-222.
Sarlo, Beatriz. "Aesthetics and Post-Politics: From Fujimori to the Gulf War." In John Beverley, Michael Aronna & José Oviedo, eds. *The Postmodernism Debate in Latin America*. Durham and London: Duke University Press, 1995. 250-263.

The Transnational Novel in the Twenty-First Century: Interrogating the Theory of Hibridez/Hibridity

Sara Castro-Klaren

THE JOHNS HOPKINS UNIVERSITY

In honor and memory of the debates we have had as colleagues, editors of ILLUMI-NATIONS, and friends. As it is said in the deep Andes: "Respeto", John.

Abstract: This article examines novels by David Alarcón, Santiago Roncagliolo, Eduardo González Viaña and Carmen Aguirre in light of "hybridity/hibridez theory" as both posited by Néstor García Canclini and Homi Bhabha. The article shows that Canclini's celebratory theory of "hibridez" is not compatible with Homi Bhabha's theory of "hybridity" which Bhabha regards as a disavowal and always a loss. The novels under consideration, due to the strong deterritorialization thematized, belong more clearly with Homi Bhabha's sense of the hybrid than with Canclini's assertations of creativity and combinatory arts.

Keywords: Globalization, hybridity theory, postcolonial theory, transnational novel

Resumen: Este artículo examina novelas de David Alarcón, Santiago Roncagliolo, Eduardo González Viaña y Carmen Aguirre a la luz de las teorías de "hybridity/hibridez" propuestas por Néstor García Canclini y Homi Bhabha. Se demuestra que la teoría celebratoria de Canclini es incompatible con la de Homi Bhabha, quien sostiene que "hybridity" es siempre un rechazo, una negación y una resta. Debido a la fuerte tematización de la desterritorialización, estas novelas conjugan mejor su forma y sentido con la teoría de Bhabha en cuanto resta y rechazo que con la de Canclini en cuanto arte combinatorio.

Palabras clave: Globalización, novela transnational, teoría de la hibridez, teoría postcolonial

Desde hace un siglo los argentinos discutimos si la política cultural debe optar por la civilización de las metrópolis, rechazando la barbarie de lo autóctono o por la reivindicación enérgica de lo nacional-popular. Al llegar al borde del siglo XXI, cuando las industrias culturales como la historieta y las telenovelas nos hacen habitar un espacio internacional, ante la pregunta de si preferimos a Sarmiento o a Rosas más vale acercarnos a Inodoro Pereyra. Hay una historieta en que Fontanarrosa tematiza la situación incierta de las fronteras territoriales:

El perseguido: ¡Ocúlteme aparcero! ¡Me persiguen policías de quince países!
  Inodoro, tomando mate: ¡Jué pucha! ¿Y por qué tanto éxito?
  El perseguido: Soy un contrabandista e' fronteras.
  Inodoro: ¿Y qué contrabandea?
  Perseguido: ¿No le digo? ¡Fronteras! Mojones, barreras, hitos, alambres de púa, líneas de puntos [...] pero vendí una frontera fayada y se armó la guerra Chaco-Paraguay.
—García Canclini, *Culturas Híbridas* 318-320

[For a century, Argentines have been discussing whether cultural policies should opt for the civilizations of the metropolises, rejecting the barbarism of the indigenous, or for an energetic recovery of the national-popular. As we approach the twenty-first century, when cultural industries like the comic strip and soap operas cause us to inhabit an international space, faced with the question of whether we prefer Sarmiento or Rosas, we would do better to get closer to Toilet Pereyra. There is a story in which Fontanarrosa thematizes the uncertain situation of territorial borders:

Pursued: Hide me, sharecropper! Police from fifteen countries are chasing after me!
Toilet: (drinking mate): Son of a gun! Why so successful?
Pursued: I'm a smuggler in borders
Toilet: And what do you smuggle?
Pursued: Didn't I just tell you? Borders: landmarks, barriers, stone markers, barbed wire, dotted lines [...] But I sold a defective border and the Chaco-Paraguay war was started]
— García Canclini, *Hybrid Cultures* 253-256

Preamble

In light of the broad and enduring discussions about hybridity, mestizaje, and transculturation as adequate parameters to reveal the dimensions of cultural and social production in Latin America, my first readings of the fictional works by Daniel Alarcón, Santiago Roncagliolo, Eduardo González Viaña, and Carmen Aguirre seemed to require a critical reading informed by the concepts of hybridity as formulated by Néstor García Canclini and/or Homi Bhabha in their respective works on culture in the context of colonization or globalization. This essay offers a critical reflection on a selection of novels written or published in English. I have divided the study into two parts. The first examines the concept of hybridity in its two acceptations, Canclini and Bhabha, in order to conduct a critical comparison between "*hibridez*," grounded in the history and experience of Latin America, and the "hybridity" that comes from India and the encounter with Protestant missionaries in the late eighteenth and early nineteenth centuries. I refer here to Bhabha's oft-cited texts "Signs Taken for Wonders" and "Interrogating Identity" republished in 1994 in *The Location of Culture*.

This comparison is vital since criticism has generally tended to conflate the two concepts theorized from different hybrid colonial situations. This conflation overlooks the fact that, however implicitly, "hybridity" always refers to the colonization of India through English literature and discursive power, while Canclini's *hibridez* contemplates a centuries-long process of colonial and decolonial struggles and negotiations that are not explicitly manifest. The apparent ease of translating the cognates hybridity/hibridez masks the important historical and theoretical differences that animate each concept. The task is to recognize and restore their respective historical-epistemological roots in order to see how the semantic charge of one may coincide or differ from the other, to gauge the indistinct usage of both as critical instruments, and, to the extent that it would be possible from this point of view, interrogate the "hybrid" world as it plays out in these transnational novels in the context of complex and recurrent migrations of peoples, cultures, projects, languages, and "worlds."

I brought together this collection of writers, first, because they appeared in English-language publications that aspired to wide sales among the general reading public. Acknowledgements and honors for Alarcón in the *San Francisco Chronicle* and the *Houston Chronicle* (Daniel Alarcón, *Lost City Radio*,

2007) not only attest to the work's literary quality but also underscore and celebrate its status as a bestseller and contender for "Best Book of the Year." Reading *Lost City Radio*, as well as his 2006 critically acclaimed *War by Candlelight*, led me to reflect on the Sendero Luminoso wars that become fiction. These texts are written by the children or descendants of active participants in the war—children of witnesses who were complicit or silent/silenced, or of the generation who searched for a better place to live and write in exile.

These children write the memory of the war seen from afar, in the news that their parents receive, or in the case of Carmen Aguirre, in their parents' agencies in exile. They write from the physical distance of exile and from the generational distance between parents and offspring. They chiefly write from the linguistic and cultural distance afforded by life in another country that, paradoxically, is theirs although it will never be the cultural and territorial space of their parents, whose memory structures the sense of the past and floods present-day life. In her autobiographical fiction, Carmen Aguirre belongs to and appropriates the exile of Chilean supporters of Allende who live in Vancouver, Canada. Like Aguirre in her autobiographical novel (*Something Fierce: Memoirs of a Revolutionary Daughter*, 2011), some of these children narrate the vicissitudes of the formation of this identification in exile and of the will to continue the struggle underground.

The international success of *Red April* (*Abril rojo*, 2006), translated by Edith Grossman and praised by the *Times Literary Supplement* of London as nothing less than "a tour de force.... in the tradition of *The Silence of the Lambs* and a more searching examination of a country's dark side," seemed to indicate the emergence of a type of fictional writing from the "voluntary" exile of the parents and/or of the children in regard to the trauma of the civil wars in Latin American countries like Chile, Peru, and Argentina. The defeat of the *Allendistas* is the defeat of at least two generations of leftist revolutionaries, or simply a defeat in life. It de-territorializes parents and children, relocating them within the immense march of people who leave their countries in search of a better destiny. González Viaña's characters exemplify this vast displacement caused by defeats stacked like pyramids rotten by time and the de-territorialized search.

Given the vital need to narrate histories of experiences lived by these and other authors, and to textualize the vicissitudes of the traumatic loss of "home," of the place where life makes some sense, it is hardly surprising that these histories have attracted publishers interested in circulating these apparently local narratives that have global traction. Early on, I was struck by the success in English of González Viaña's short stories and novels that address the adventures of Latin American migrants in the United States. I was already familiar with and appreciated his ethno-narrative of Peruvian topics in works such as *Sarita viene volando* and *Habla San Pedro*. His novels and stories have won many prizes, among them the Juan Rulfo in 1990 and the Premio Nacional de Fomento a la Literatura in 1969. Yet, it was only with the English translation with Arte Público, which generally publishes "Hispanic writers," that González Viaña's fiction reached transnational dimensions. His collections of short stories deal with the lives of political and economic immigrants in the socio-cultural space of the United States. On the back cover of *Dante's Ballad* (2007), the translation of *El corrido de Dante* (2007), the publisher notes that "*El Corrido de Dante* is the winner of the International Latino Book Award in the Best Novel in Spanish Category." For its part, the *Miami Herald* recommends the book for its "transformational strength." Mario Vargas Llosa's blurb on the back of *American Dreams* (2005) praises the book as "A magnificent testimony of the Latin American presence in the United States." Articulated from a deeply de-territorialized exile, which entails the change or migration of languages or linguistic territories, these novels constitute a solid group of transnational texts to analyze in light of theories on hybridity due to their multiple localities, sites of enunciation, linguistic hybridities, and general migratory stamp.

I. *Hibridez/hybridity*

From the perspective of anthropology, García Canclini posits that given modernity's desacralization of art and openness to innovative experimentation, "modern and postmodern art propose a 'paradoxical reading,' since they presuppose 'the dominion of the code of a communication that tends to question the code of communication'" (Bourdieu cited in *Hybrid Cultures* 27). Given this apparent contradiction amid conditions of desacralization in which rites and relations are stripped of previous meanings and functions, Canclini wonders—and therefore invites us to interrogate—whether artists are "really assured of dominion in their field" (27). That is, "[w]ho remains as proprietor of their transgressions? By having accepted the artistic market and the museums, the rites of exit, and incessant flight as the modern way of making legitimate art, do they not subject the changes to a framework that limits and controls them? What, then, is the social function of artistic practices?" (27). In a space marked by outcomes and migrations of art forms and also locations of the subject, institutions, and even locations of nations within the framework of globalization, artistic practices are in doubt and yield unsettling ambiguities. From what vantage point should we read novels that are located in multiple layers of de-territorialization?

Canclini suggests that if we want to understand these projects of modernity frustrated in the center or failed in Latin American countries, "it is necessary to analyze how the links between autonomy and dependency of art are reformulated in the current conditions of cultural production and circulation" (27). In his effort to give us a framework for the current conditions of production and culture, the sociologist and philosopher in García Canclini draws on history, if only briefly. Discussing the paradoxical history of Latin America as "modernism without modernization," Canclini rejects the notion of a single, unified, and guiding temporality for all of humanity that is postulated by the self-conception of modernity as the only and universally valid horizon. Canclini speaks of "complex conjunctures" and the "intersection of different historical temporalities" (45), although he restricts his discussion to the ruptures caused by European avant-gardes in the heart of modernity in the center.

Following Perry Anderson, Canclini notes that in Europe modernism combined "a classic past still useable, a technical present still undetermined and a political future still unforeseeable." Modernism thus emerged "in the intersection of a dominant semi-aristocratic order [...], a semi-industrialized capitalist economy and a semi-emergent or semi-insurgent workers' movement" (46). Naturally, this narrative of history cannot explain modernity without modernization that yields the ruptures and flows, the constant shifting of rules that constitute the artistic and social legacy of Latin America. Within this panorama, Anderson's analysis fails to explain the Latin American phenomenon; indeed, the comparison with Europe is obfuscating. Canclini posits the idea of different temporalities within Europe and within the development of colonial empires. Here the concept of cultural *hibridez* emerges as a means of conducting thick descriptions of history (Clifford Geertz) and therefore of all the institutions, epistemologies, arts, and experiences in the territories of profound Spanish and Portuguese colonization. Cultural *hibridez* is observable and defines the totality of Latin American culture. It refers to more than the biological and/or cultural mestizaje observable in certain individuals or communities. Canclini observes that,

> Despite attempts to give elite culture a modern profile, isolating the indigenous and the colonial in the popular sectors, an interclass mixing has generated hybrid formations in all social strata. [...] In houses of the bourgeoisie and of middle classes with a high educational level in Santiago, Lima, Bogota, Mexico City, and many other cities, there coexist multilingual libraries and indigenous crafts, cable TV and parabolic antennas with colonial furniture, and magazines that tell how to carry out better financial speculation this week with centuries-old family and religious rituals. Being cultured—including being cultured in the modern era—implies not so much associating oneself with a repertory of exclusively modern objects and messages, but rather knowing how to incorporate the art and literature of the vanguard, as well as technological advances, into traditional matrices of social privilege and symbolic distinction. (46-47)

In addition to offering an incontestable observation on *hibridez* as a constitutive force within the historic formation of Latin America, the insight refers us to what happened in history and something more that is implicit in the knowledge of how to "incorporate within the traditional mold of social privilege and symbolic distinction." In contrast to Homi Bhabha's vision of paranoia and "disavowal," it would seem that there *was* a cultural lesson in which the elites and the "people" learned the art of combination necessary to survive colonization and endure and experience the onslaught of modernization. Nonetheless, the second part of the question hits closer to the political: Is the art of combination, as exhibited in consumerism and the collection of symbolic objects, a knowledge that is transferable to the space of politics? Is it useful for the acquisition and wielding of power? Does the artistic phenomenon for some reason belong to a dis-similar order than the phenomenon of politics? Does the earlier question ("Who remains as proprietor of their transgressions?") apply to this context as well?

By reducing these observations to the practices of the long tradition of elite cultural hybridism, given the material that Canclini addresses throughout the book, there is no intention to exclude the "people" from these practices and knowledges of an enriching cultural hybridism. In this characterization, the concept of cultural hybridism could be considered part of the first wave of theorization of the new cultural mixtures that spring from the great migrations of our century. This cultural hybridism was celebratory; it was to replace and overcome the theoretical problems of mestizaje. I think that Canclini would have liked to include both elites and ordinary citizens in this practice and perhaps he would concede that cultural mixtures derived from conquests and forced migrations have constituted the chronicle of humanity since ancient times: Jewish captives in Babylonia, Malinche captive of the Maya, Andeans in the *mita*, Slavs (that is, slaves) captive in Greece and Rome. Let us not forget the role of slaves in the education of Greek and Roman citizens when we think about hybridity, the combination of knowledges, and the consumption of implicit social goods. What we now call cultural hybridity is nothing new.

But it is a practice or a condition of possibility that has become visible and theorizable today due to the speed of communication and the new migratory flows provoked by the wars of our time and the global movements of labor, of intense migration, which included postcolonial intellectuals such as Franz Fanon from the Caribbean to France, Edward Said to New York, Homi Bhabha to Chicago, Salman Rushdie from India to London, V.S. Naipaul from Trinidad to England, Ángel Rama to Maryland, Canclini to Mexico, Enrique Dussel to Mexico, Cortázar to Paris. If we speak of new intersections, it is not insignificant that in the quotation from Perry Anderson that Canclini cites to criticize Anderson's slim understanding of Latin America, which he used to put forth the idea that "Third-World" countries exist in the shadow of what has already happened in the First World, Anderson should use examples such as Salman Rushdie's *Midnight's Children* (1985) and García Márquez's *One Hundred Years of Solitude* (1963). Anderson elegantly speaks of "backwardness" in the fashion of years past, despite the demand to think about different temporalities that intersect in world history. Within Anderson's (and Europe's) construct of progress and development, it is impossible to think about (different?) intersecting temporalities. And it is even more difficult to think about the simultaneity of different temporalities suggested by Borges and proposed by Canclini as a necessary component of the cultural *hibridez* at the end of the twentieth century.

More important than transgression and how it occurred among avant-garde movements, I think that the concept of coexistence is vital for any definition of cultural hybridity in Latin America, although the transgression of limits and prohibitions established by the colonial center is certainly fundamental. Transgressions of genres, as in D.F. Sarmiento, of etho-social positions, as in Lunarejo, of gender-epistemological limits, as in Sor Juana, of geopolitical assignations, as in Borges, of confining linguistic boxes, as in Arguedas—are all foundations for the visualization of a field in which a hybridism of coexistences could be viable. For me, this is why the overlap between Canclini and Antonio Cornejo Polar, as regards both the intersect of different temporalities and the emergence and maintenance of a multitemporal heterogeneity, is indispensable to analyze the infinite manifestations of *hibridez,* of which the transnational novel is only one more iteration of the art of combination born of the post-colonial conditions in America. Or, as we shall see below, it might be the case that Canclini's concept of *hibridez* has reached its limits.

In the opening pages of *Hybrid Cultures*, García Canclini posits the need of interdisciplinary studies, in order to embrace what has gradually been defined as *hibridez*. Primarily, *hibridez* is that which exceeds and questions the oppositions with which we have thought about modernity. Borrowing from Deleuze, Canclini says that "we need nomad social sciences capable of circulating through the staircases that connect those floors" (2). Considering that the project aims to study "multitemporal heterogeneity" (3), it is necessary to explain why and how archaic forms coexist in politics conjointly with the dynamics of new media. How "to reunite the partial knowledges of each of the disciplines that are concerned with cultures in order to see if it is possible to develop a more plausible interpretation of the contradictions and failures of our modernization," and finally, what do we do "with this mixture of heterogeneous memory and truncated innovations" (3).

Further along, the book, in an attempt to examine hybrid cultures, offers a broader definition. Canclini writes that what characterizes hybrid cultures is their "fruitfulness for breaking down habitual orders and letting emerge the ruptures and juxtapositions" (207). Continuing to look for ways to unravel the dynamic of intercultural hybridation, he observes three important processes: "the breakup and mixing of the collections that used to organize cultural systems, the deterritorialization of symbolic processes, and the expansion of impure genres" (207).

One such collection is, of course, the canon, in conjunction with the implicit forms in our ways of reading that reproduce and validate works and exclude, sometimes unthinkingly, the innovative and transgressive works, or works that come from "popular" sources as happened with *testimonios* and the controversy that came with the reading of those texts. Nonetheless, it is important to point out that our reading of the textual production in Latin America has been a very open, unequal struggle. Despite the strict, semi-Eurocentric canons and the "out of place" hermeneutic struggles, in Roberto Schwarz's use of the phrase, the struggle around the canon has revealed varying degrees of flexibility and a certain capacity of integration in response to the onslaught of authorhoods and texts produced against the grain of the canonic tastes of a given moment. We'd only have to recall the initial rejections of Sarmiento, César Vallejo, and *Los de abajo* for not adhering to idealized genre boundaries. The novelty and originality of their work, their sense of the "real", in part stemmed from their practice of ways of disordering chains and canons in order to produce new maps with other paths. More paths and more places as well. Hybridity as an extended cultural practice has proven to be vastly accommodating, as Homi Bhabha would say. This is precisely because it comes from a tradition of reading and writing that is full of ruptures, controversies, and displacements. Despite hard-fought battles to construct national canons with respect to the national and international identifications of rotating elites, new and unexpected texts find holes and fissures through which they embed themselves in the wobbly canons and sometimes even manage to displace texts that had been "central." Who today reads Góngora with the same sense of currency as Sor Juana, or Chocano instead of Arguedas?

Precisely because the texts, textuality and hybridity that constitute Latin American literature in its territory come from a remarkable history of postcoloniality, comparisons with Indian or Pakistani writers who reside in England should be make very carefully, even though, technically, these writers, like Latin American and Latin Americanist theorists, discuss hybridity. It is noteworthy that Homi Bhabha, who is so often cited in English and Spanish by academics in the United States, does not discuss García Canclini but does draw on Franz Fanon (whose work was widely discussed in 1960s Latin America). Although Fanon pointed toward the term "hybridity," the concept and term seem to come from Mikhail Bakhtin. In any case, Canclini's book (published in 1989) preceded *The Location of Culture* (1994), although "Signs Taken for Wonders," Bhabha's most important essay on hybridity appeared in *Race, Writing and Difference*, the special issue of *Critical Inquiry* edited by Henry Louis Gates Jr. in 1985. Robert Young notes that, "Bakhtin's intentional hybrid has been transformed by Bhabha into an active moment of challenge and resistance against a dominant colonial power [thus] depriving 'the imposed imperialist culture, not only of the authority that it has for so long imposed politically, often through violence, but even of its own claims to authenticity" (*Colonial Desire: Hybridity in Theory, Culture and Race* 21). In any case, neither Homi Bhabha nor Bakhtin appear in Canclini's bibliography. And since Bhabha does not read in Spanish or Portuguese, he wouldn't be expected to cite Latin American intellectuals. Still, it is worthwhile to review Bhabha's work since his ideas frequently circulate in North American academia and his concept of "hybridity," rooted in India's experience with England, is mostly commonly cited in discussions on the colonial, the postcolonial, and the transnational.

It is useful to recall that the English evangelists who spread the Bible and hoped to convert the Hindu (vegetarian) population to Christianity encountered a subtle but unmoving "disavowal" among the Hindu (*The Location* 111). Bhabha's most commonly cited essay, "Signs Taken for Wonders: Questions of Ambivalence and Authority Under a Tree Outside Delhi, May 1817" references the history of a sermon in Delhi in 1817 (*The Location* 102-122). Bhabha only reveals the historical details at the end of the essay, after theorizing along the lines of Derrida about the problem of the book and writing in colonialist conditions in Indian following contact with England. When the English introduce the book—specifically the Bible, complete with the authorizing weight gained through centuries and considered unquestionable in Europe by 1817—to the Hindu culture, the possible converts adopt a strategy of "disavowal" (111). The Bible—or rather, "the book" as an artefact and concept inserted into an alien cultural milieu—loses its sacred aura and lends itself instead to the ambivalence and the subtle rejections of "disavowal." The dense problematic of the introduction of the book, particularly the book-bible as an epistemological and historical authority, to Hindu culture is explored by Bhabha, who turns the anecdote into a theory of hybridity at the center of which is rejection or "disavowal." In the resulting "hybridity," there can be no possible doubling or mixed encounters and much less an art of combination. For Bhabha, it is not about fulfillment, but rather subtraction. One plus one is not two; indeed, he argues that, since postcolonial contact also affects the processes of identification, one plus one is less than one. That is, in Bhabha's theorization of coloniality, we see the opposite of what Canclini narrates and examines in his theory of Latin American "combinational art." Bhabha predicates his concept of "hybrid" on Hindu vegetarians' rejection of the nonsensical Christian sermon. He thus reveals that "by taking their stand on the grounds of dietary law, the natives resist the miraculous equivalence of God and the English [....] Through the natives' strange questions, it is possible to see, with historical hindsight, what they resisted in questioning the presence of the English—as religious mediation and as cultural and linguistic medium" (*The Location* 117-118). Without forgetting Guaman Poma and his interrogation of Christianity as an authorization for Spanish government, it is ironic that two hundred years later, all secondary and university education in India is taught in English and that the country's most widely acclaimed authors of texts in the European form of the novel write in English.

Further discussion of the theoretical and historical differences between hybridity and *hibridez* is beyond the scope of my objectives here, but what is important to remember is that the combinational art theorized by Canclini is absent from Bhabha's version of "hybridity." In his essay on the discursive posture of the postcolonial subject in the English empire, a subject whose social and ethnic position coincides with those of the author, Bhabha posits that the postcolonial intellectual's endeavor is a "a strategy of disavowal" (111). Hybridity represents a kind of excess:

> Hybridity is the sign of the productivity of colonial power, its shifting forces and fixities; it is the name for the strategic reversal of the process of domination through disavowal (that is, the production of discriminatory identities that secure the 'pure' and original identity of authority). Hybridity is the revaluation of the assumption of colonial identity through the repetition of discriminatory identity effects. [...] It unsettles the mimetic or narcissistic demands of colonial power but reimplicates its identifications in strategies of subversion that turn the gaze of the discriminated back upon the eye of power. (112)

> Hybridity is the name of this displacement [the uncertainty of colonial difference] of value from symbol to sign that causes the dominant discourse to split along the axis of its power to be representative, authoritative. Hybridity represents that ambivalent 'turn' of the discriminated subject into the terrifying, exorbitant object of paranoid classification—a disturbing questioning of the images and presences of authority. (113)

The differences between Canclini's concept (however under-theorized it may be) and Bhabha's could not be clearer and, at the same time, more contradictory and distinct. Bhabha would disagree with Canclini about the implications of the ambivalences of hybridity and the threat that they represent to imperial authorities. While Canclini ascribes creativity to the ruptures and the displacements produced in the hybrid conjuncture, Bhabha insists that hybridity, due to its innate ambivalence, is unable to produce foundations or identities. The ambivalence of hybridity "has no such perspective of depth or truth to provide [...], does not produce a mirror where the self apprehends itself" (113-114). Although it produces a third space of discursivity, it does not produce a third term of identity. Nor does it yield new authenticities since, from its inception, it threatens and dismantles the "authenticity" of the colonializing power. Unlike what Peruvian and Mexican intellectuals of the early twentieth century assumed mestizaje would accomplish, and unlike what some hybridity enthusiasts continue to champion in this moment of massive and critical transnational migrations, it does not produce "a third term that resolves the tensions between two cultures" (113). For Bhabha, hybridity produces crisis (114). "Hybridity," he emphasizes, "is a problematic of colonial representation and individuation that reverses the effects of the colonialist disavowal, so that other 'denied' knowledges enter upon the dominant discourse and estrange the basis of its authority" (114). There is no better example of this "disavowal" than the work of Inca Garcilaso with its clear aim to dismantle and deconstruct the whole arsenal of the imperial cystography of his time and, therefore, leave a legacy for the modern anti-colonialist struggles. An example closer to our time is, of course, Borges, in all of his writing practices succinctly presented in "The Argentine Writer and Tradition."

The lack of comparative studies could be attributed to the fact that Canclini's concept of *hibridez* has been acritically conflated with Bhabha's concept of hybridity. Given the focus on recent phenomena of rural-urban migration in Latin America, the multiplication of galleries and museums, the international market for the production of cultural goods of varied provenance, Canclini could not research the phenomena of contact, conquest, resistance, creativity and negotiations, overt and concealed struggles across centuries of colonialism in Latin America. Bhabha goes deeply into the colonizer's sense of paranoia in the presence of the processes of hybridity since the colonizer secretly recognizes the subversive force of excess that becomes a crisis due to the natives' interrogation of the discourse of authority (115). As a comparison, let us not forget that we see interrogation from the perspective of the colonized in the work of Guaman Poma, who repeatedly insists that the conduct of the Spaniards falls far short of the Christian sermons and is the source of ruin that the Conquest has brought to the Andes.

For Bhabha, hybridity produces a crisis in which the colonial subject questions the colonizer's postulations of power. For García Canclini, the untying of the categories of popular and high art for gallery collectors, mixtures in the consumption of symbolic goods, migrations of peasants to cities where they become cultural producers to unexpected degrees, the inheritance of a hybrid combination of art that characterizes postmodern life—all represent a cultural phenomenon in creativity, despite the costs of de-territorialization. It is almost as if Canclini were betting on a future whose characteristics we should already be able to recognize and anticipate in order to enter and leave the changes wrought by globalization. The transnational novel, as its publishing milestones so far have shown, would be a place to observe this dynamic of hybridity in light of the proposals discussed here.

II. *The Transnational Novel*

The indispensable characteristic of the transnational novel is migration by both the expressed subject and the writer from national origin, ancestral territory or home, to a metropolitan center that also demands the migration from one culture to another and from one language to another and from one place of enunciation to another. While the cases of Conrad and Julio Cortázar would seem exemplary in this regard, the names of Salman Rushdie and V.S. Naipaul are less often added to this group. Even less so do we see González Viaña, Carmen Aguirre or Sanjeev Sahota located in the map of transnational writing. In light of the deep history of modern imperial migrations, I propose this definition so as to exclude other similar formulations. Borges and his family move to Switzerland and Borges begins to write in German. If the family had remained in Europe and the author of *Ficciones* (1940) had continued to pursue his interest in writing in English, Borges would perhaps be the first Latin American writer to be classified as transnational. When Naipaul leaves Trinidad to continue his studies in England, where he begins to write, he changes social location and places of enunciation and yet does not change languages for it is now global English that is in play. Upon writing, he experiences an estrangement from within and beyond London. When Naipaul died in August 2018, Rachel Donadio wrote in the *New York Times*, "Compared in his lifetime to Conrad, Dickens and Tolstoy, he was a lightning rod for criticism, particularly by those who read his portrayals of third-world disarray as apologies for colonialism" (August 12 2018, 210). Clearly, these movements can be as dangerous as they are fruitful.

Without forgetting the Inca Garcilaso's efforts in Spain to dismantle Spanish historiography, the most prominent modern transnational writer is Julio Cortázar in Paris. Like Garcilaso, Cortázar writes with the complete awareness of his double-location status. He is in Paris, speaking French, living in French, but he is writing in Spanish for an audience who reads Spanish or translations. *Rayuela, El libro de Manuel, 62 Modelo para armar* all take place in Paris and therefore Cortázar's work, like other transnational novels, stands out from texts produced in the diaspora in which the "author" conceives of him or herself within the context of an ancestral nationality within which he or her, and the writing, acquire their total value. In *Rayuela*, we can see how the multifaceted ambivalence appears in chapters that alternate between Paris and Buenos Aires. This back-and-forth drives the novel's plot. It is relentless and accompanies the temptation to return and see with eyes of the present the memory with which one lived "on the other side." This nostalgia-tinted memory is also present in the Indian and Pakistani writers who live in England; however, for them it is a memory derived from memories of what their parents lived and from the language of their parents, which becomes a cultural good that they have lost or are unable to re-articulate even when they decide to visit—not return to—Bombay or Karachi, as is the case of Rushdie and Sahota.

In the plots of these novels, global migration on a massive scale is a phenomenon of life that is defined not by roots but by what route to take and follow. "Not roots but routes," as John McLeod puts it in *Beginning Postcolonialism* (215). Salman Rushdie, after visiting (though not returning) to Bombay, decides to opt for that of which necessity has a heretical face and reveals its place of displacement as the crucial, privileged vantage point for the critique of the place where he resides, that is, the center. Leaving aside *Rayuela* and its game of fragments, pieces, and patchworks, McLeod explains that for writers like Rushdie, the migrant "seems to be in a better position than others to realize that all system of knowledge, all views of the world, are never totalizing, whole or pure, but incomplete, muddled and hybrid" (215). Many contrasts could be drawn between Rushdie and Cortázar. Perhaps the most significant one is that Cortázar emigrates to France as a fully formed Argentine artist and intellectual who draws on a deep, established literary tradition, while

Rushdie leaves India, recently independent from England, and moves to the center while still a child without a facility for and knowledge of his maternal tongue and/or cultural traditions. Of course, in Cortázar's case, the question of maternal tongues is more nuanced, for having grown up with Argentine parents he spoke perfect French. In contrast, Rushdie, like Bhabha, has to choose the language of the still current empire. Certainly, no work in French could have had the same reception in international markets as *Rayuela*.

Before continuing with the transnational novel as part of the migratory flows of the latter quarter of the twentieth-century and the beginning of the twenty-first, I would like to note that I am not considering here the well-known case of Chicano or Novoriqueño literature, and much less the case of bilingual texts. To begin to appreciate the complexity of the situation, it would suffice to peruse the anthology of Nicolás Kanellos.

Returning to the transnational novel of the twenty-first century and its emergence in the interstices of the migratory flows from the periphery to the center, I would like to focus on texts woven from the migration of Peruvians during the Sendero Luminoso wars and of Chilean exiled after Pinochet's coup. Santiago Roncagliolo is one of several. He "emigrated" from Peru; during his stay in Europe, he writes and published *Abril rojo* (2006). Translated into 13 languages, the book is an account of characteristic, bitter, and incomprehensible remains of what was said or believed or what could have been the complex genesis of Sendero. Set in post-Sendero Ayacucho where the trauma of the secret war persists, the novel takes the form of a police report on the details of yet another crime in the series of executions and deaths that accompany everyday life with Sendero. It is published in Spain, wins the Alfaguara prize, and is translated into English (2009). *Red April* is among the finest works of fiction of the first decade of the twenty-first century. *The Times Literary Supplement* of London declares it, "A Tour de force. In the tradition of *The Silence of the Lambs* and a more searching examination of a country's darker side" (Back cover in English edition). *The Irish Times* gives its readers a bit more information. "Violence stalks the pages of this bold, extraordinary thriller. It is a sophisticated work of terrifying cunning; here is a novel to make one gasp and wonder anew at the furtive extremes of human behavior" (*Red April*, front matter). *Abril rojo* takes the shape of a detective novel and its graphic contents border on shocking; it leaves the reader breathless, barely able to continue reading about the terror of so many bloody stories.

Although no less terrifying, Eduardo González Viaña's stories take the ironic route. Satire eases the terror, which only seized the reader in a second wave. González Viaña leaves Peru as a journalist and writer also during the era of Sendero and ends up as a literature professor in Oregon. There he encounters Mexican and Central American migration and decides to write about the experience first in Spanish; the novel is later distributed in English. *Publisher Weekly* praises the novelist's style and recommends the book "for all bookstores, especially serving new migrants." Afredo Bryce Echenique, author of *Un mundo para Julius,* notes that the prose "bewitches and captivates" (back cover of *American Dreams*).

Daniel Alarcón is a different case. His trajectory and decision to write novels about the Sendero recalls the relationship that writers like Rushdie (Indian ancestry), or Sanjeev Sahota (Pakistani ancestry) have with their parents' homeland. Daniel Alarcón, not unlike Rushdie, "returns" to the homeland of the parents' memory but in fact his own experience and its fictionalization do not register a "return", for the sense of place as homeland remains elusive and problematic. His discoveries are always enveloped in a fog that conceals all but glimpses. He avoids truculence. Terror in Alarcón is not physical. Both *Lost City Radio* and *War by Candlelight* deal with the mental and psychological terror of not being able to know, and much less touch, what is not known and what needs to be known in order to function. The tone and background of Alarcón's work, according to the *Christian Science Monitor* are "chillingly Orwellian. But the politicians—either of the left or of the right—are neither the real heroes nor the villains of this haunting debut novel [....] The mystery at the heart of this story is not political—it is a riddle of the human heart" (front matter in *War by Candlelight*). Alarcón's dive into the memories of his father's generation and his own stay in Peru after graduating from Columbia University is a dive into murky waters. Even at their best, the results are indefinite because the story and the memories of the characters' lived experiences appear in a type of "disavowal." They cannot be captured or objectified. The history of Sendero is a history that refuses to give clear explanation, despite the unimaginable mix of factors and circumstances. To tell, to re-tell, a moment of the dark years of Sendero eludes the possibility of recombination.

During the era of the Sendero Luminoso war, Alarcón's parents left Peru and settled in the United States, where they constantly spoke of the war and remained in contact with family members in an unconfirmable clandestinity. Alarcón grows up with the memories of his parents. When the time comes to choose a major at Columbia University, he chooses to be a writer. He earns scholarships and institutional support. But, in order to write about inherited memories, he must travel to Peru. He wins a Fulbright fellowship that allows him to stay for over a year in Peru, where he becomes acquainted with his parents' memories first hand. He writes his first book, *War by Candlelight*, in English. It wins prizes and launches him on a career of bestsellers in English. The *Minneapolis Star Tribune* reports that, "Reading Alarcón is like witnessing the arrival of John Steinbeck or Gabriel García Márquez" (from cover). The *Guardian* of London writes that *Lost City Radio* is "tragic and wonderful.... a book of extraordinary power."

It seems pertinent to add the pseudo-biographic novel by Carmen Aguirre to this small group of Peruvian works. Also written originally in English (Aguirre's mother tongue), the book tells the story of how her parents, exiled in Vancouver, Canada, decide to continue the struggle against Pinochet together with pro-Allende activists who are underground in Chile. At home in Vancouver, the children discover their parents' plans, as well as their painful and terrifying experiences. They live the clandestine struggle in their own house, in the language of their parents. In fact, much of the novel takes place in a clandestine pilgrimage through Peru, Bolivia, Argentina, and Chile. The plot is the adventure of the adolescent Carmen as her mother's travel companion and collaborator as her mother returns to South America with encoded news that nourishes the resistance.

These novels display a high level of control over the narrative processes, in the ways of dealing with de-territorialization and reterritorialization of the place of enunciation typical of current migratory hybridity and the options of elective linguistics. The contrast with the maintenance of the national literary language, the cultural home—that is, Hispanic-American Spanish—is clear with the writers of the former English colonies for whom neither Hindi nor Urdu offer alternatives, for they are not their "native" languages. In this sense, it would be interesting to think more of Junot Díaz than of Julia Alvarez. The "identities" associated with the hybrid condition appear in parts, plural, or double. The result is heterogeneity within and beyond fiction. It is not only a heterogeneity of cultural or linguistic particulars that could be thought to lead to a third position of harmony for, as Bhabha rightly points out, the third position is discursive, but it is not a place where contradictions and differences of post-coloniality dissolve. There is something, a shadow in these transnational novels, that eludes Roncagliolo when he tries to speak not so much of the origin of terror as of the ordinary practices that are lost in the fog of Lima, in the fog that envelops and blurs the decisions that need to be made not out of will but because they have become inevitable. For all the anger and ire that Aguirre's fictionalized autobiography expresses, in her determined alliance with the triumph of her parent's cause, the impossibility of that triumph turns ever more distant and leaves a blur of doubts and questions. The transnational novel registers a certain incommensurability between the capacity of the writing and the bilingual and multicultural conjuncture attempted to be represented. The heterogeneity of times, spaces, generations, and languages leaves an indelible print on these histories in which heroism and grand protagonists are scarce.

The multiple forms of citizenship that García Canclini identifies and even celebrates in his discussion of Mexico become painful in González Viaña's narration of the terrifying experience of crossing the border on foot or while buried in trucks and car trunks. The exorbitant price paid for the dissolution of former identities, the agony of feeling lost in a system that does not tolerate the return to the original identification and that hinders the formation of a new viable identification are the topics of González Viaña's chronicles of a culture that is falling apart only to rise ever more agonic in the quinceañera fiesta sequestered by a drug runner or in the brothel where "marriage" to a citizen to get a work visa entails surrendering life savings. Faced with the tragedy that constitutes the migratory process of the poor to wealth-producing countries, González Viaña opts for the satire of combinational arts celebrated by Canclini, in part because these poor people do not have many symbolic goods to combine into new cultural products. In *American Dreams* (or rather, nightmares), González Viaña presents a middle-class woman who wins the prize of marrying a Gringo in her own country, which allows her to go the United States. González Viaña's take starts with the "reproduction" of the woman who now works for a Spanish-language radio station as a "sex worker" and sells her "porno sex." In the self-portrait that the character generates within the cultural discourse she must adopt to sell her product to possible clients, "she" attributes herself a white body, long legs, silky skin, blond hair, etc., in an act of "self-hatred" that is as much an act of survival as it is a critique of the system of global racialization that the coloniality of power inaugurates. González Viaña lets the fiction of the commercialized self-portrait establish the critique only after the reader has laughed heartily at the falsities embedded in the discourse of sex-commerce set outside of the cultural context, outside, that is, our perspective. The story is titled "Hello, this is Susan on Hot Line." Susan holds multiple conversations with her clients. She tells them about her life; they tell her about theirs. To clients she already knows, she says thing like:

> What things you say dear Xavier! [...] What?! What did you say?... In love with me? But you don't know me. My voice? But what does my voice have to do with my existence? Oh please, what you're telling can't be true, Xavier, darling! But you say it anyway. [...] Please, you have no right to sweet-talk me. Yes, it's true, I have a rich, mellow voice. But I don't believe it lets you guess the rest of me, my naked body in transparent air. (60)

Here González Viaña employs his well-known technique of telling stories through dialogue, a technique that lends authenticity to even his most broken characters; yet, in the end, it is not enough to hold up the verisimilitude of the novel as such. As for changes in identity, the fact that people are no longer tied to the system of social hierarchy into which they were born, a system of confining national borders, "Tango" appears in a high system of the oxygen of the free circulation of cultural and material goods. The life of the character is mimetizing, in the sense that it reflects, like a mirror, what is in front of it; due to the degree of hybridity, it lacks depth. That is precisely what Bhabha argues about mirrors without fixed images. González Viaña's character takes on names that shift with the socio-cultural coordinates that he inhabits. He is de-territorialized and a pilgrim. Perhaps Peruvian, in Argentina, he "performs" gaucho. In a visible satirical nod to the predestined knife fights in Borges's "Sur," "Tango" narrates with a voice that "remembers":

> I'm almost positive I met Álvaro Cardoso in an old general store in Colón Street in Buenos Aires, but the memory can betray us, so I prefer to omit exact dates or specific references. Moreover, I fear getting a letter from him discrediting my memory and giving me an appointment to clear things up, man to man, because I must confess that, from the very first, this guy has seemed to me a ruffian or a troublemaker. (118)

The memory is full of caution. It is almost false or, as Borges would say, fallacious. The narrative core has to do with the betrayal of his girlfriend, who runs away with a Gringo. The character seems to understand why she is leaving; his only recommendation to the Gringo is, "*Che, queréla*" [Love her, man]. In the story's final scene, we find ourselves with the character who is now the owner of a successful restaurant in Miami named "Che, queréla," now re-semanticized as a pasta place. With a slight curvature in the pronunciation, "Che" could be poorly written French or something in Italian, right? The success of "Che, queréla" owes less to its menu than to the waiters and the decoration:

> Across from an enormous poster of Gardel stood a player piano. The waiters, two dark-skinned men from Havana—"from "Havana, man"—were dressed like gauchos and spoke in Buenos Aires slang from time to time. [...] Last night, as the waiters cleaned the last tables and went back to being Cubans, Juan Carlos kept on telling his story: [...] "I liked the *gringo*, even if he was a CIA agent." (119-121)

The identify of Juan Carlos, the "truth" of Juan Carlos, lasts as long as he speaks. He exists as long as he tells his story. If he stops thinking, if he stops speaking of his pilgrimage, he runs the risk of dissolving amid the several performances he has already given. In this transnational novel, there is no "outside," no historical context, no happy transgression of modalities or happy temporal heterogeneities that could sustain the character beyond the story itself. Nothing less can be said of Carmen Aguirre's novelized autobiography. Although at the end it offers scenes in which she manages to reunite with relatives in Chile who continued the clandestine fight, the "true" story the reader knows of the uncontestable triumph of the right in Chile belies this possible end and telos, which throws a perplexing shadow of doubt on the whole enterprise of narrating the story.

Conclusion

The transnational novel, whatever we might cite as milestones of the phenomenon, begins and dwells in a hybrid environment. Hybridity is constitutive of its definition as difference with other practices of fiction. In light of the few examples analyzed here, we see that identities are "collapsible" rather than fixed and durable. We also see that while a third discursive space emerges, the fictionalization of the world of memories of which parents speak, or of what characters leave beyond as they wander the world of "American dreams," the act of living in the characters' present day is lost in the mist. It extends in an interminable descent to a limbo of highways and places in the Northwest of the United States, the jungles of Peru, the environment of Ayacucho. This novel aims to tell the story of another adventure in the South American political underground.

In the chronicles that these transnational novels offer, it is not enough to reach denouement. On the contrary, their exploratory, ironic, or ambiguous qualities, they exhibit the quality of a search that has lost its way and precisely because it has lost its way or taken a wrong turn, it continues displaced in the novelized spaced. The most obvious example of this wandering without telos is the tragic comedy *Dante's Ballad*. But this does not mean that the serious endeavor of joining the underground struggle of the Chileans eludes the form and sense of pilgrimage or that it exhibits a more complex architecture than the chronicle. On an even deeper level, embedded in all narrative and conceptual aspects of Alarcón's stories, the form of the blind search, the inability to reveal clearly defined goals, the mysterious underground, hinder the formation of identities, of recognizable endeavors with which the reader could identify. The violence in *Red April* is more crude and explicit yet, despite the attempt to reference the tangle of its plot in post-Sendero Ayacucho, it actually relives all the ambivalences, the secret identities and acts that are not only secret and ambiguous but also unknown and inconceivable with which the discourse about Sendero is constituted. *Red April* is not as much red as it is gray, overshadowed by the impossibility of knowing the why of the assassinations and the uncontestable identity of the assassins.

"Routing but not rootings" would seem to be the watchword for the fiction of this transnational novel at the beginning of the century. In these texts, originally written in English or translated from Spanish, there occurs a type of excess that leads us to the irony, the doubt, and in the final analysis, the satire, as in González Viaña as the only way to represent the multiple ruptures that animate globalization marked by a profound de-territorialization. It would seem, then, that Bhabha's model, the crisis, is what emerges in these novels. Canclini's creative hybridity is a distant model. Perhaps these authors might be able to claim *hibridez* as a context and/or a method. This is definitely not an option, however, for their characters, whose lives are a sad failure.

This article was translated from the Spanish by Robert Weis. The Spanish version appeared in *Letral. Revista de la Universidad de Granada* No. 21 (2019): 135-159.

Works Cited

Aguirre, Carmen. *Something Fierce: Memoirs of a Revolutionary Daughter.* Toronto: Vintage Canada, 2011.

Alarcón, Daniel. *War by Candlelight: Stories.* (1st ed.). New York: Harper Collins, 2005.

———. *Lost City Radio.* New York: Harper. Perennial, 2007.

Bhabha, Homi K. "Signs Taken for Wonders: Questions of Ambivalence and Authority under a Tree Outside Delhi, May 1817." *Critical Inquiry.* 12.1 (1985): 144-165.

———. *The Location of Culture.* London; New York: Routledge, 1994.

Donadio, Rachel. "V.S. Naipaul, who explored colonialism through unsparing books, dies at 85." *New York Times,* August 11, 2018. Web: https://www.nytimes.com/2018/08/11/obituaries/vs-naipaul-dead-author-nobel-prize.html.

García Canclini, Néstor. *Culturas Híbridas. Estrategias para entrar y salir de la modernidad.* México: Grijalbo, 1989.

———. *Hybrid Cultures: Strategies for Entering and Leaving Modernity.* C. L. Chiappari & S. L. López, Trans. Minneapolis: University of Minnesota Press, 2005.

Geertz, Clifford. *The Interpretation of Cultures: Selected Essays.* New York: Basic Books, 1973.

Gonzáles Viaña, Eduardo. *American Dreams.* Houston, TX: Arte Público Press, 2005.

———. *Dante's Ballad.* Houston, TX: Arte Público Press, 2007.

McLeod, John. *Beginning Postcolonialism.* Manchester: Manchester University Press, 2000.

Roncagliolo, Santiago. *Red April.* E. Grossman, Trans. New York: Vintage International, 2009.

The Guardian. "The Color of Loss. John Burnside Applauds Daniel Alarcón's Potent and Polished Tale of Separation and Relationship, *Lost City Radio.*" April 14, 2007. Web: https://www.theguardian.com/books/2007/apr/14/features reviews.guardianreview13.

Young, Robert. *Colonial Desire: Hybridity in Theory, Culture and Race.* London: Routledge, 1995.

The Architecture of the Venezuelan Violent State. "El ascensor" (2014) by Mercedes Franco

Vicente Lecuna

UNIVERSIDAD CENTRAL DE VENEZUELA

Abstract: In this paper I argue that Mercedes Franco's short story "El Ascensor" represents a "ghostly manner" of understanding the multi-purpose Parque Central complex, built by the Venezuelan state nearby downtown Caracas in the 70s. Building upon the bewitched "ascensor" (the main character of the story which works as a time machine) Franco suggests an uncanny connection between the 1990s ruined Parque and its booming counterpart of the 1970s.

Keywords: Architecture, Caracas, The Elevator, Mercedes Franco, Parque Central, the uncanny, violence

Resumen: En este artículo propongo que "El ascensor" de Mercedes Franco representa una manera fantasmal de entender el Complejo de Usos Múltiples de Parque Central, construido cerca del centro de la ciudad por el Estado en los años 70. A través del "personaje" central de este cuento (un ascensor embrujado que funciona como máquina del tiempo) Franco propone una conexión "siniestra" entre la situación arruinada del Complejo en los años noventa y el boom económico de los años setenta en Caracas.

Palabras clave: Arquitectura, Caracas, El ascensor, lo siniestro, Mercedes Franco, Parque Central, violencia

I would like to begin with two quotes about Parque Central (Figure 1). The first is recent. It is from a story published in February 2017 in *El diario.es*.

Emilio Mújica se apoya en la barandilla de un mirador que dominaría el paisaje desde lo alto de la parroquia de San Agustín hacia el norte de Caracas si no fuera porque dos inmensas moles de cemento trancan el horizonte. Son los edificios de Parque Central. Símbolos, para él, de época y modelo. Del país y el petróleo de antes.

—Fíjate. Nos separaron de la ciudad, ni muro de Trump ni coños. Mira esa muralla.

[Emilio Mujica leans on the railing of a lookout that would gaze out over the top of San Agustín parish towards the north of Caracas if it weren't for the two huge cement forms that interrupt the horizon. They are the buildings of Parque Central. For Mujica, they are symbols of a period and a model, of the country and the oil of the past.

—Look, Mujica says. They separated us from the city, like Trump's wall]

Mujica is presented by the story's author, Alberto Arce, as one of San Agustín's parish local and cultural leaders. This is where the Parque Central complex is located, to the northeast of the parish. He doesn't live "in" Parque Central. He lives in the hills of San Agustín, in one of the city's informal or spontaneous areas, to the southwest of Parque Central. The second quote is rather old. It comes from an ad published sometime around 1973:

COME DISCOVER PARQUE CENTRAL,
WHERE NOTHING RESEMBLES THE PAST

The first quote uses "space" as the key reference. It speaks of the urban geography and landscape: the north, obstructed visibility. It also refers to time, to a period, to the past, to the "oil of the past." In any case, it mentions an interruption of the view and a "separation" of the city. It also establishes a memory, a remembrance that speaks of a country that "no longer exists." Although that country no longer exists it "interrupts" the country that does exist today, Mujica's country. The quotation *historicizes* and *geographizes* Parque Central from the outside.

The second quote, the one from the 1973 ad, uses "time" as a reference. But it speaks of the past in the opposite way. Here it is not a symbol, but a "deliberate forgetting," a designed amnesia: "nothing resembles the past." It speaks of what has never been seen before: the future. Here there is no reference to context, geography or space.

These two quotes show the two opposite parts of Caracas that coexist and form a single city, a splintered city. I take the concept from historian José Luis Romero, who demonstrated in his book *Latinoamérica, las ciudades y las ideas* (1976) the enormous influence of the 1929 stock market crash

Figure 1 Parque Central
Source: https://www.arquitecturayempresa.es/noticia/parque-central-caracas.

on the giant migrations to the cities and how these processes reconfigured them.

In this paper I offer a reading of a short story that refers to Parque Central: Mercedes Franco's 2015 "El ascensor" [The Elevator]. I chose the above quotes to accompany my reading because the first was enunciated in the context of a recent drop in oil prices that caused, once again, a political and economic disaster in Venezuela's Petro State, as Terry Karl would say, turning it into an authoritarian State. The second was issued in the 1970s, when the oil boom imposed a unique and contradictory form of urban development protagonized by a "Magic State," as Fernando Coronil put it. They will serve as historical brackets for my reading.

Prior to discussing Mercedes Franco's short story, I would like to discuss a few things about Parque Central and Caracas. Parque Central corresponds to what Rem Koolhass defines as XL design, which is typical of what was called Gran Venezuela, or the "Saudi" Venezuela of the oil boom of the 1970s: eight 400 feet tall residential towers with 317 apartments each and two 720 feet tall office towers, 1,700 commercial spaces, two parking lots that could hold 8,000 vehicles, restaurants, dance clubs, bakeries, diners, schools, eight lecture halls, movie theaters, a swim school and a heliport, as well as three museums. The latter includes the Caracas Museum of Contemporary Art, one of the most important in Latin America. Parque Central could be considered a gigantic mall with office space, residential areas and cultural facilities. It was built based on the consumption concept.

The gross built area is over 3,600,000 square feet with over 300,000 square feet of open spaces. The general design was developed by the architectural firm of Siso, Fernández Shaw y Asociados. The landscape design was handled by Roberto Burle Marx, who is known for his beautiful, wavy design of the pedestrian walkway in Rio de Janeiro and other Brazilian cities. The construction of Parque Central began in 1969, shortly after the guerrilla movement in Venezuela was largely demobilized. It was finished in 1983, when the West Tower was completed. Venezuela's currency was devalued that same year in the episode known as "Black Friday," after having been one of the strongest currencies in the world for a little over 40 years.

That year, 1983, also saw the epicenter of Latin America's external debt crisis, which, according to Gareth Williams, "delegitimized [a] state model of societal organization and development, and created the conditions for the current neoliberal model of market-based economic and social organization" (130). Parque Central was designed for the middle class. This distinguishes it from similar projects, such as 23 de enero (1958) by Carlos Raúl Villanueva, which is also located in Caracas but was designed for the working class. 1983 is also the year when HIV virus was finally isolated.

In his analysis of the World Trade Center attack, W.T. J. Mitchell argues that "the Twin Towers were not merely abstract signs of world capital, but what Coleridge called "living symbols" that have an organic "connection" with their referents" (15). Similarly, Parque Central is not merely the representation of a middle- class modernity created by the State. It also *has* an "organic" connection to what it represents. The subject of this process (the "creator") is the Venezuelan State, and its "work," Parque Central, is characterized by a violent desire for isolation that denies the past and the environment of Caracas: a sort of Great Wall of China that recalls Jorge Luis Borges' text "The Wall and the Books" (1950), which has to do precisely with the idea of abolishing the past.

Parque Central was built by the Venezuelan State in collaboration with the private sector. It was meant to be rational, hygienic, organized, surveilled, self-sufficient, democratic and futuristic. The State sought to establish a new center in Caracas through Parque Central that would replace the old colonial center and also "create and occupy new spaces of the city." Its makers "saw in very high buildings the possibility of an urban symbol connected to the tradition of commemorating an important place within the city," according to Silvia Hernández de Lasala (175). Its location and size allow it to be seen from anywhere in the city. It would represent both a new Caracas and a new country. In this way, the Venezuelan state of the 1970s materialized a utopia: the construction of a completely planned city, just as Le Corbusier would have wanted, within a city that grew without planning. During the early years, Parque Central residents and visitors enjoyed a golden age of "a new way of living," as the publicity for the complex states. But after 1983 and even more so after 1994, when half of Venezuela's banking system went bankrupt, Parque Central stopped delivering on its promises. The magic of the State stopped functioning for a time. The Caracazo took place in 1989: "a two-day uprising repressed by the government with the century's highest death toll for Venezuela," according to Susana Rotker (170-171). There was also Hugo Chávez failed coup in 1992.

Caracas had been relatively small until the 1930s. After that decade, a period of very fast-paced growth began that brought the city's population to one million in 1955 and two million in 1970. Similar processes took place in many Venezuelan and Latin American cities. All of this happened alongside the birth and development of the oil industry in the country. This is why Terry Karl uses Venezuela as the example of the petro state. Following Karl, we could thus say that Caracas is a sort of petro city.

Shortly after the death of dictator Juan Vicente Gómez in 1936, French urbanist Maurice Rotival was hired by the Venezuelan government to overhaul the city. The result was a gigantic plan that was never executed. However, the backbone of the plan was developed: it would be called Avenida Bolívar. The construction of Avenida Bolívar began in 1945 with the demolition of an eight-block canal of the old footprint of the colonial city. Since then, various contradictory "disorganized State interventions" have been built along Avenida Bolívar, to quote Venezuelan architect Juan Pedro Posani (1969, 500). The Venezuelan government planned and built Parque Central on one end of Avenida Bolívar near Parque Los Caobos.

The project administration was handled by the Centro Simón Bolívar, the state agency that was focused on rebuilding the city. Its slogan was "Centro Simón Bolívar Humanizes Caracas." In order to carry out this "humanization," 16 hectares of urbanized land in *El Conde* were expropriated and demolished ten years before the project began. As Silvia Hernández de Lazala explains, the execution of the project was possible "because in the 1970s the country had a good economic situation that facilitated the procurement of funding from abroad" (173). The oil boom began in late 1973 with the Arab-Israeli war. After that, "The nation was filled with money amidst the Saudi bonanza, and Caracas became the center of amazing consumption, brimming with imported goods" (Sanoja Hernández 190). Oil would be nationalized two years later and the economic abundance would continue its dizzying climb, as would the middle class. The informal city grew up beside it at the same pace, or even quicker. To quote Edgardo Lander:

> Despite significant inequality [...] during the period of greatest expansion of petroleum rent (1973-1978) the standard of living in Venezuela improved. [...] A "modern" integrated society appeared possible in a not too distant future. A political culture of "national harmony" and its corresponding multiclass political party organizations achieved hegemony. The self-image of an inclusive, egalitarian, and racially democratic society became dominant. Optimism prevailed. The thesis of Venezuelan exceptionalism took firm hold. (26)

The promotional brochure *Cómo vivir mejor en una ciudad moderna* (How to Live Better in a Modern City) offers a dream of the future to buyers of apartments and commercial properties. "Parque Central: Where everything the future promises us is already a reality." The idea was that one could work, live, attend school, shop, go to the theater or cinema, and learn to dance, visit museums and run errands without "leaving" Parque Central. The urban surroundings of Parque Central, which the brochure doesn't even mention, include the working class Hornos de Cal, La Charneca, El Mamón, El Maguito, Marín, La Ceiba, el Dorado and Roca Tarpeya neighborhoods.

Parque Central signifies a great and violent developmentalist exclamation built on the negation of demolished neighborhoods and Caracas' urban past, and with the hope of "improving human condition," as James C. Scott would say. It certainly did not "seem like" the past: the hydraulic trash collection system, central air conditioning and private security service, all in one place, all in one gigantic mall, effectively represented a "new way of life." For those who lived in the informal neighborhoods, the perspective was just the opposite: Parque Central, as Mujica puts it, is a gigantic obstruction.

The main character of the short story "El ascensor" (The Elevator) by Mercedes Franco, is Andrés, a young gay radio announcer at the Catholic radio station *Fe y Alegría* who loves ballet. He lives on the eighth floor of a building in Parque Central. Like the other residents, he never takes one of the elevators, because it is haunted:

> aunque sus características eran exactas a la de los demás del edificio, él era único, distinto; en cierta forma especial. No envejecía. Lucía siempre recién construido, pulido el acero de la puerta, contrastando su joven aristocracia con los otros ascensores viejos, ruidosos y destartalados. Exhibía en los noventa su prístina cavidad setentosa y su piso inmaculado, como si todos los días lo limpiaran. Hasta salía de él un aroma a flores silvestres, mientras los otros olían a perro mojado y a orina. (27)

The narrator explains that according to a legend, the dismembered body of a ballet dancer was found in that elevator in the mid-1970s. It was said that she had been sacrificed in a "extraño ritual." Since then, the dancer's ghost appeared in the elevator. The elevator also developed a will of its own: it was animated, alive. It opened its doors without anyone activating it. The elevator was "he," like a subject and not "it," like a thing. That's why no one used "him." That's why "he" seemed new.

One day, in the 1990s, a robber forces Andrés to get into this elevator, threatening him with a knife and ordering to take him to the apartment where he lives with his parents so that he could rob them all. Andrés tries to dissuade the robber in vain. "El arma lucía atractiva y su dueño también" (28), the narrator says Andrés thought at the time. The two board the haunted elevator. But even though Andrés pushes the button for the eighth floor, the elevator doesn't stop there. Its doors surprisingly open on the fourteenth floor. Astonished, Andrés and the robber step out of the elevator. They hear music that guides them to an apartment where there is a "strange" party. The robber tries to rob the guests, but together they manage to stop him. A girl approaches Andrés and talks to him. Her name is Gaby and she is a ballet dancer. Meanwhile "Desde una esquina, un joven apuesto lo miraba intensamente, lo que lo hizo entornar los ojos, complacido." (30)

Then Andrés hears a man and a woman planning Gaby's murder. That's when *anagnórisis* occurs. Andrés realizes that Gaby is the dismembered ballet dancer and the haunted elevator is a time machine that took him and the robber to the moment of her murder. Andrés decides to rescue her, but she doesn't let him. Andrés insists, but in the end, he gives up and leaves. He takes the stairs. But suddenly the haunted elevator opens a few floors below, just as he passes by, and the dancer appears. From inside the elevator, she says to Andrés, "–¿Te ibas sin despedirte?" (32). Andrés, frightened, approaches to say goodbye, but in that instant

> la linda cabeza (de la bailarina) cayó con un ruido sordo y rodó hasta un rincón del ascensor. El cuerpo se desarticuló en segundos, caían las piernas, los brazos, el torso y los pies, cada cual por su lado, empapados de sangre. (32)

Andrés, stunned, runs to his apartment. He thinks. He decides to go back the next day to try to rescue Gaby again. Like the movie *Groundhog Day* (Harold Ramis, 1993), everything should be the same, as if nothing had happened before, Andrés believes. The next day Andrés takes the haunted elevator and reaches the 1970s, the same party, but earlier. He manages to distract the dancer and keep the murderers from killing her. After carrying out his plan, Andrés decides to leave, satisfied. He thinks: "Salvé una vida. Ya no habrá leyenda ni ascensores malditos" (35). In fact, when he leaves to take the elevator, thinking that it is no longer haunted, and tries to go to the eighth floor, two party guests get in behind him and the doors close. Instead of going down, the elevator rises to the 22nd floor, which the narrator tells us is still under construction.

The next day, Andrés is found dead in the elevator. "Un caso único en Parque Central" (35) the narrator says. She adds "De la bailarina nadie habló, como no fuese para decir que era un prodigio de la danza moderna, que estaba triunfando en Caracas y pronto se iría a París" (35). The haunting is updated with another person who, by liberating the former, is held captive in her place.

The story can be read as a way of understanding the very swift development of Caracas in the 1970s in a manner similar to Michael Taussig's discussion of the devil in the Colombian countryside (*The Devil and Commodity*

Fetishism in South America, 1980). In other words, "El ascensor" shows a way of imagining capitalist development as a curse, as something diabolical. And the curse is that time stops, is frozen, static: the elevator "doesn't age." Besides stopping time, the elevator gains a life of its own and becomes a sort of *Picture of Dorian Grey* (Wilde, 1890) that always pursues the dream of youth ("lucía recién construido"), cleanliness ("inmaculado") and at the same time natural ("de él salía un aroma a flores silvestres") in contrast to the rest of the elevators, which were not haunted, and which were "destartalados" and "olían a perro mojado y a orina."

The ghost of the 1970s, of the accelerated and unequal development and the increased consumption produced by the oil boom, is a female dancer dismembered in a ritual that haunts the present. The ghost of the 1990s is a young homosexual male who broadcasts for a Catholic radio: he will haunt the future. Both the dancer and the announcer are subalterns, marginalized subjects from their respective time periods and machista, sexist societies, who return or will return in ways that cause fear.

The diabolical ritual of the 1970s (a legend) is replaced by the "unexplained" crime of the 1990s (a news piece). Andrés' murder cancels out the legend ("De la bailarina nadie habló"). The story is also rewritten: it turns Gaby into a dancer from the second decade of the 20th century, living in Paris. It is likely that no one will go into the elevator after Andrés' murder out of fear, out of another type of fear, for fear of crime. And as such the damning somehow persists. The developmentalist dream (and its ghosts) are cancelled out in the 1990s, a period marked by the economic crisis and the implosion of the bipartisan political system.

In her discussion of the Freudian concept of the uncanny, Anneleen Masschelein says: "The uncanny reveals the process of repression—which produces anxiety—in reverse, as the return of the repressed" (42). The short story "El ascensor" by Mercedes Franco could also be understood in that way, as an example of this psychoanalytic truism, as Jean Michel Rabaté would have it. It could be understood as the return of the violent developmentalist enthusiasm of the Venezuelan State of the 1970s –through heroic architectural projects like Parque Central—wished to leave behind and aside: the city prior to the migrations of the 20th century. The desire for the future ends up turning into the return to the past.

The Venezuelan state in 2017, if we want to see Parque Central as its representation trough Mercedes Franco's short story, is a time machine that obstructs the view of the subaltern, the view of the future, the view of space. Mujica's view. In this sense, I would say that is not different form the previous social democratic version of the state: violent and centered on urbanism. My point is that, in Venezuela, the Pink Tide did not embody or express "the democratic, egalitarian, multinational, multiethnic, and multicultural character of the people" as John Beverley would say (*Subalternity and Representation* 151). Rather, it kept the traditional opposition between the state and the subaltern. In opposition to the 1973 ad, in Parque Central, as well as in Venezuela, everything ended up resembling the past.

Works Cited

Arce, Alberto y Santi Donaire. "¿Por qué San Agustín no bajó a protestar contra el Gobierno de Venezuela?" *El Diario.es,* 12 de diciembre de 2017. Web: https://www.eldiario.es/internacional/Venezuela-Caracas-San-Agustin_0_681732618.html.

Beverley, John. *Subalternity and Representation: Arguments in Cultural Theory.* Durham: Duke University Press, 1999.

Franco, Mercedes. "El Ascensor." En Carlos Sandoval, ed. *El rastro de Lovecraft. Antología de cuentos misteriosos y fantásticos.* Caracas: Santillana, 2015. 31-41.

Hernández de Lasala, Silvia. "Violaciones sucesivas. Notas sobre la nomenclatura de la Avenida Bolívar de Caracas, después del Plan Monumental de 1930." En Marta Vallmitjana et al., eds. *El Plan Rotival. La Caracas que no fue, 1939-1989. Un plan urbano para Caracas.* Caracas: Ediciones Instituto de Urbanismo, Facultad de Arquitectura y Urbanismo, Universidad Central de Venezuela, 1991. 157-182.

Karl, Terry Lynn. *The Padarox of Plenty. Oil Booms and Petro-States.* Berkeley: University of California Press, 1997.

Koolhaas, Rem y Bruce Mau. *S,M,L,XL.* New York: The Monacelli Press, 1998.

Lander, Edgardo. "Venezuelan Social Conflict in a Global Context." *Latin American Perspectives.* 32.2 (2005): 20-38.

Masschelein, Anneleen. *The Unconcept. The Freudian Uncanny in Late-Twentieth-Century Theory.* Albany: SUNY Press, 2011.

Mitchell, W. J. T. *What do Pictures Want? The Lives and Loves of Images.* Chicago: University of Chicago Press, 2005.

Posani, Juan Pedro y Gasparini, Graziano. *Caracas a través de su arquitectura.* Caracas: Fundación Fina Gómez, 1969.

Sanoja Hernández, Jesús. "La utopía: medio siglo de búsqueda." En Marta Vallmitjana et al., eds. *El Plan Rotival. La Caracas que no fue, 1939-1989. Un plan urbano para Caracas.* Caracas: Ediciones Instituto de Urbanismo, Facultad de Arquitectura y Urbanismo, Universidad Central de Venezuela, 1991. 187-191.

Taussig, Michael. *The Devil and Commodity Fetishism in South America.* Chapel Hill, NC: University of North Carolina Press, 1980.

Williams, Gareth. *The Other Side of the Popular. Neoliberalism and Subalternity in Latin America.* Durham: Duke University Press, 2002.

"Detour to Paradise" or "Problem from Hell"? Whither the "Process of Cholification"?

Javier Sanjinés C.
UNIVERSITY OF MICHIGAN, ANN ARBOR

Abstract: This essay explores the discrepancies between literary figuration and sociohistorical representation in the Bolivian *novela del cholaje*, written during the first half of the twentieth century. The essay expands the analysis to present-day architectural *cholets*, a play on the words 'chalet' and '*cholo*'. If socio-historical studies have elucidated how *cholo* aesthetics interprets the evolution of ethnicity in modern Bolivia, this essay explores the inverse: how ethnic conflict complicates the reading of aesthetic production. The essay affirms that this shift in explanation has important implications because the figural introduces hidden phantasmagoric images that go undetected by historical analysis as it appeals to literature in order to represent reality.

Keywords: Cholo aesthetics, commodity fetishism, figuration, representation, wild men

Resumen: Este ensayo explora las discrepancias entre la figuración literaria y la representación sociohistórica en la novela boliviana del cholaje, escrita durante la primera mitad del siglo XX. El ensayo amplía el análisis a los actuales *cholets* arquitectónicos, un juego de las palabras '*chalet*' y 'cholo'. Si los estudios sociohistóricos han aclarado cómo la estética chola interpreta la evolución de la etnicidad en la Bolivia moderna, este ensayo explora lo inverso: cómo el conflicto étnico complica la lectura de la producción estética. El ensayo afirma que este giro en la explicación tiene implicaciones importantes porque lo "figural" visibiliza imágenes fantasmagóricas que el análisis histórico no detecta, ya que apela a la literatura para representar la realidad.

Palabras clave: Estética chola, fetichismo de la mercancía, figuración, hombres salvajes, representación

In *Against Literature*, John Beverley found in literature a pedagogical model in conflict with other relatively recent forms of cultural practice. When his book appeared in 1993, the author's intention was to empower *testimonio*, a nonliterary or even post-literary genre, beyond the role of literature as a hegemonic cultural institution, and what Beverley considered to be the patriarchal, colonial nature of Latin American literature, represented in Ángel Rama's notion of the "lettered city" (Beverley 1-3). Many of us then shared Beverley's uneasiness with our local *Gemeinschaft*, with the paradox of being totally immersed in literary studies and feeling a certain discontent with our profession and the disciplinary and theoretical practices in the field.

This paradox is reflected by the fact that while in *Against Literature* Beverley promoted an agnostic reading that problematized literature, he still devoted an important section of his book to exploring the formation of the ideology of the literary in Garcilaso de la Vega's sonnet 23 (25-46), or the ambivalent nature of the Spanish literary Baroque in Góngora's *Soledades* (47-65). Honoring the intellectual comradeship that links me to John for more than thirty-five years, I will explore here what I find to be the ambivalent and conflictive nature of the *novela del cholaje*, linked to the socio-historical interpretation of Bolivian everyday life during the first half of the twentieth century, expanding this analysis later on to present-day *cholo* architecture.

The *novela del cholaje* continues to be the key signifier of the conflictive nature of a literary process torn between the hegemonic role of Bolivian upper-class enlightened men-of-letters, and the need for a more egalitarian and economically sound social order represented by what the recently deceased Peruvian sociologist Aníbal Quijano called *proceso de cholificación* (Quijano 77-78).

It is difficult for me to say whether what I am about to describe is just a discursive practice of discrepancy with present-day studies on *cholaje*, or if my discussion on the topic moves beyond the "ideological interpretation," and the pressures that history exerts upon aesthetics. It is not clear to me how Latin American studies will approach the relationship between literature and the social sciences in the future. Most of the studies done so far on the correlation between *cholo* aesthetics and reality think of literature as a complement to empirical historical analysis. Neglecting the production of knowledge betwixt and between disciplines, historical approaches to literature fail to see the need to educate both historians and literary critics by transgressing their disciplinary limits. Insofar as Latin American studies becomes transdisciplinary, it will un-discipline the disciplines out of necessity. Through this critical practice, discipline will be subordinated to its cultural object of study.

Whatever the outcome may be in the future, for now I am strongly influenced in this effort to keep a fruitful distance between figural explanation and historical interpretation by the work of Pierre Macherey, particularly by the discussion of the discrepancies between "figuration" and "representation" he lays out in *Pour une théorie de la production littéraire* (Macherey 189-204). And my recent re-reading of Auerbach's notion of "the figural" in "Odysseus' Scar," the first chapter of *Mimesis. The Representation of Reality in Western Literature* (Auerbach 3-23), reinforces the infrequently mentioned matter of how little attention we have paid to the figural explanation of literary texts. Indeed, even literary realism —broadly defined as the representation of reality, where subject matter is supposedly presented objectively, truthfully, without artificiality and avoiding implausible, exotic, and supernatural elements—hides a figural explanation of lively sensory effects that question the absolute claim to historical truth, and turns objective reality mysterious, phantasmagoric, and "fraught with background" (12).

Let me begin by observing the figural briefly, lest it be misunderstood. The figural is tied to a certain silence, a matter endowed with form, on which hidden figures, apparently lost in time, are engraved. Thus the novel, be it realist or not, is not totally objective or self-sufficient, but necessarily accompanied "by a certain absence, without which it could not exist" (Macherey 105). Knowledge of the novel must include a consideration of this absence. Can we make this absence speak?

I am interested in finding the hidden, absent images of cultural objects in so far as the search permits me to retrieve aesthetics at a different, deeper level, beyond the rather "superficial interpretations" (Macherey 93) given by sociologists and historians. It is the hidden image, the "con-figuration" of cultural objects, literary or architectural, that endows meaning with added meaning; that informs us of the precise conditions for the appearance of the visible, and thus its limits, giving cultural objects their real significance.

If socio-historical studies have elucidated how "realist" or *costumbrista* novels interpret our understanding of the historical processes and meanings of the twentieth century, my participation here will be significantly different. I intend to problematize two examples of *cholo* aesthetics by exploring, and "explaining" the inverse (Macherey 97): how the ethnic conflicts and other contradictions of the past enrich and complicate our reading of present-day aesthetic production. This shift has important implications for our understanding of the "figural," and how it steps aside from the customary "representation" of reality.

I. Novela del cholaje: A "Problem from Hell"

Born in La Paz in 1881, Armando Chirveches initiated the *novela del cholaje* in the Bolivian literature of the twentieth century. Framed within the so-called "generation of 1910," a collective of writers characterized by its oscillation between the tail end of a weak romanticism and the creative fullness of modernism, Chirveches also belonged by birth to the *criollo* aristocracy that had already began to lose its influence on the public life of the country. Chirveches' novels showed a clear pessimistic despondency motivated by the *proceso de cholificación*.

Following the progressive stigmatization of the mestizo and his conversion into a degraded *cholo, La candidatura de Rojas,* Chirveches' important novel, published in 1909, represented the provincial *cholo* as a corrupt social climber who placed his personal ambitions before the interests of the nation. This situation prompts the following two questions: Did the political and social representation of antipathy to *cholo* upward mobility correspond to the figural explanation of the characters of the *novela del cholaje*? Is there not a mismatch, a literary *desencuentro* between political representation and literary figuration?

Let me look first at this novel from the point of view of its political representation, which Spanish historian Marta Irurozqui has labeled a "detour to paradise" when studying *cholaje* (Irurozqui 205). The degree of *cholo*—or mestizo-Indian—social mobility was quite real at the beginning of the twentieth century. These mestizo-Indians emerged victorious in elections against the aristocratic candidates like Enrique Rojas y Castilla, the not-so-shining protagonist of *La candidatura de Rojas*. It was this kind of electoral result which spurred the discourse among the *criollo* elite about the lack of education of the Bolivian plebe, composed as it was of illiterates, ignoramuses, and unthinking rural Indians disposed to let themselves be corrupted by unscrupulous *cholo* caudillos. Consequently, the danger of mestizo-Indian social mobility obliged Chirveches to generate a negative discourse about the public and political capabilities of the general population. It invalidated *lo popular* through racial arguments which ascribed Bolivia's backwardness to Indians and mestizos.

But the *cholo* population was growing. This *cholo* sector fell easy prey to demagogues, both liberals and conservatives, who were led to what Alcides Arguedas, cited by Irurozqui, signaled as "the facile notion... of a primitive egalitarianism, worldly and undisciplined, according to which a mason or a rustic wagon-driver were worth as much as an inventor, a scholar or a student" (216). In spite of these defects, mestizo-Indian upward mobility was a reality well represented in the novel. It also represented the circulation of elites within a two-party system that repeated the dichotomy: elite in power versus dispossessed elite. Enrique Rojas y Castilla is the representation of the *criollo* for whom the choice of party did not depend on ideological criteria but rather on which position was open. For this reason, the novel's protagonist opts for the opposition once the liberal Minister of Government has informed him of his inability to provide support, given a prior commitment. In the task of rebuilding the populace's "freedom so miserably mocked by the mandarins of the province" (Chirveches 95), Rojas receives the help of a paper entitled *La Voz del Pueblo*, in whose pages the *criollo* candidate could combat his adversary, the *cholo* Manuel María Garabito.

Representing the triumph of the *cholo* "barbarianism" imposed by the corrupt liberalism in power, the Garabito clan enriches our understanding of the historical process of the period. And yet, paradoxically, the narrator constantly describes the Garabitos as "a tribe", a negative attribute that problematizes the historical process of *cholaje*. Consisting of provincial lawyers —known pejoratively as *tinterillos* or pen pushers—and local artisans, the Garabito clan belonged to the second wave of the *cholo* social effervescence, which swelled the lists of the mining working class and organized the artisan movement in the cities, transforming *cholaje* into a powerful anarchist movement. This movement was politically important in the 1920s because it helped provoke the demise of the liberal party at the end of the decade.

The second stage of the *proceso de cholificación* was the result of the slow movement of upward mobility whose origin can be traced all the way back to the plebeian upheaval that took place between 1848 and 1855, when *cholo* artisans gathered around the populist caudillo Manuel Isidoro Belzu as he embraced his mestizo heritage, railed against the power of the *criollo* free-trade oligarchy, and vowed to advance the cause of the plebe even before he came to the presidency in 1848. Chirveches represents this first *cholo* movement by linking it to Ignacio Garabito, the founder of the Garabito clan in the novel, born out of wedlock to an Indian woman of the Altiplano. His descendants are a legion of bastards and illegitimate children who dedicate their lives to robbing citizens and kidnapping young women, becoming the terror of several provincial towns. Figuratively, *cholos* become prisoners of an imagery that associated them regressively with bandits, the foremost Other of Latin American modernity.

Banditry is the demoniacal hidden driving force in the *novela del cholaje*. The *cholo*-turned-bandit image signals a "problem from Hell" that goes undetected in Irurozqui's historical representation of the novel. A conflict revolving around a form, banditry becomes a figural silent force, the product of the encounter between elite *criollo* discourse and popular delinquency. Because the appearance of the Garabito clan in the novel indicates a conflict, not the upholding of *cholaje* as an identity, the figural hidden aspect of the novel needs further exploration.

For the same reason that the *cholo*-turned-bandit marks what needed to be excluded or suppressed, it also marks in Chirveches' novel what escaped the material and symbolic control of the elites. It is what exceeded its paradigms. This excess denaturalizes *cholaje* and introduces a hidden figure which shows the fissures of representation. In other words, the movement of fiction introduces—through the figural—a disparity that brings a different perspective to the story, a new point of view. In other words, representation interprets the novel as a socio-political movement, as the historical process of *cholaje*; figuration, however, explains *cholos* as bandits, as pre-modern, barbarous, violent figures. Our reading of the novel must ensure that the one does not exclude the other, measuring the work by the real distance between the representation and the figuration. The opposition is not to be avoided but exploited. It is the mismatch—the "*desencuentro*"—between political representation and literary figuration.

What interests me is to highlight this hidden figuration, where *cholos* become prisoners of an imagery that associates them regressively with banditry. Furthermore, this disconnect between figuration and representation enables me to understand the survival, into modern times, of what Mexican anthropologist Roger Bartra called the "archetype of the wild man" (Bartra 3), which, besides being a powerful allegory, becomes a vehicle for expressing the emotions that define *cholo* aesthetics.

Cholos-turned-bandits hide the deeper presence in the novel of both the *homo sylvestris* of the Middle Ages and the Renaissance, and the lustful satyrs of Antiquity (Bartra 19-51). It is the expression of the difficulty *criollos* encountered in attempting to construct "national culture," turning reality into a dualism that put beast in opposition to man and nature to culture. I do wish to underline the disquieting fact that ancient myths, silently smuggled into the novel, suggest that, in the depths of the psyche of every modern human being lies a hairy and primitive being, a wild man, whom Chirveches associates with the sexual and instinctual tendencies of *cholaje*. The point I am making is that, as wild men mutated into bandits, the Garabitos are not mere isolated decoders of a myth but —and more importantly—part of the history of the myth itself; they constitute a new way of re-codifying the myth, and in this sense they can be seen as doing the same thing Guillermo del Toro does with the loving example of a creature he finds figuratively in a South American river and shows to us in *The Shape of Water*.

We are faced, then, with the problem of the continuity of a myth for a very long time and, more specifically, the difficulty of understanding the connections between an ancient image and its recovery in written form and in the cults of mythological codification. I shall leave for another moment the resurgence of satyrs and another chain of mutations of mythological creatures that populate Bolivian culture.

Just as I see the impossibility of obviating the transatlantic influence of Western civilization in local culture, high or low, let me turn now to present-day manifestations of *cholaje* in architecture, and to the discussion of how important public intellectuals have recently interpreted *cholo* aesthetics.

II. Cholets

In a discussion that took place a year ago in *Página Siete* (July 11, 2017), one of the leading newspapers in the country, Álvaro García Linera, the vice president of Bolivia, refutes former president Carlos Mesa's affirmations regarding the new twenty-nine-story governmental building (Evo Morales' *Casa del Pueblo*) (Figure 1) as a case of a "malformed freak" ("un engendro") hovering over the republican neo-classical *Palacio de Gobierno*.

In his critical reply to the former president's arguments against this massive, brutally conceived symbol of the Plurinational State, García Linera argues that this building, soon to house both the Presidency and the Ministry of the Presidency, represents the need to overcome the centrality of the colonial and

Figure 1 Casa del Pueblo. Source: Photograph by Agencia Boliviana de Información (ABI)

republican in constructing artistic models of the national. He satirizes Mesa's "over-valorization" of the past, as well as his penchant for colonial and republican aesthetic representations, including literature as one of the institutions crucial to the development of an autonomous *criollo* "national" culture.

In his effort to discredit Mesa, García Linera names Adorno and Lukács, as aesthetic guides—among other Marxist scholars—to what, following Kantian aesthetics, "the beautiful" and "the sublime" ought to be in a post-literary society. Indeed, it is a strange usage and combination of topics, for one knows well that neither Lukács nor Adorno sided with "the popular" in their cultural preferences. Lukács' discussions on realism explored high-brow authors like Thomas Mann in regards to rising Modernist movements. And as far as Adorno is concerned, it is also well known that he directed some negative remarks on the sociology of music to jazz, observing that it "only adds improvisation and syncopation to the standardized character of popular music" (Jeffries 186) in order to veil its own nature as a commodity.

Be that as it may, García Linera considers Mesa's observations on the destruction of colonial and republican symbols of the nation as the "decadencia quejumbrosa" of an upper-middle-class which finds it difficult to appreciate

Figure 2 Nueva arquitectura alteña. Source: Photograph by Alfredo Zeballos

the "nuevos parámetros estéticos" conceived by the cultural habitus of ascendant urban indigeneity, which has also built the *cholets*, the architectural symbol of *cholo/chola* prosperity (Figure 2).

It is hard to tell whether García Linera actually believes what he says, or is simply appealing to demagoguery, but his remarks concerning *cholo* aesthetics go in tandem with the beliefs of those who present *cholets* as an expression of the "indeanization of the urban landscape" parallel to Aymara political achievements aiming at "decolonizing the dominant symbolic order" (Blair 10).

Cholets have been regarded as emerging from an El Alto rabbit hole into an electric Bolivian wonderland of vibrant, futuristic mansions. "Towering buildings of darkened glass, gleaming chrome, and lurid acrylic paneling rise

Figure 3 Nueva arquitectura alteña. Source: Photograph by Alfredo Zeballos

above the humdrum brick houses" (Blair 2). Their façades are surprising for their daring shapes and strident colors superimposed on large geometrical windows. They respond to a formal vocabulary freely inspired by Tiwanacota tradition, such as the Andean cross circle, as well as other recurrent motifs used in the shape of windows and the decorations of walls, doors and floors (Andreoli and D'Andrea 25).

Freddy Mamani Silvestre, creator of this neo-Andean architecture, wanted to change the scenery with edifices (Figure 3) whose interiors feature two-story ballrooms —the "salones de eventos"—that are spellbinding tapestries of bright paint, LED lights and playful oval Andean motifs: forty ponderous chandeliers, imported from China, anchored to butterfly symbols, doorways that resemble owls, and candy-colored columns, swirled with lime green and orange, and walls that could hold up a Willy Wonka factory. Using — one could even say misrepresenting—the colors of Aymara textiles, Mamani, a self-taught architect, constitutes the epitome of *cholo/chola* upward mobility with his new Andean architecture. Indeed, this "emergent architecture" is regarded as the glowing "neo-Andean expression of the Aymara merchants of the twenty-first century" (Casas de nuevos ricos en El Alto/Casas Bolivia).

While urban-middle-class critics dismiss these buildings as kitsch, or simply "decorative," Mamani's patrons —the city's affluent *cholos*, a fast-growing newly formed (mainly Aymara) middle class—regard their *cholets* as constructions which no longer copy traditional republican forms, and which represent well-to-do Aymaras who have been emboldened by the leadership of Bolivia's most successful Aymara, Evo Morales, considered as the country's first indigenous president.

But is this so? Are *cholets*, regarded by Mamani Silvestre as an "exuberant act of self-expression by Bolivia's long-marginalized indigenous majority" (Blair 6), perhaps hiding a disquietingly silent spatial configuration? Are they not being transported to a transatlantic past that complicates their nature and conflicts with their local symbology?

It is a common belief that the innovative Andean architecture of El Alto—mainly the cholets, crowned on the top floor by family residences that look like the offspring of a Tyrolean ski chalet (Figure 4)—represents a particular cultural fabric. Supposedly, it is firmly based on communal values that differ from those of modern Western thought, and creates an original architectural style, expressing and producing a culture and aesthetics that is innovative and authentic. I have reasons to doubt the veracity of this highly optimistic view of Andean architecture.

Since El Alto has shown a high level of organization, shown a high level of organization, and its inhabitants, composed of rural people and displaced miners, have not lost their ties as communities but instead re-established them in their new location, it is fair to say that they keep their predominantly Aymara origins. *Cholets*, however, are far from representing the Andean reciprocity model (*ayni*) that allows wealth to be redistributed among residents. To the contrary, I argue that they represent an interesting urban phenomenon with a spatial configuration deeply tied to the ascent of money evident in Western civilization since the late Middle Ages and the emergence of the Renaissance. Despite the pre-Columbian formal elements that their façades show, the configuration of these edifices are dubious contemporary urban versions of a pre-existing indigenous culture. Likewise, I find it hard to agree that they are just futuristic mansions inspired by a ski chalet or a Transformer.

Some hidden aspects of these edifices are key to the conflictive mismatch between representation and figuration. Let me incorporate them into the review of this architecture once again. Three or four stories higher than the average, these buildings belong to a single owner or family. On the one hand, they express the owner's mercantile success. They cost between 250,000 and

Figure 4 Nueva arquitectura alteña. Source: Photograph by Alfredo Zeballos

600,000 dollars to build. On the other, they represent a source of income: there are a dozen or more shop spaces for rent on the ground floor, a large "salón de eventos" on the second and third floors, and two or more apartments for rent on the fourth and sometimes fifth floor. On the top of this income-generating structure sits the owner's residence, the shape and design of which often breaks with the design of the building: it is the "chalet" or master's house.

Crucial to my argument is the following issue: the spatial configuration crowns a social and economic success story that is not recent, but actually quite old. It is a spatial configuration that reveals the ascent of money in a series of displaced and dislocated aesthetic forms that, across the centuries, remind us how merchants built their houses in the late Middle Ages and during the early Renaissance, with their open *loggias* on the upper floors (Origo 224).

Spatial configurations of a silent and hidden past, these *loggias,* which mutate across the centuries, are architectural features with a covered exterior gallery usually on the upper level of the edifice or the mansion. The outer wall is open to the elements, usually supported by a series of columns or arches.

Loggias are located on the front side of a building and can be accessed only from the inside. Intended for the owner of the edifice, and for the enjoyment and leisure of his family, these *loggias* crown the buildings, as shown in Figure 5 (Origo 225).

In Italian architecture, *loggias* took the form of a small house built on the roof to enjoy cooling winds and the view. But *loggias* did not remain unchanged. To the contrary, they mutated and ended up being whatever the architect or his client wanted them to be. It is important to remember that they were the result of wealth accumulation and upward social standing. As such, they can be read as the figural explanation of economic power, a metaphor for the financially upwardly-mobile sectors of society. Just as important is the fact that *loggias* signal a departure from the classical model of conspicuous consumption à la Simmel, in which lower classes imitate the artistic models that their immediate superiors consume conspicuously. Instead of practicing imitation, upwardly mobile members of society develop new patterns and distinctly new styles to achieve a higher social status. It is feasible to think that they were aware of the role of money and its accumulation in the creation of mutated *loggias* as new heavenly places.

Credit-based banking had a lot to do with the new spatial configurations. In this regard, and notwithstanding the frequently established associations of *cholets* with communal values, I am inclined to think that the process of *cholification*, which, as we saw, started in the 1920s, made *cholos* believers in credit (from *credo*, Latin for "I believe").

Like Italian commercial centers near Florence in the early thirteenth century, El Alto is also proving to be fertile soil for financial deals. And like Venice was in early modern times, it is not farfetched to think of *cholo* economic activities as a "mutation in time" of those Italian and Jewish money lending institutions which helped an upwardly mobile ethnic minority carry on their business sitting behind their tables —their *tavole*—hand on their benches—their *banchi*—in a cramped ghetto some distance away from the center of the city (Origo 92). No possible "detour to paradise" in the Jewish case. On the contrary, Dante reserved a special part of the seventh circle of Hell for usurers.

Just as Spanish conquerors and colonizers, who misunderstood the Jews, were cursed with an abundance of precious metal, mighty well-to-do *Altoperuanos* neglected to develop a modern land tenure system during the nineteenth century, failing miserably to understand the idea that money was about

Figure 5 Loggia del Capitaniato (1571), designed by Andrea Palladio
Source: Camera di Commercio, Vicenza

credit, not idle latifundia. This idea never quite caught on in *criollo* La Paz or Sucre, as described in the *novela del cholaje*. Indeed, the enfeebled *criollos* ended up defaulting on all or part of their debt. With a track record like that, *hacendados* could not make early-twentieth-century Bolivia a place for secure credit risk. In the modern world, economic power would go to the mestizo creditors, not to *criollo* bankrupts. In Bolivia, this financial revolution did not create an industrial bourgeoisie. The result was a credit-oriented construction of a local *cholo* middle class (Ferguson 279-283). The symbols of this ascent of money are *cholets* and *cholo* festivities like *El Gran Poder*. Both examples celebrate the ascent of money, just as defaulting on debt is penalized, though not as gravely as the risk of death Antonio ran in *The Merchant of Venice*.

Before I turn to the last section of this essay, let me take one last brief look at common views on *cholaje* and its architecture. In one recent issue of *Pukara*, the monthly review dedicated to El Alto culture and socio-economics, Guido Jesús Alejo Mamani defines *cholets* as "post-modern Aymara architecture," and as "true Aymara aesthetics" (Alejo Mamani 9-10). This vision eludes the transatlantic nature of an architecture deeply rooted in the trading houses that originated in the late Middle Ages and the early Renaissance. Iris Origo's *The Merchant of Prato* has documented how Francesco di Marco Datini, born in 1385, the merchant who founded Prato, was known not only for his fortune but also for the house in which he lived. The flavor of the letters he left shows that in life he did everything "in the name of God and of profit" (Origo 13), since God supposedly put material goods upon the earth to be used and traded. Intensely individualistic, he owed his success to personal enterprise. There are interesting similarities between medieval Italian merchants and *cholo* entrepreneurs, a new sector of society with a modality of capital accumulation quite different from the traditional *seigneurial* bourgeoisie. Indeed, resembling the early Renaissance merchants, this originally anarchist sector was not born under the protection of the state; it re-invested capital gains within its own trade, and did not privilege high consumption of material goods, but spent its wealth on ritual ceremonies and festivals.

Francesco, the merchant of Prato, and Margherita, his wife, owned the house which still stands in Prato, on the corner of Via Mazzei (Origo 221). It is a house of many stories, with an open *loggia* on the upper floor. For a man who started as a penniless boy, it must have represented the seal of his success. The walls are plastered from head to foot in fresco and plaster, and all in colors. Its most distinctive and important characteristic is the architectural configuration on the roof: a handsome *loggia* (*verone*) (224), which took the form of a small summerhouse built as a residence to enjoy cooling winds and the view.

I have so far discussed *cholets* and *novelas del cholaje* as the two temporal extremes of the aesthetic process of *cholification*, which, in its detour to the past, describes the mismatch between the aesthetic form and its historical and sociological representation. If the latter expresses the process, the upward mobility of *cholaje*, the former brings to the surface the hidden remains silenced by the very process of *cholaje* in its attempt to achieve economic power and upward mobility. Let me now turn to a final reflection on how both cultural objects have a phantasmagoric life of their own.

III. The Figural and the Hidden Non-Contemporaneity of the Contemporaneous

By fusing Asian, Andean, and Western influences, Freddy Mamani Silvestre shows his global aspirations. Some examples of his architecture are already sprouting —in Lima, Buenos Aires, and São Paulo, for example—and his ambitions go across the Atlantic, with an exhibition due later this year in Paris (Blair 11). So, even if the craftsman-turned-architect has come a long way, from my perspective he is still a problematic public figure. Let us see why.

For the sake of argument, let me bring back to my readers Thomas Mann's schema of bourgeois family development in *Buddenbrooks,* as reclaimed by Stuart Jeffries in *Grand Hotel Abyss*, his illuminating analysis of the Frankfurt School and its importance in the analysis of the nature and crisis of present-day aesthetics in mass-produced, mechanized society. In Thomas Mann's novel, chronicling the decline of a wealthy German merchant family over the course of three generations, the first generation makes the money, the second cements the family's social position, while the third withdraws into what could be labeled as "aesthetic malaise," a way to turn against the previous generations and their strong ties to the ascent of money and social prestige (Jeffries 33). As Peter Demetz puts it in his useful introduction to Walter Benjamin's collection of essays called *Reflections*:

> In many Jewish families of late nineteenth-century Europe, gifted sons turned against the commercial interests of their fathers who were largely assimilated (after moving from the provinces to the more liberal cities) to

bourgeois success and, in building their counter-worlds in spiritual protest, they incisively shaped the future of science, philosophy and literature. (Demetz XIII)

Well, the Oedipal struggles of these cultured late nineteenth-century and early twentieth-century German-speaking Jews—Georg Lukács and Walter Benjamin being two of the most visible examples—are obviously alien to the state of mind of the Bolivian upwardly-mobile *cholo* bourgeoisie, one of the unwanted and unexpected social outcomes of the national Revolution of 1952.

While cultured Jews writing in German gave a peculiar turn to consciousness, involving it in the rejection of the materialism their businessman fathers ostensibly espoused, the so-called "emerging Aymaras of the twenty-first century" represent the well-to-do *cholos* who celebrate their commercial achievements by building *cholets*. In this sense, nothing seems to link Mamani Silvestre with the construction of counter-worlds of aesthetic protest. He remains a problematic public figure precisely because he dwells within a mechanistic-materialistic way of acting, ruled by convictions that are essentially capitalist.

Mamani Silvestre is also the problematic representation of bourgeois success in a world that seems to have lost the social consciousness—Lukács labeled it "ascribed" consciousness (Lukács 100)—produced by one of the most advanced working classes of Latin America: the mining proletariat of the Andean region. In a way, Mamani Silvestre regresses to what Lukács also posited in 1922 as the "actual" consciousness of a social class incapable of identifying the exploitation of labor under capitalism (98). Transferred to the *cholo* world of El Alto, actual consciousness could very well be the explanation for why this nascent bourgeoisie rejoices in reproducing aesthetically the very chains that bind the *alteño* population to a reified world, oblivious to the problem of rampant poverty. In no way do *cholets* "crown" the well-being of El Alto's population. To the contrary, three-fourths of *alteños* remain effectively outside the financial system, without access to bank accounts, much less credit.

Consequently, Mamani Silvestre is a problematic public figure for at least a couple of reasons: first, because the metaphor for credit, silently hidden behind the configuration of his *cholets*, does away with the ascribed consciousness of the *cholo* anarchism the mining proletariat constructed throughout the twentieth century. Gone is the higher consciousness of a revolutionary working class that, in Bolivia, embodied the *cholo* anarchist presence in the fight for the claims of the radical mining trade unions of the past. The revolutionary *cholos* of the Bolivian Workers Central (COB), who had so much to do with the national Revolution of 1952 —René Zavaleta Mercado, the most important Bolivian sociologist of the twentieth century, wrote so many wonderful pages on them, and on the "dual pact" they helped generate between COB and MNR during the early years of the triumphant Revolution (Zavaleta Mercado 7-9)—are cast off by the reopening gap between actual and ascribed consciousness. It is through the ascribed consciousness of the working class that *cholos* understood their role in history. By this I mean that instead of being in a present mode of contemplation and passivity, enjoying *cholets* as the symptom of their well-being, they were actively engaged in the production of a world in which to flourish, and not simply accepting reality at the other end of production, in the pole of consumption.

Secondly, Mamani Silvestre and the newly constituted *cholo* bourgeoisie have not reached the point of aesthetic malaise that is needed to allow *cholaje* to look at society critically, and from a certain distance. If Freud is right and every son wants to castrate his father—and must do so in order to mature and flourish—the *cholo* bourgeoisie seems not to have reached this Oedipal stage of cultural struggles involving the rejection of materialistic values. Quite the contrary, they seem to be enjoying and ostensibly espousing these values, thus deepening the gap between actual and ascribed consciousness.

Why do I keep on talking about this gap? Because it is through the analysis of actual and ascribed consciousness that Marxist scholars (mainly Lukács and the influence he held on the members of the Frankfurt School) developed the notion of "reification," extending it to Marx's analysis of the "fetishism of the commodity form" (Jeffries 81, 84-88).

In *Capital* in 1867 Marx discovered in the fetishism of commodities how human consciousness becomes reified and alienated, and how the class consciousness that is necessary for the proletarian revolution can be thwarted. What does this have to do with *cholo* consciousness and aesthetics? Well, it is connected to the assessment that fifty years after the Revolution of 1952—by far the most important social event in Bolivian history—socialism is increasingly unlikely in the 2010s, despite the proclamation that we already live under the "socialism of the twenty-first century." Actual *cholo* consciousness reveals the reified structure of society, as well as the fact that the alienation of workers and the commodity fetishism involved in *cholo* aesthetics seem to be so complete that they militate against the class consciousness necessary for such a revolution.

Think of the *cholet* you are looking at. It stands alone, completely oblivious to what it took to build it. This *cholet* is a commodity, not because it is habitable and a family owns it, but because it is produced by humans to be traded. Behind its exchange value hides a spectral realm, a phantasmagoric life of its own, produced by the gap that separates the use value from the exchange value of the commodity. This means that the *cholet* we are looking at has a life of its own. Indeed, it can go "up" or "down," regardless of who owns it, solely because of the services it renders and, primordially, because of how much it costs. This exchange value hides the labor that went into its making, leaving unrevealed whether or not the workers that built it were underpaid. I have been describing here the exchange value of commodities. This leaves undetected, however, the wage relationship between the architect and his/her Aymara workers, as well as their respective social relationship. Marx called this ghost story "commodity fetishism."

The appropriate way to address the nature of *cholets* is by referring to them as objects of consumption that provide evidence of the uneven transformative capacity of *cholaje*. They are commodities of fetishism because behind their spellbinding architecture, *cholets* hide the ghost story of the ascent of money at the cost of the vital energy of the working class. Induced to migrate to El Alto due to the new economic policies introduced by neoliberalism in 1985, *cholo* miners seem to have lost the ascribed consciousness of yore, its power replaced by the magical attraction of the edifices now being built. *Cholets* bring to the present the magical relationship between capital and the pre-modern figures I have been analyzing in this essay. They reduce the rational explanation of reality and augment the heuristic power of the figural. Let us see why.

Michael Taussig has conducted a detailed analysis of this strange relationship between the primitive accumulation of capital and the magical seduction of pre-modern superstitions (Taussig 31-32; also Moraña 138-139). When describing the correlation between the devil and commodity fetishism in South America, Taussig wrote that elements of indigenous cultures and pre-modern beliefs ought to be considered as factors that "intervene" in modern rationality, complementing or defying that actual knowledge of the real. Considering my own research on the *novela del cholaje*, I believe we should also include in this strange relationship pre-modern transatlantic figures that give surprisingly vigorous form to the meeting of *cholaje* with wild men and women as an expression of a dualism that puts beast in opposition to man and nature to culture.

It is difficult to determine precisely why Bolivian men-of-letters associated *cholaje* with the wild men and women of the Renaissance and the Middle-Ages, as well as the satyrs and nymphs of pagan classical antiquity. It may be that this fusion expresses the chain of mutations that go undetected by socio-historical representations of the local, and allow us to understand the continuing presence of myth through the centuries, as well as its enormous plasticity.

Reinforcing their adaptability to change, Mexican anthropologist Roger Bartra has documented the mutation of myths in his analysis of the "artificial savage" (Bartra 1-18). Myths are part of a long sequence of events that goes beyond the formal examination of mythological structures. This means that, as they mutate and change, myths reinvent themselves underneath existing identities. Consequently, the details of this mutation are not imposed by a structural code printed in the mind of human beings. On the contrary, the boundaries and the connections of myth are established over time thanks to a kind of cultural selection, and not according to a process determined by some sort of instructions that may have been previously laid down in a symbolic system of messages (Bartra 15).

As I have argued in this paper, figuration means that the image of the European wild man resurges in the *novela del cholaje* as a mutation of the *homo sylvestris* and the *femina agrestis*, pagan myths that travel from antiquity through the Middle Ages to the emerging Renaissance. This resurgence comes to be used in the modern age as a way to understand movement and change. Hence, I follow Bartra insofar as I do not study the wild man as a residue of antiquity, but as an inhabitant of a long historical sequence that extends across Western civilization all the way down to its transatlantic voyage to America, and, over the millennia, to our present times (Bartra 15-18).

As I discussed à propos of the realist novels of *cholaje*, figuration and socio-historical representation do not necessarily coincide. The aesthetic domain of the production of images comes before the reconstruction of collective sensibilities. In this way, what binds reality with the imaginary is the hidden and silenced presence of those pre-modern savages, disquieting visitors of the novelist's imagination that frequently disguise real cholos and cholas with strange mutating images of the past. On this topic, both Armando Silva, the Colombian scholar of Latin American urban imaginaries, and Roger Bartra, whom I have followed in my own research, share a similar view. While Silva believes that the imaginary antecedes social use and could be even more conclusive in enunciating reality (Silva 21), we have already seen that Bartra follows the trajectory of myths, giving us a detailed analysis of how the figural, the imaginary, reinvents itself underneath existing identities.

Following Bartra, I have reflected on the Bolivian *novela del cholaje* as an aesthetic *mise-en-place* of a pagan myth that cannot be kept apart from "otherness" as a way to reinforce identity and to strengthen the Ego of civilization. In this sense, the ancient myth of the *homo sylvestris* still retains its grip over our unstable and conflictive identities today.

Let me turn one last time to *cholets* as metaphors for credit and the ascent of money. It seems to me that the figural interpretation is more complicated in this case. I argue that *cholets* are the mutation of those early *loggias* that contain the story of the birth of capitalism through the figure of the merchant of Prato. Much like the *loggias* of the emerging Renaissance in the Tuscan region of Italy, *cholets* are also "created spaces" in the city through which the new bourgeoisie is taking shape. But Mamani Silvestre's architecture does not seem to be sensitive to the fact that these new spatial forms are the antipode of the impoverished condition of three-fourths of El Alto's population. Like the interiors he creates, ready to be used for conspicuous consumption in *cholo* festivities, these edifices function by excluding the pauperized world outside. Significantly, the chalets on top are houses with no outside, like in a dream that becomes increasingly depopulated.

There is, of course, something singular about Mamani Silvestre's project: his *cholets*, his mutated *loggias*, could be interpreted both as metaphors for the contradictions of capitalism, and as containing messages of a better world for a newly constituted social class. Indeed, these very temples of how *cholaje* envisions a new world contain intimations of a new social order that, from my perspective, has only superficial connections to the ancestral past.

As metaphors of a conflictive world under capitalism, *cholets* function by creating exclusive spaces that keep out the destitute, the overlooked, the trashy. And Mamani Silvestre's intentions seem to neglect the need to awaken us from such a situation by decoding a reality that contains the hidden message of its own monstrosity. It is left to us to decode what the builder-turned-architect has left metaphorically hidden: the figuration of *cholets*; the occult mechanisms of oppression and reification. As objects of consumption that they are, *cholets* hide the dark transactions that occur between bodies and capital, between labor and object, between life and spectrality. By discovering their figuration, we strip *cholets* of their magic, to which we will remain tied if we turn to the soothsayers of indigenous ancestral revivals and forget that *cholets* are fetishized commodities in need of a critique that ought to situate them within the process of capitalist modernity.

Works Cited

Alejo Mamani, Guido Jesús. "Arquitectura aymara: de la urbanidad a la posmodernidad (Fines del siglo XX y principios del siglo XXI)" *Pukara,* enero 2019. 7-10. Web: https://www.prensaindigena.org/web/pdf/Pukara-149.pdf.

Andreoli, Elisabetaa & Ligia D'Andrea. *La arquitectura de Freddy Mamani Silvestre.* La Paz: Fundación Cultural del Banco Central de Bolivia, 2014.

Auerbach, Erich. *Mimesis. The Representation of Reality in Western Literature.* W.R. Trask, Trans. Princeton: Princeton University Press, 1953.

Bartra, Roger. *The Artificial Savage. Modern Myths of the Wild Man.* C. Follett, Trans. Ann Arbor: University of Michigan Press, 1997.

Benjamin, Walter. *Reflections. Essays, Aphorisms, Autobiographical Writings.* Edmund Jephcott, Trans. Peter Demetz, ed. New York: Harcourt, 1986.

Beverley, John. *Against Literature.* Minneapolis: University of Minnesota Press, 1993.

Blair, Laurence. "These Vibrant, Futuristic Mansions are Popping up in Bolivia." *National Geographic,* June 18, 2018. Web: https://www.nationalgeographic.co.uk/travel-and-adventure/2018/05/these-vibrant-futuristic-mansions-are-popping-bolivia.

Casas de nuevos ricos en El Alto/Casas Bolivia. Blog: https://casasbolivia.blogspot.com/2016/06/casas-de-nuevos-ricos-en-el-alto.html.

Coronil, Fernando. "Pieces for Anthrohistory: A Puzzle to be Assembled Together." In Edward Murphy, and David William Cohen et al., eds. *Anthrohistory: Unsettling Knowledge, Questioning Discipline.* Ann Arbor: University of Michigan Press, 2011.

Chirveches, Armando. *La candidatura de Rojas.* 1909. La Paz: Editorial Juventud. 2000.

Demetz, Peter. Introduction. In *Walter Benjamin. Reflections. Essays, Aphorisms, Autobiographical Writings.* New York: Harcourt, 1986. Vii-XLiii.

Ferguson, Niall. *The Ascent of Money. A Financial History of the World.* New York: Penguin Books, 2008.

Irurozqui, Marta. "'Desvío al Paraíso': Citizenship and Social Darwinism in Bolivia, 1880-1920." In Thomas F. Glick et al., eds. *The Reception of Darwinism in the Iberian World: Spain, Spanish America, and Brazil*. Boston, MA; London: Kluwer Academic Publishers, 2001. 205-227.

Jeffries, Stuart. *Grand Hotel Abyss: The Lives of the Frankfurt School*. London; New York: Verso, 2017.

Lukács, Georg. *History and Class Consciousness: Studies in Marxist Dialectics*. Rodney Livingstone, Trans. 1923. Cambridge, Mass: MIT Press, 1971.

Macherey, Pierre. *Pour une théorie de la production littéraire*. Paris: François Maspero, 1974.

Max, D. T. "Made in Italy. The Chinese Immigrants who Assemble Designer Bags in Tuscany." *The New Yorker*, 16 April 2018. 50-57.

Moraña, Mabel. *The Monster as War Machine*. Amherst; New York: Cambria Press, 2018.

Origo, Iris. *The Merchant of Prato*. London: The Bedford Historical Series, 1957.

Página Siete. "Vicepresidente dice que Carlos Mesa se aferra a la estética republicana, racista y clasista." 11 July 2017. Web: http://www.paginasiete.bo/nacional/2017/7/11/vicepresidente-dice-mesa-aferra-estetica-republicana-racista-clasista-144246.html.

Quijano, Aníbal. *Dominación y cultura. Lo cholo y el conflicto cultural en el Perú*. Lima: Mosca Azul, 1987.

Schjeldahl, Peter. "Views of Utopia: The Imaginary Cityscapes of Bodys Isek Kingelez." *The New Yorker*, 4 & 11 June 2018. 98-99.

Silva, Armando. "Imaginarios: Culturas urbanas en América Latina y España. Introducción." In Ferrán Escoda, ed. *Barcelona imaginada*. Bogotá, Colombia: Distribuidora y Editora Aguilar, Altea, Taurus, Alfagura S.A., 2004. 15-22.

Taussig, Michael. *The Devil and Commodity Fetishism in South America*. Chapel Hill, NC: University of North Carolina Press, 1980.

Zavaleta Mercado, René. *El poder dual en América Latina*. México: Siglo XXI Editores, 1973.

La nueva urgencia del latinoamericanismo

Ariel C. Armony
UNIVERSITY OF PITTSBURGH

Abstract: The "new urgency" proposed by this work is to rethink Latin Americanism in the light of the disruptions and connections of globalization. This "new urgency" refers to three themes: 1) thinking about Latin Americanism in the anthropocene context, 2) reflecting on the ethical impact of new technologies, acknowledging that cultural projects can no longer be isolated from technological transformation, and 3) reconsidering current perception of Latin America having in mind the complexity of local, transregional and global geographies that historically link the region to both the Atlantic and the Pacific worlds.

Keywords: Anthropocene, globalization, Latin America, new technologies, transregional geography

Resumen: La "nueva urgencia" que propone este trabajo es la de repensar el latinoamericanismo a la luz de las disrupciones y conexiones de la globalización. Esta "nueva urgencia" está referida a tres temas: 1) pensar el latinoamericanismo en el contexto del Antropoceno, 2) reflexionar sobre el impacto ético de las nuevas tecnologías admitiendo que ya no se puede aislar un proyecto cultural de la transformación tecnológica, y 3) reconsiderar la visión que tenemos de América Latina tomando en cuenta la compleja geografía local, transregional y global que históricamente la vincula tanto al mundo Atlántico como al Pacífico.

Palabras clave: América Latina, antropoceno, geografía transregional, globalización, nuevas tecnologías

El simposio que sirvió de base para este libro proponía en su título una reflexión sobre "la urgencia del latinoamericanismo en tiempos de globalización". ¿Qué significa esta urgencia? A mi modo de ver, la urgencia es la de repensar el latinoamericanismo a la luz de las disrupciones y conexiones de la globalización. Si estamos de acuerdo en la urgencia de repensar el latinoamericanismo desde la perspectiva de la construcción de los estudios latinoamericanos, ¿cómo pensamos este desafío en el siglo XXI? La "nueva urgencia", como propongo llamarla, consiste en articular una crítica en función de los procesos globales contemporáneos sin perder una perspectiva histórica.

A mi modo de ver, esta nueva urgencia posiciona tres temas. El primero se refiere a la necesidad de pensar el latinoamericanismo en el contexto del Antropoceno. Colocar el debate en el contexto del planeta nos conecta con la idea de "lo humano" y nos obliga a repensar qué constituye lo humano en el siglo XXI. El segundo tema se refiere a la tecnología y su impacto en las consideraciones éticas. Me interesa resaltar, en particular, dos avances tecnológicos: la inteligencia artificial (expresada, en particular, en la interacción de las máquinas con los humanos) y la edición genética (por ejemplo, el desarrollo de la tecnología CRISPR; "una herramienta molecular utilizada para 'editar' o 'corregir' el genoma de cualquier célula") A mi entender, aventurarse a pensar el latinoamericanismo sin tener en cuenta cómo la tecnología afecta nuestra vida diaria tiene poco sentido. Estamos entrando en una etapa histórica en la que no podrá pensarse lo mundano sin prestar atención a los dilemas morales que definirán el mundo tecnológico.

Pensar el latinoamericanismo desde una perspectiva planetaria nos obliga a considerar una visión posthumanista de lo latinoamericano, mientras que una mirada desde la tecnología nos permite debatir lo latinoamericano en función de las dramáticas transformaciones en la sociedad del siglo XXI. Ambas perspectivas confluyen en un latinoamericanismo que debe interrogarse a sí mismo a la luz de un "capitalism without capital" que presenta nuevas preguntas sobre la economía, distribución, equidad, competencia y propiedad (Haskel y Westlake 2018).

Estas miradas, sin embargo, requieren una perspectiva adicional, que implica localizar la cultura, es decir, interrogar seriamente la construcción de lo regional como proyecto cultural (McClennen 2013). En el caso del latinoamericanismo, nuestro desafío es repensar un proyecto marcado por profundas omisiones. De ellas, una de las más flagrantes ha sido la marginalización del Pacífico en la construcción de lo latinoamericano. El dominio indisputado del mundo occidental en este proceso representa una brutal forma de simplificación cultural, cuyo dominio ha marcado lo que entendemos como América Latina. La llamada crisis de los estudios regionales durante el cambio de siglo y la posterior irrupción de la República Popular China en Latinoamérica (y su expansión a nivel global) han acelerado el cuestionamiento del paradigma que ha definido, hasta ahora, el latinoamericanismo como concepto cultural. Pensar el latinoamericanismo como un espacio donde lo originario existe en confluencia, tensión y negociación tanto con el Atlántico como con el Pacífico nos permite reparar una importante obliteración histórica.

Cada una de estas tres dimensiones es fundamental para repensar el latinoamericanismo a la luz de la realidad globalizada que vivimos, pero sin perder una perspectiva histórica. Estas dimensiones se conectan en forma compleja. Poder entender sus intersecciones es parte de una agenda intelectual que nos cabe desarrollar.

El Antropoceno

Crutzen y Stoemer (2000) proponen el término "Antropoceno" para marcar el cambio ocasionado por el ser humano sobre la naturaleza. La idea central es que el efecto de los humanos es tan grande que la interacción con el medio ambiente ha marcado el tránsito a una nueva época en la historia del planeta. Pensar nuestro planeta en el marco del Antropoceno nos pone frente a una realidad transformacional. El ser humano, como explica Dipesh Chakrabarty, representa una fuerza mucho mayor que la de simple agente biológico: representa una fuerza geológica. Esto implica, entre otras cosas, la necesidad de superar la distinción que hacíamos hasta ahora entre historia humana e historia natural. La ciencia del cambio climático impone nuevas formas de pensar la marginalización, la injusticia, la desigualdad, así también como la lógica del capitalismo o del nacionalismo.

El Antropoceno debe pensarse no sólo desde la ciencia, sino también como construcción cultural. Esto es fundamental para construir un latinoamericanismo crítico en una región donde, entre otras cosas, la importancia de los recursos naturales es de una escala superlativa. Las estrategias analíticas de los estudios culturales forjadas en las últimas décadas necesitan ser repensadas a la luz de una concepción muy distinta del impacto del ser humano sobre el planeta. Los humanos somos una fuerza de transformación del medio ambiente a una escala difícil de imaginar. No es posible pensar un nuevo espacio crítico en los estudios latinoamericanos sin incorporar esta realidad. Las estrategias analíticas del pensamiento postcolonial no son adecuadas en el contexto de este nuevo marco conceptual.

Un desafío pendiente es interrogar el lugar del ser humano en el contexto de los organismos vivos. Como sostiene Elizabeth Monasterios (2018), es importante plantearse la necesidad de cuestionar el antropocentrismo que ha dominado el campo del latinoamericanismo, heredero de la filosofía occidental. Esta urgencia es un imperativo para cualquier proyecto cultural, ya que hemos entrado en una época histórica marcada por un elemento fundamental: el ser humano es la única especie cuya desaparición sería beneficiosa para el planeta tierra. En otras palabras, ¿cómo construir un proyecto intelectual que sea coherente con la necesidad de pensar la desaparición del ser humano como un resultado positivo para el planeta?

Repensar el latinoamericanismo en el contexto del Antropoceno requiere, además, considerar su dimensión temporal. Existe cierto consenso en usar las emisiones de dióxido de carbono (CO_2), metano (CH_4), y óxido nitroso (N_2O) como indicadores del cambio producido por el ser humano. Sin embargo, no existe un consenso entre las disciplinas sobre qué "marcadores" usar como referentes.

Existe un copioso debate sobre el inicio del Antropoceno. Cruzten y Stoemer (2000) marcan como un inicio plausible la revolución industrial. Sin embargo, otros autores argumentan que el uso de la bomba atómica marca el inicio de la nueva era geológica (Zalasiewicz et al., 2015). Por otro lado, autores como Bauer and Ellis (2018) argumentan que el Antropoceno es una etapa de continua evolución, por lo que no debería formalizarse un inicio.

Arias-Maldonado (2018) y otros autores enfatizan la centralidad de una ideología homogenizadora sobre la relación del humano con la naturaleza como parte del proceso del Antropoceno. Esta interpretación puede dar pie a un argumento que sostenga que el inicio de la nueva era geológica empezó con el descubrimiento y conquista del continente americano por parte de Europa. No es trillado argumentar que a finales del siglo XV empezó un proceso de homogenización de la relación entre el hombre y la naturaleza con la imposición de un modelo de modernización y progreso occidental. Estas son consideraciones primordiales a la hora de pensar un latinoamericanismo propiamente contextualizado tanto en la historia humana como en la historia natural. Como señala Helmuth Trischler (2017), "la reintegración de lo no humano en narrativas históricas y ontologías antropológicas es tal vez el común denominador con el que la mayoría de los investigadores que trabajan sobre el Antropoceno estarían de acuerdo" (55). Esta propuesta de reintegración requiere superar las grandes narrativas que han estructurado lo latinoamericano de acuerdo a una visión del mundo occidental. En este sentido, repensar el latinoamericanismo requiere localizar este proyecto cultural en el marco de una profunda transformación de la relación entre humanos y tecnología.

Ética y tecnología

No podemos pensar el latinoamericanismo en el siglo XXI sin tener en cuenta una perspectiva poshumanista. Cualquier actividad o proceso básico en nuestra vida diaria depende de una combinación de "objetos, sustancias, procesos e instituciones" que va más allá del individuo (Trischler 51). El concepto del Antropoceno está íntimamente ligado a la lógica del capitalismo. Pensar el capitalismo en el siglo XXI es pensar la tecnología y su papel en las relaciones sociales y entre lo humano y lo natural.

¿Cómo podemos hablar de cuestiones de derechos, equidad o distribución, sin considerar que "we are entering an age in which machines are tasked not only to promote well-being and minimize harm, but also to distribute the wellbeing they create" [estamos entrando en una época en la que las máquinas deben no sólo promover bienestar y minimizar el daño, sino también distribuir el bienestar que crean y el daño que no pueden eliminar"] (Awad et al., 59). Estamos ingresando en una realidad en la que las máquinas deberán resolver dilemas éticos. Tomemos como ejemplo los vehículos autónomos. Los algoritmos que guían a estas máquinas deberán tomar decisiones de vida o muerte "in a fraction of a second, without real-time supervisión" [en una fracción de segundo, sin supervisión en tiempo real] (63). El ejemplo del transporte diario ilustra, de manera contundente, que no estamos hablando de una situación que ocurrirá "in a distant theatre of military operations" [en un distante teatro de operaciones militares"], sino en los aspectos más mundanos de nuestra vida cotidiana (63).

Considerar la ética de los sistemas de inteligencia artificial es un fenómeno inédito, sin precedentes, porque "never in the history of humanity have we allowed a machine to autonomously decide who should live and who should die" [nunca en la historia de la humanidad hemos permitido que una máquina decida en forma autónoma quién debe vivir y quién debe morir" (Awad et al., 63). Debemos preguntarnos, entonces, cómo se tomarán "las decisiones sobre los principios éticos" que habrán de guiar a las máquinas, ya que no pueden confiarse exclusivamente a los ingenieros, los filósofos o los gobernantes. Resulta evidente la necesidad de tener en cuenta las preferencias del público, pero como lo muestran estudios recientes sobre la posición moral de la ciudadanía alrededor del mundo (por ejemplo, Awad et al., 2018), las preferencias morales varían de acuerdo a las distintas culturas.

La propuesta de repensar los estudios culturales en el marco de un nuevo latinoamericanismo requiere discutir de qué forma la distribución de bienestar y daño genera dilemas de carácter moral. Por el momento, no resulta claro de qué manera los diseñadores de sistemas de inteligencia artificial y de políticas públicas utilizarán como insumo las preferencias de los públicos que serán impactados por la creciente irrupción de la tecnología en la vida cotidiana. El desafío de expresar las preferencias del público a las compañías que diseñarán los algoritmos morales y a los políticos que los regularán explica la razón de no poder aislar un proyecto cultural de la transformación tecnológica.

La construcción de un nuevo latinoamericanismo no puede ignorar debates centrados en la biotecnología, tales como el área de edición del ADN, un debate acelerado por la tecnología conocida como CRISPR. Este tema adquirió una nueva dimensión a fines de 2018, cuando un científico chino anunció que había editado los genomas de dos hermanas gemelas. Más allá de este caso, el tema del diseño genético tiene consecuencias muy importantes en la salud humana y la agricultura, y es clave en el debate sobre cuestiones tales como inteligencia, enfermedades, género, etcétera. Similar al caso de la inteligencia artificial, las decisiones de los científicos y las políticas regulatorias deberían enmarcarse en el contexto de las preferencias de la opinión pública, ya que los avances biotecnológicos tienen implicaciones sociales, éticas, culturales, religiosas, económicas y políticas de enorme relevancia.

Es necesario pensar de qué manera la posición de Latinoamérica en el contexto global afecta la construcción de un proyecto biotecnológico propiamente latinoamericano. La relación entre biotecnología, biodiversidad y sociedad (específicamente, la participación social) está íntimamente ligada al concepto del Antropoceno y los debates en torno a este concepto. Tal como vimos, es necesario elaborar el Antropoceno como proyecto cultural. Pero es posible amplificar esta discusión incluyendo la biotecnología, biodiversidad y bioética, así también como el acceso y derechos sobre los recursos naturales y el papel de la sociedad civil en estos debates.

Existen muchas preguntas interesantes para considerar. Si la capacidad destructiva del ser humano sobre el medio ambiente señala la urgencia de adoptar una perspectiva post-antropocéntrica en el pensamiento crítico sobre nuestras sociedades, entonces debemos preguntarnos cómo se vincula esta perspectiva post-humana con las nuevas tecnologías de edición genómica, cuyos objetivos incluyen la corrección de defectos genéticos o la inserción de una nueva función en las células. En este sentido, los humanos son, al mismo tiempo, agentes de destrucción y reconstrucción o reparación. ¿Cómo influye esta dualidad en la construcción de un proyecto identitario?

Desde una perspectiva regional, no es posible repensar el latinoamericanismo sin considerar que la reflexión bioética en los países que generan las nuevas tecnologías se basa en concepciones sobre enfermedad, calidad de vida, longevidad y mortalidad producidas en esos mismos países. ¿Cómo se elabora un pensamiento propio, propiamente asentado en tradiciones culturales occidentales y no-occidentales, que refleje las preferencias, ética, economía y nociones de derechos de los latinoamericanos? ¿Cómo repensar el latinoamericanismo a la luz de tecnologías que excluyen a vastas mayorías, deshumanizándolas? (Bota Arqué 2003). Estas y otras preguntas pueden ayudar a definir una agenda de reflexión que se proponga la convergencia de distintos pensamientos, no sólo el occidental o científico (en sus corrientes dominantes), en función de un proyecto cultural mucho más amplio que el construido hasta el momento.

Localizar la cultura

El tercer tema a tener en cuenta es la necesidad de reconsiderar la visión de la región que llamamos América Latina. La localización de la cultura es esencial en la construcción de un latinoamericanismo multidimensional y mucho más multiétnico. Si queremos entender y exponer las relaciones de poder—lo que es esencial en la agenda de los estudios culturales—tenemos que repensar la aproximación a lo local, es decir, entender cuáles son los espacios donde analizamos esas relaciones de poder. Por ejemplo, para entender fenómenos como el la dominación cultural y la resistencia cultural o las redes comerciales que operan en los márgenes del capitalismo global, debemos ir más allá de las categorías de marcadores geográficos tradicionales y examinar la compleja geografía local, transregional y global de la producción y el consumo.

Debemos pensar en una Latinoamérica global, definida por dos aspectos esenciales. En primer lugar, pensar la región como un espacio que resulta de conexiones complejas, desarrolladas a través del tiempo. Los temas de estudio adquieren una riqueza mayor si los conectamos a la circulación de personas, ideas y objetos y si consideramos las intersecciones de culturas, historias y economías. Debemos dejar que los temas viajen a través de fronteras y océanos.

Pensar Latinoamérica globalmente nos ayuda a transcender un paradigma del mundo definido por fronteras rígidas que ignora fenómenos transnacionales.

Segundo, esta perspectiva nos libera de una construcción eurocéntrica de la historia. Es imperativo considerar América Latina como un espacio que conecta el Este y el Oeste y aceptar que el futuro de la región no puede, como señala John Beverley en este volumen, pensarse separadamente de los Estados Unidos—particularmente como parte de un continente que será mayormente habitado por individuos de origen hispano, lusófono o indígena en el siglo próximo.

Latinoamérica ha sido siempre global. Este no es un fenómeno nuevo. Pero una nueva agenda que explícita y decisivamente se pregunte sobre la construcción de una concepción de sociedad que ha devaluado influencias fundamentales (como la asiática) es absolutamente crucial para construir un latinoamericanismo que valga la pena discutir. Como escribió Walter Mignolo unos años atrás: "it is an illusion to think that Latin America and the Caribbean (meaning the insular Caribbean), are isolated entities and that to 'study' them would mean to 'look at what is inside'" [es una ilusión pensar que América Latina y el Caribe (es decir, el Caribe insular) son entidades aisladas y que estudiarlas significaría mirar lo que hay adentro] ("Decolonial Reflections" 54).

Entre otros desafíos, la necesidad de responder a la nueva urgencia de construir un latinoamericanismo para este siglo requiere reevaluar, re-imaginar el impacto y la influencia de Asia en Latinoamérica, y viceversa. América Latina es parte tanto del mundo Atlántico como del mundo Pacífico. En relación a los estudios culturales, este proyecto es importante ya que nos permite comprender cómo los centros de poder económico y geopolítico a nivel global y regional fueron cambiando de posición a través de los siglos y cómo estos cambios impactaron a América Latina.

Las relaciones entre Asia y las Américas son notablemente extensas, abarcan una abundancia de ámbitos y cuestionan un número de suposiciones históricas. Existe evidencia genética del encuentro entre Polinesios y pueblos originarios de América del Sur ocurrido antes de que los europeos navegaran el Pacífico. Esto indica un contacto transformacional entre Asia y América con anterioridad a la llegada de los españoles. Subsecuentemente, a fines del siglo XVI y el siglo XVII, los barcos del "galeón de Manila" transportaron un gran número de esclavos del subcontinente indiano y el sureste asiático a México. El comercio de productos asiáticos en las Américas, tales como porcelana, textiles y té, tuvo una relevancia significativa durante el período colonial y se extendió por todo el Virreinato de Nueva España (Frank 2011; Pierce 2016).

Recientes estudios históricos han comenzado a trazar una descripción de un mundo colonial mucho más vasto que el asociado a España, Inglaterra y el resto de Europa. Basados en textos de la época (como las historias generales de las Indias de Gonzalo Fernández de Oviedo y Francisco López de Gómara), esta literatura muestra una "geografía global" que incluye el Pacífico y su conexión con América. Estos estudios empiezan a dar cuenta de un mundo transpacífico, forjado por diversos protagonistas en las Américas, que desarrolló su propia dinámica, separada del dominio imperial de España (Padrón 2016).

Con respecto a la historia más reciente, nuevos estudios sobre inmigrantes asiáticos en Latinoamérica en los siglos XIX y XX imprimen un giro importante en los estudios latinoamericanos. El análisis detallado y sistemático de la inmigración china, japonesa y coreana a países como México, Perú y Argentina, ha abierto nuevas discusiones sobre esclavitud, identidades culturales, comunidades transnacionales y diásporas, nacionalismo, racismo y economías locales e infraestructura (haciendas azucareras, algodoneras y arroceras; industria del guano; construcción de vías férreas), entre otras temáticas. Enfoques sobre experiencias más recientes se han centrado en la globalización del maoísmo y sus manifestaciones particulares en Latinoamérica en la segunda mitad del siglo pasado, cuando se convirtió en una fuerza política de gran impacto en países como Perú, Bolivia y México. En este siglo, estudios de antropólogos muestran cómo el comercio popular de productos manufacturados en China ha creado espacios comerciales donde las categorías de acumulación, clase y capital cultural adquieren una flexibilidad particular, muy distinta a la que existe bajo un modelo de producción nacional. Es en espacios como éstos donde se observan formas de globalización que no son evidentes sin una mirada transoceánica que explore las complejas intersecciones que dan lugar a nuevos espacios multiétnicos (Müller y Colloredo-Mansfeld 2018).

Hacia un nuevo latinoamericanismo

A modo de conclusión, brevemente, se observa que los tres temas mencionados—el lugar de lo humano en el Antropoceno, los desafíos éticos de la tecnología y la globalidad de lo regional—ilustran la posibilidad de llevar los estudios de área y los estudios culturales en el ámbito latinoamericano a un nuevo plano crítico, donde la división entre las ciencias y las humanidades se diluye, donde lo global y lo local se interpenetran, y donde las geografías se tornan flexibles y adquieren una nueva complejidad.

A mi modo de ver, las nuevas líneas de trabajo que se han originado en relación a estos temas han comenzado a delinear una agenda con extraordinarias posibilidades. Sin embargo, todavía no hemos hecho un esfuerzo concertado para exponer tal agenda de forma explícita, conectando a investigadores de distintas disciplinas, incluyendo las ciencias naturales e informáticas, entre otras. Iremos construyendo las respuestas a la "nueva urgencia" de afirmar el latinoamericanismo a partir de proyectos como el que desarrolla este libro.

Obras citadas

Arias Maldonado, Manuel. *Antropoceno: La política en la era humana*. Madrid: Taurus, 2008.

Awad, Edmond, Sohan Dsouza, Richard Kim, Jonathan Schulz, Joseph Henrich, Azim Shariff, Jean-François Bonnefon e Iyad Rahwan. "The Moral Machine Experiment". *Nature*. 563 (2018): 59-64. Web: https://www.nature.com/articles/s41586-018-0637-6.pdf.

Bauer, Andrew M. y Erle C. Ellis. "The Anthropocene Divide. Obscuring Understanding of Social-Environmental Change". *Current Anthropology*. 59.2 (2018): 209-227.

Bota Arqué, Alexandre. "El impacto de la biotecnología en América Latina: Espacios de participación social". *Acta bioethica*. 9.1 (2003): 21-38. Web: https://www.researchgate.net/publication/242628014_EL_IMPACTO_DE_LA_BIOTECNOLOGIA_EN_AMERICA_LATINA_ESPACIOS_DE_PARTICIPACION_SOCIAL.

Crutzen, Paul J. y Eugene F. Stoermer. "The Anthropocene". *Global Change Newsletter*. 41 (2000): 17-18.

Frank, Caroline. *Objectifying China, Imagining America: Chinese Commodities in Early America*. London; Chicago: The University of Chicago Press, 2011.

Haskel, Jonathan y Stian Westlake. *Capitalism without Capital: The Rise of the Intangible Economy*. Princeton: Princeton University Press, 2018.

Lawler, Andrew. "Epic pre-Columbian Voyage Suggested by Genes". *Science*. 23 de octubre de 2014. Blog: https://www.sciencemag.org/news/2014/10/epic-pre-columbian-voyage-suggested-genes.

McClennen, Sophia A. "Where is Latin American Culture? From the Location of Culture to the Ethics of Culture". *alter/nativas, latin american cultural studies journal*. 1 (2013): 1-20. Web: https://alternativas.osu.edu/en/issues/autumn-2013.html#essays.

Mignolo, Walter. "Decolonial Reflections on Hemispheric Partitions. The 'Western Hemisphere' in the Colonial Horizon of Modernity and the Irreversible Historical Shift to the 'Eastern Hemisphere'. *Forum for Inter-American Research*. 7.3 (2014): 41-58. Web: http://www.uni-bielefeld.de/cias/fiar/pdf/073/FIAR073-41-58-Mignolo.pdf.

Monasterios, Elizabeth. "Post-Anthropocentrism and the Global Crisis of Sovereignty that Challenges the Cultures of the Anthropocene (A trans-Andean Inquiry)". Trabajo leído en la Universidad de Pittsburgh, 26 de marzo de 2019.

Müller, Juliane y Rudi Colloredo-Mansfeld. "Introduction: Popular Economies and the Remaking of China-Latin America Relations". *The Journal of Latin American and Caribbean Anthropology*. 23.1 (2018): 9-17.

Padrón, Ricardo. "(Un)inventing America: The Transpacific Indies in Oviedo and Gómara". *Colonial Latin American Review*. 25.1 (2016): 16-34.

Pierce, Donna. "Popular and Prevalent: Asian Trade Goods in Northern New Spain, 1590–1850". *Colonial Latin American Review*. 25.1 (2016): 77-97.

Trischler, Helmuth. "El Antropoceno, ¿un concepto geológico o cultural, o ambos?" Traducción de Sucar Warrener. *Desacatos: Revista de Ciencias Sociales* 54 (2017): 40-57. Web: http://www.scielo.org.mx/scielo.php?script=sci_arttext&pid=S1607-050X2017000200040.

Zalasiewicz, Jan, Colin N. Waters, Mark Williams, Anthony D. Barnosky et al. "When did the Anthropocene Begin? A Mid-Twentieth Century Boundary Level is Stratigraphically Optimal". *Quaternary International*. 383 (2015): 196-203. Web: https://www.sciencedirect.com/science/article/pii/S1040618214009136?via%3Dihub.

5. La querella de las utopías y formas polémicas de pensar en el nuevo milenio

Marxism and Subalternity

Bruno Bosteels
COLUMBIA UNIVERSITY

Abstract: This article reflects on the political and theoretical impact of John Beverley's work in light of the connection between subalternity and Marxism. It also offers a discussion of subaltern studies as a form of Marxism that must be put in dialogue with the crisis of Marxism. Subaltern studies, in other words, may well have started out as a form of Marxism but this leaves open the question whether or not what it ended up being after the crisis can still be called Marxist. And why should this matter? Why is John Beverley's contribution to this debate still urgent for us today?

Keywords: Deconstruction, Marxism, subalternity, post-metaphisical left, post-subalternity

Resumen: Este artículo reflexiona sobre el impacto político y teórico del trabajo de John Beverley a la luz de la conexión entre subalternidad y marxismo. El artículo también ofrece una discusión de los estudios subalternos como una forma de marxismo que debe ponerse en diálogo con la crisis del marxismo. En otras palabras, los estudios subalternos pueden haber comenzado como una forma de marxismo, pero esto deja abierta la cuestión de si lo que ahora son, después de la crisis, todavía puede llamarse marxista. ¿Y por qué debería importar esto? ¿Por qué la contribución de John Beverley a este debate sigue siendo urgente para nosotros hoy?

Palabras claves: Decontrucción, izquierda post-metafísica, marxismo, subalternismo, post-subalternismo

In what follows I would like to reflect on the political and theoretical impact of John Beverley's work in light of the connection between subalternity and Marxism. I take my initial clue from the following assertion: "Subaltern studies is, or at least began as, a form of Marxism, but it originated precisely in the crisis of 'actually existing socialism' and revolutionary nationalism in the 1980s." With this summary declaration taken from *Latin-*

americanism After 9/11 (111), everything in a sense is said that needed to be said. First, the study of subalternity is, or begins as, a form of Marxism. Second, this beginning or origin nevertheless also must be put into dialogue with the crisis of Marxism, which in turn results from, or is aggravated by, the crisis of "actually existing socialism." And, third, there is the suggestion, albeit as yet only implicit, that subaltern studies in the end may no longer amount to a form of Marxism properly speaking. Subaltern studies, in other words, may well have *started out* as a form of Marxism but this leaves open the question whether or not what it *ended up being* after the crisis can still be called Marxist. And why should this matter? Why is John Beverley's contribution to this debate still urgent for us today?

To my knowledge, John has stated his position on this question most forcefully in the introduction to his book *Subalternity and Representation*. "My own perspective on subaltern studies," he wrote on that occasion, "is that it is a project *of* Marxism rather than a *Marxist* project, if that distinction makes any sense. I do not think of subaltern studies therefore as a kind of post-Marxism, unless what is meant by post-Marxism is a new kind of Marxism, or a new way in which Marxism acts within the world" (21-22). What defines the link between Marxism and subalternity, then, not only takes the form of a crisis but also gives way to an innovation within our understanding of what Marxism is supposed to mean or stand for. In fact, I take this to be typical of John's intellectual attitude or mood in general: no matter how sharp and critical his opinion of someone's argument may be, he constantly keeps the focus on what is new and exciting even in what otherwise may seem to have entered into a stage of crisis. This becomes clear from the very first pages of *Subalternity and Representation*: "What I will argue here," Beverley announces,

> is that subaltern studies entails not only a new form of academic knowledge production or self-critique, but also a new way of envisioning the project of the left in the conditions of globalization and postmodernity. I am privileging the idea of the 'new' here, but the question is also an old one, one that has to do with an understanding of some of the reasons that led to the impasse of the left. (3)

Based on these clues our central question thus can be reformulated: What is the relation between Marxism and subalternity in light of the impasse or crisis of the left? My argument will be that, depending on how far or how deep we think the sense of the crisis reaches, we will see either a cut or a continuum between subaltern studies and Marxism. Martin Heidegger (and to a lesser extent Jacques Derrida) could be seen as naming the point of view of the cut; while, aside from Marx himself, it is Antonio Gramsci (and to a lesser extent Althusser and his disciples, among whom we should mention Nicos Poulantzas perhaps more so according to Beverley than the usual suspects Alain Badiou, Etienne Balibar, and Jacques Rancière) who to this day still would name the hypothesis of the continuum. But we should keep in mind that the cut does not amount to a clean break, nor does the continuum exclude the necessity of an internal critique, precisely in the name of subalternity.

Certainly in the Latin American case but perhaps even in comparison with the original South Asian Subaltern Studies Group, nobody has insisted with greater clarity on the Marxist origins or beginnings of subaltern studies than John Beverley: "Subaltern studies begins with impeccable Marxist credentials via Gramsci, and in the work of the South Asian Group it is deeply connected to the vicissitudes of the Communist left in the Indian subcontinent," he writes in *Subalternity and Representation*, but not without immediately adding a note of caution:

> However, not everyone identified with subaltern studies would consider himself or herself a Marxist, while others would see in subaltern studies a way of carrying on after what they perceive as Marxism's theoretical and/or political collapse. In turn, most Marxists have tended to see subaltern studies as a kind of "post-Marxist" heresy: an adaptation of solid, British-style "history from below" that somehow got struck down, like Saul on the road to Damascus, by poststructuralism. (20)

As the subtitle for this intervention, in fact, I had toyed with the idea of imagining what would have happened if it had not been Saul or Paul but John who somehow had been struck down on the road to Damascus by the last God of poststructuralism whose name is Heidegger. It was indeed Heidegger who in a calculated move right after the Second World War, in his "Letter on Humanism" that was to set in motion a whole cottage industry of French Heideggerians under the guidance of Jean Beaufret, announced a productive dialogue—over and against Jean-Paul Sartre's militant or *engagé* existentialism—with the author of *The German Ideology* and *Capital*:

> Because Marx by experiencing estrangement attains an essential dimension of history, the Marxist view of history is superior to that of other

historical accounts. But since neither Husserl nor—so far as I have seen till now—Sartre recognizes the essential importance of the historical in Being, neither phenomenology nor existentialism enters that dimension within which a productive dialogue with Marxist first becomes possible. ("Letter on Humanism" 243)

What Heidegger adds immediately after this strategic self-positioning, however, not only anticipates why this dialogue has turned out to be impossible but also sets the tone for how in later years the Marx/Heidegger dialogue would similarly prove to be impossible in the case of Althusser/Derrida:

> For such dialogue it is certainly also necessary to free oneself from naive notions about materialism, as well as from the cheap refutations that are supposed to counter it. The essence of materialism does not consist in the assertion that everything is simply matter but rather in a metaphysical determination according to which every being appears as the material of labor. The modern metaphysical essence of labor is anticipated in Hegel's *Phenomenology of Spirit* as the self-establishing process of unconditional production, which is the objectification of the actual through man's experience as subjectivity. ("Letter on Humanism" 243)

Almost twenty years later, in his recently published seminar *Heidegger: The Question of Being and History*, Derrida would do little more than repeat this verdict from the "Letter on Humanism." In the summary from one of the sessions of Derrida's 1964-1965 seminar, this verdict can be rephrased as follows: "Marx, in his concept of labor, however profound the penetration of historicity allowed by it, would have remained a heir to Hegelian metaphysics, in the form of the subjectivizing voluntarism [...] and ultimately of a humanist anthropologism" (*The Question of Being and History* 22. Translation slightly modified). Now, we should not forget that during this same academic year and at the same elite institution of the École Normale Supérieure in the rue d'Ulm, Althusser was coordinating his own seminar on Marx that in the fall of 1965 would be published under the title *Reading Capital*. None of the Althusserians, however, attended Derrida's seminar, apparently much to the latter's chagrin, as Balibar would later find out, because Derrida was convinced that the thinking of history or historicity had at least as much to learn, if not more so, from a painstaking return to Heidegger than from a return to Marx.

In fact, beyond personal feelings and sensibilities, we should be ready to see in this interrupted dialogue the symptom of a genuinely insuperable impossibility. From the point of view of the deconstruction of Western metaphysics, there is simply no way in which any Marxist intervention can reach back far enough to raise the question of history or historicity at the originary level of being where alone such questions become possible in the first place. This is why Derrida, despite his personal closeness to Althusser, could never reconcile himself with the insufficiently problematized use of notions such as ideology, production, or social formation on the part of his colleague and the latter's brightest students. As Derrida would explain much later in his interview with Michael Sprinker: "Their discourse seemed to me to give way to a theoreticism or a newfangled scientism which I could have challenged. But quite naturally, I was paralyzed because at the same time I didn't want my questions to be taken for crude and self-serving criticisms connected with the Right or the Left—in particular with the Communist Party" (Michael Sprinker and Jacques Derrida, "Politics and Friendship: An Interview with Jacques Derrida" 188).

Conversely, with the force of suspicion and silence being no less strong in the opposite direction, Derrida always felt that his way of approaching questions of being, history, or language was seen as hopelessly backward, if not outright reactionary. "I always had very good personal relations with Althusser, Balibar, and others," Derrida adds in his interview with Sprinker. "But there was, let's say, a sort of theoretical intimidation: to formulate questions in a style that appeared, shall we say, phenomenological, transcendental or ontological was immediately considered suspicious, backward, idealistic, even reactionary" (188).

This is still, I would argue, the impossible dialogue—not a "fruitful" or "productive" one, as Heidegger had tried to suggest at least for a few lines in his "Letter on Humanism," but a true *diálogo de sordos*—in which we find ourselves between Marx and Heidegger, or between Althusser and Derrida, including in terms of its effects on the discussions about Latin America today. From the point of view of the critique or deconstruction of Western metaphysics, the crisis we are currently facing is not even close to being limited to the crisis of the Marxist left, the failures or mistakes of its developmentalist agenda, the bureaucratic excesses of its statist implementation, or the concrete shortcomings of its socialist, communist, or left-populist policies. The crisis is nothing less than civilizational and affects the entirety of the system with which the human subject for the past twenty-five centuries has tried to gain control over nature by means of technology.

Rather than marking a leftist opening in contemporary political thought, as is often argued especially in the ritualized wake of May 1968 in France, the different theories and philosophies that came out of the Heideggerian project always stake their claim of radicalism on the prohibitive closure of a much longer tradition of thought. This is the tradition that harkens back to the origins of so-called Western metaphysics with Plato and Aristotle (the "first beginning" from which Heidegger seeks to take a "step back" by leaping into the "other beginning" of a post-metaphysical way of thinking) and extends forward to include the entire legacy of Marxist-inspired revolutionary politics, up to the eventual collapse of the Soviet Union—or the demise of what Heidegger had described as "the European technicism in its Communist guise," just as "Americanism" for the German thinker was "nothing but the concentrated rebound of the willed nature of modern Europe upon a Europe for which, to be sure, in the completion of metaphysics by Nietzsche, there were thought out in advance at least some areas of the essential questionability of a world where being begins to rule as the will to will" (Heidegger 2007, "Meine Beseitigung" 421). This huge time span in the so-called history of being gives the various post-Heideggerian philosophies both their much-vaunted urgency and their seemingly incontestable appeal. Nothing in fact is more common in this tradition than the back-to-back dismissal of all hitherto existing forms of politics, on the Left as much as (if not more so than) on the Right.

In what could well be the greatest conjuring trick of the twentieth century at the level of politico-philosophical thought, the reassessment of the history of the Left (from Marx, Bakunin, and Blanqui by way of Lenin, Luxemburg, and Gramsci all the way to Trotsky, Stalin, Mao, Guevara, and Fanon—though with precious few of these last figures being mentioned by name anymore, let alone studied with the same textual zeal of which Heidegger invariably seems to be deserving) came to be recast and presented as part and parcel of the struggle against the two millennia and a half of metaphysical oblivion that culminated in the supposed self-identity of Hegelian absolute knowledge. Inversely, avid readers of Heidegger's lectures and seminars on the history of Western metaphysics, not even excluding the *Black Notebooks* that he purposely asked his executors to keep for last, can present themselves as the urgently needed harbingers of a post-metaphysical left. This would be a truly "an-archic" form of leftism, that is to say, one devoid of all the customary fantasies about the *archè* as a reassuring ground, guiding figure, or commanding first principle for political action.

Thus, also giving rise to what sometimes goes by the name of "left Heideggerianism" and pleading for a "radical" or "an-archic" form of democracy, if not a "democracy-to-come," the critique or deconstruction of metaphysics allows a whole new generation of thinkers to assess the failings and shortcomings of all past political movements, state formations, and popular uprisings in light of the critique or deconstruction of metaphysics. All? Well, yes: insofar as what is at stake is the very ground (ontic metaphor) on which political issues are raised in the first place, no concrete fact or example of politics could ever hope to evade the all-embracing sweep of the critique or deconstruction of metaphysics.

The appeal of Heidegger's thinking in this regard is so all-encompassing that it leaves nothing beyond its orbit. One would certainly be justified in asking whether the Marxist critique of capitalism could not be extended to a critique of the technological manipulation of the world through the labor and industry of the human subject, based on the "destruction" or "deconstruction" of the history of being. But from the moment one adopts the frame of the thinking of being, any other reading—whether it is social, economic, ideological, political, cultural, etc.—by definition falls short. It would be, in Heidegger's terms, a vulgar "ontic" worldview, which, like all worldviews based on being as mere entity, finds itself necessarily pre-inscribed in the millenarian horizon of Western metaphysics. For this reason, the gesture of "destruction" or "deconstruction" always turns out to be strictly speaking irrefutable: any refutation would fall back entirely within that which first becomes questionable in the only thinking worthy of its name: the poeticizing thinking of being.

And yet, John Beverley's relentless optimism and intellectual integrity to this day lead him to believe perhaps naively that not all is lost in this debate, that something new (which he calls "post-subalternism") may nonetheless emerge from the *diálogo de sordos* into which the assessment of the impasse of the Marxist left has been converted as a result of its passage through a confrontation with Heidegger's thought. This is no doubt also due to his unwavering confidence in, and support for, the old idea of communism now freed from the dogmatic versions propounded in the manuals of the Academy of Sciences from the ex-Soviet Union. And, finally, I believe that this is why his work should still matter, why it has always mattered, to me at least, and why it will remain urgent for scholars and students in Latin American studies to engage with his work. "I continue to think," he writes in *Subalternity and Representation*, "that the possibility of a new form of radical-democratic politics—perhaps it might be called a 'postmodernist' form of communism—is lodged within the problematic of the subaltern. If this book has only a propaedeutic value in this regard it will have served its purpose" (24). In fact, I am sure many readers will agree with me if I say that not just this book, but all Beverley's books have had this propaedeutic value and in this regard they have served their purpose.

Another way to put this is to say that John Beverley has never given up on his belief in the value of telling stories. As he writes in the Postscript to the Introduction to *Subalternity and Representation*:

> As I re-read the manuscript of this book, I notice in it a tendency to make stories more and more prominent. Storytelling, Walter Benjamin reminded us, is a form of artisanal cultural production that is subalternized by capitalism and the rise of the modern novel. Would it be possible to have a work of "theory" that would be composed entirely of stories? Perhaps that is what is still worth thinking about in Borges, despite his overtly reactionary politics (or are those politics related to his function as a storyteller as well?). (24)

Nothing, of course, could be further removed from the main lesson to be drawn from deconstruction, including with regard to Marx and Marxism, which is that we should stop telling stories, to others but also to ourselves. Thus, the impossible task that is demanded of us according to Derrida's early reading of Heidegger requires that we think *of* and *through* the history of being *without telling ourselves any stories. Il ne faut pas (se) raconter des histoires*: "To liberate the question of being and history, one must, then, stop telling stories, which is to say that one must take a step beyond ontic history. This step, which can look like an exit from history in general toward the ahistorical, is in truth the condition of access to a radicalization of the thinking of history as *history of being itself*" (Derrida, *Heidegger: The Question of Being and History* 39). Here, at long last and for the first time, there looms the promise of a mode of thinking of the history and truth of being that would be freed from the suspicion of relying on any moral, cultural, political, ideological, or anthropological alibis: "'Telling stories,' then—that is, giving oneself over to a mythological discourse (I'm finally arriving at the reference I announced) — is something one tried to renounce for the first time in philosophy precisely at the moment when the problem of being announced itself as such" (Derrida 31). Any predetermined rebuttal of this argument, particularly one coming from the left end of the political spectrum, always can be found wanting in advance for failing to take into account the more radical questioning of historicity that comes out of *Being and Time*. As we saw, Heidegger's retrieval and destruction of the history of metaphysics as the history of being, in particular, can present itself as an endeavor that always already will have been more radical and comprehensive than any Marxist-inspired critique of ideology.

On a more personal level, though, Derrida sometimes described himself as a man incapable of *raconter des histoires*, an admission which in light of his Heidegger seminar could be read as a self-congratulatory remark, rather than as the humble confession of an incompetence. "I have never known how to tell a story," Derrida admits in a text on Paul de Man; and yet, still elsewhere, he describes his greatest desire for writing a new book, after *Glas*, as one of doing exactly that: "What he wanted to change the most profoundly," as Derrida's biographer Benoît Peeters remarks, "was his way of approaching writing. For this book to be really other, he would need to emerge from philosophical discourse, 'tell a lot of stories.'"

Perhaps, then, John was not being naive after all when he believed in the possibility of continuing a dialogue with those of his interlocutors who in the name of the subaltern as an anarchic principle pushed the crisis and critique of Marxism all the way to the crisis and undoing of Western civilization. Perhaps he got struck down on the road to Damascus but only for a moment, after which he got up, smiled, and told us another story.

Works Cited

Axelos, Kostas. *Introduction to a Future Way of Thought: On Marx and Heidegger.* K. Mills, Trans. Lüneburg: Meson Press, 2015.
Beverley, John. *Subalternity and Representation: Arguments in Cultural Theory.* Durham: Duke University Press, 1999.
———. *Latinamericanism After 9/11.* Durham: Duke University Press, 2011.
Derrida, Jacques. *Heidegger: The Question of Being and History.* G. Bennington, Trans. Chicago, IL: University of Chicago Press, 2016.
Goldmann, Lucien. *Lukács and Heidegger: Towards a New Philosophy.* W. Q. Boelhower, Trans. London: Routledge & Kegan Paul, 1977.

Heiddeger, Martin. *Sein und Zeit*. 1927. 10th German edition. Max Niemeyer Verlag Tübingen: Max Niemeyer Verlag, 1962.

———. "Letter on Humanism." 1947. In *Basic Writings*. D. Farrell Krell, Trans. New York: Harper Collins, 1993. 213-266.

———. "Wozu Dichter?" 1946. In *Holzwege. Gesamtausgabe*, 5, 248-295. Frankfurt am Main: Vittorio Klostermann, 1977. Translated into English as "What are poets for?" In *Poetry, Language, Thought*. A. Hofstadter, Trans. New York: Harper & Row, 1971. 91-142.

———. "Meine Beseitigung." 1946. In *Gedachtes. Gesamtausgabe*, 16, 421. Frankfurt am Main: Vittorio Klostermann, 2007. Transladed into French as "Mis à l'écart." In François Fédier, ed. *Heidegger à plus forte raison*. Paris: Fayard, 2007. 8-9.

———. *Being and Time*. 1927. J. Stambaugh, Trans. Albany: SUNY Press, 2019.

Hemming, Laurence Paul. *Heidegger and Marx: A Productive Dialogue over the Language of Humanism*. Evanston, IL: Northwestern University Press, 2013.

Martin, Jean-Clet. "De l'art de raconter des histoires." *Rue Descartes*. 82.3 (2014): 104-107.

Peeters, Benoît. *Derrida: A biography*. A. Brown, Trans. London: Polity Press, 2010.

Sprinker, Michael & Jacques Derrida. "Politics and Friendship: An Interview with Jacques Derrida." In Ann Kaplan & Michael Sprinker, eds. *The Althusserian Legacy*. London: Verso, 1993. 183-231.

Continente de esperanza profunda

Julieta Paredes
COMUNIDAD MUJERES CREANDO COMUNIDAD

Abstract: This work seeks to contribute to the field of "Latin Americanism" from a critical reflection on the emergence of Communitarian Feminism in Bolivia as an explanatory category central to political projects based on communitarian logics and decolonizing processes. It seeks to understand why an individualistic society gives rise to an individualistic state, why the path to *Vivir Bien* is to make community, and why a communitarian feminism is a revolutionary feminism.

Keywords: Abya Yala, communitarian feminism, decolonizing processes, Vivir Bien

Resumen: Este trabajo quiere ser un aporte al campo del "latinoamericanismo" a partir de una reflexión crítica sobre el surgimiento del Feminismo Comunitario en Bolivia como categoría explicativa central a proyectos políticos fundamentados en lógicas comunitarias y procesos descolonizadores. Se busca entender por qué una sociedad individualista da paso a un estado individualista, por qué el camino para Vivir Bien es hacer comunidad, y por qué un feminismo comunitario es un feminismo revolucionario.

Palabras claves: Abya Yala, feminismo comunitario, procesos descolonizadores, Vivir Bien

*A*ski urukipana kullakanaka Jilatanaka. Nayax Chuquiagu marka jutaskthua. Tengan ustedes muy buenas tardes hermanas y hermanos. Estamos viniendo nosotras desde Bolivia. Para nosotras es muy importante que se esté visibilizando en este simposio a la Julieta, porque la Julieta tiene sentido como parte del pueblo Aymara, como parte del proceso de cambio y como parte del movimiento orgánico de feministas comunitarias. No estamos aquí solitas, porque eso daría miedo, no? Estar caminando solitas... da miedo, pero nosotras no caminamos solitas. Caminamos con nuestro movimiento, caminamos con las esperanzas y con nuestro territorio.

Qué bien que nuestro hermano John (Juan, como diríamos en Bolivia), ya se está jubilando. Así va a poder trabajar mucho más en las tareas políticas esperanzadoras que hoy desde el sur se están planteando. En los pueblos originarios, cuando las hermanas y los hermanos van cumpliendo su tiempo, pues se ponen al servicio de la comunidad, en lo que se llama el Consejo de los Mayores. Los *awkikuna* [ancianos] en nuestra cultura. Y eso es muy importante, hermano John, porque nosotros respetamos el camino que ellos han hecho. No se trata de cualquier anciano ni cualquier anciana, ni cualquier mayor. Se trata de respetar a quien ha servido a su comunidad, a quien ha recorrido el camino, la palabra y la sabiduría. Entonces en ese sentido, cuando Elizabeth Monasterios el año 2006 publicó *No pudieron con nosotras: el desafío del feminismo autónomo de Mujeres Creando*, John escribió una Introducción al movimiento que en los '90 se llamaba Mujeres Creando y que luego nosotras llamamos Comunidad Mujeres Creando Comunidad. Esto porque los movimientos sociales tenemos pues nuestras contradicciones, y las *Mujeres Creando* nos habíamos dividido por cuestiones políticas. Pero lo que ahora quiero destacar es lo que el John decía en esa Introducción:

> Lo que [*Mujeres Creando* pone en juego] es una nueva forma de hacer política desde el arte y el feminismo, lo cual quiere decir también una nueva forma de imaginar y crear el Estado y su historia "desde abajo", si se quiere.
>
> La actividad de *Mujeres Creando* pre-figura en este sentido la llegada al poder de los movimientos sociales en el gobierno de Evo Morales. Otra dinámica se pone en marcha, ya en parte *desde* el Estado. ¿Se trata entonces, en el caso de *Mujeres Creando*, de una forma de acción que se ha vuelto anacrónica? Creo que no. (15)

Cuando elijo el título de esta presentación: "Continente de esperanza profunda", en principio me estoy refiriendo a la territorialidad de Abya Yala y lo que eso significa a partir de 1492 en lo que estamos llamando nosotras una primera globalización, porque es en ese momento que se comprende que el planeta es redondito y que desde un lado se puede llegar al otro, y eso pues ha servido a intereses económicos y políticos de dominio y de hegemonía. Entonces este territorio, Abya Yala como le llamamos nosotras y nosotros, es un territorio que luego ha de ser "comido", ha de ser fagocitado por quienes desde las relaciones de poder y hegemónicas arriban a nuestros territorios. Y a nosotras y nosotros nos lleva un poco de tiempo comprender qué es lo que había pasado, qué es lo que había llegado a nuestros territorios. En ese sentido quisiera decir en esta exposición que las revoluciones no salen *desde* el Estado y no las hacen los gobiernos. Por muy revolucionario que sea el gobierno, por muy visionario que sea un líder, no las hacen los líderes, ni los gobiernos, ni es desde el Estado. Las revoluciones las hacemos los pueblos. Por eso esa territorialidad y esos pueblos que forman parte de Abya Yala, con muchas lenguas, con muchas raíces lingüísticas y con lo que significa muchas formas de nombrar el mundo, la vida, los sentimientos y las esperanzas, son "resumidos", son comprehendidos, son reducidos a la mínima expresión del lenguaje, la comprensión y el entendimiento de occidente. Y vamos a explicar esto.

Uds. son intelectuales… y tienen su capacidad, hermanas, hermanos, de abstracción. Vamos a comprender lo que nosotras, desde el Feminismo Comunitario, llamamos la "descolonización del tiempo", que no se han inventado nuestros hermanos. Nosotras nos hemos inventado esta forma de conceptualizar lo que le ha pasado a nuestros pueblos.

Decimos que en la comprensión de occidente el tiempo es lineal, va de pasado a futuro. Entonces occidente camina mirando al futuro. Atrás está el pasado. La primera cosa que hacemos para que se nos entienda de lo que estamos hablando es recuperar el tiempo en paralelo. Aquí está la línea del tiempo de Europa y aquí está la línea del tiempo de Abya Yala. Eso es una primera cosa:

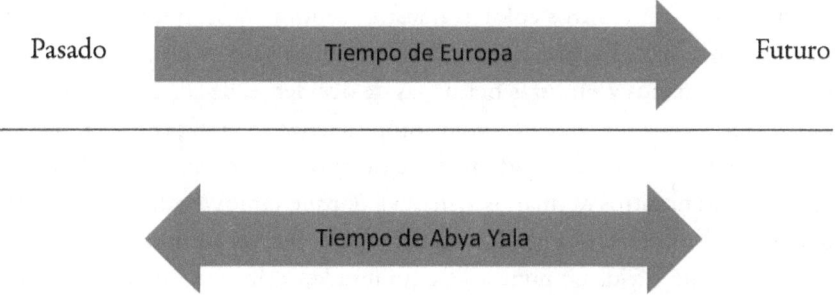

Esta línea del tiempo de Europa y esta línea del tiempo de Abya Yala tienen históricamente un corte, que es 1492. A partir de ese momento lo que podía haber sido un desarrollo paralelo, se corta. El tiempo de Abya Yala se corta y, desde lo que les decía, la comprensión, la re-comprensión, la reducción del idioma, de lo que conoce, de lo que come, de lo que sabe, de lo que viste Europa, este tiempo es reducido, así como acordeón. Europa lo reduce, lo empequeñece, y lo pone en el pasado de la línea de Europa:

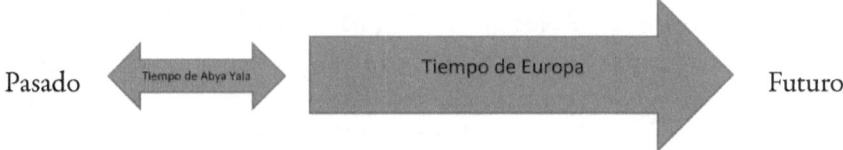

Y a partir de ese momento, desde *sus* conceptos, desde *sus* conocimientos, inclusive desde los sueños de libertad que Europa también tiene, nos empiezan a leer, nos reducen, nos comen, nos tragan… Y este es el drama que enfrenta el proceso de cambio en Bolivia sembrado por muchas hermanas, por muchos hermanos, que se llama el proceso de descolonización. Esas propuestas que hacen nuestros hermanos indianistas, indigenistas (los indigenistas también son nuestros hermanos), dicen: "hay que hablar de la descolonización". Pero todavía nuestros hermanos no logran entender lo que nosotras desde el Feminismo Comunitario hemos identificado, porque ellos todavía están peleando por ser reconocidos dentro de ese tiempo lineal de Europa. Nosotras decimos: "primero, nos lo agarraremos nuestro tiempo, lo recuperaremos en paralelo y sobre eso comenzaremos un proceso de descolonización para recuperar nuestros sabores, nuestros colores, nuestros sentimientos, nuestros sueños y nuestra esperanza". En principio, eso. El Segundo paso es no tener miedo a nuestros hermanos y nuestras hermanas de occidente, de sus colores de piel, de sus sabores, y sobre todo no andar compitiendo. No se trata de decir "ahora que nosotros hemos recuperado nuestro tiempo, nuestro tiempo es el mejor" (como dicen nuestros hermanos aymaras), porque vamos a entender también que hay no solo errores, sino también acciones dentro de nuestras comunidades para que la vida comunitaria, equilibrada, recíproca, que soñamos, no se pueda realizar.

Lo que estoy tratando de decir es que los indios y las indias también somos canallas. Como son canallas los blancos, como son ladrones los blancos, también nosotros somos ladrones. Porque somos gente. Y esto lo estoy diciendo al momento en el que desde distintos espacios intelectuales se dice: "Ah… es que el indio del Evo Morales es un machista". Sí, es machista, como los hermanos blancos y estadounidenses también son machistas. El asunto no va a la competencia, a pensar que cuando el "angelito", el "buen salvaje", empieza a hablar, tiene que ser un santito. Somos gente. Descubrir que somos gente es otro de los elementos del concepto de descolonización que estamos trabajando.

El otro aspecto que hay que discutir—y esto con todo respeto, hermanas, hermanos, acá de estos territorios—es que aquí también se tienen que descolonizar. En eso, hermano John, quisiera que trabajemos. Aquí también hay que descolonizar. Dejar de creerse el centro del mundo, dejar de creer en el tiempo que es capaz de nombrar, reducir, comérselo y ubicar como "salvajes" a todo lo que no entiende occidente. Descolonizarse entonces significa que hay que ubicar a occidente como parte del tiempo del planeta que ignora, en principio, lo que pasaba en Abya Yala. Porque somos otra gente. Y hay que empezar a descolonizar para igualar los tiempos. Ese tiempo que antes era el que mandaba, nosotros lo intervenimos. Ese otro que fue reducido y puesto a la sombra de Europa, lo descolonizamos y situamos en paralelo, y tenemos: tiempo de Abya Yala, tiempo del África, tiempo del Asia y así vamos recuperando el tiempo del planeta.

Todo esto son tareas, van a disculpar hermanas, hermanos, que les podemos pedir que Uds. también las hagan. Si Uds. no hacen estas tareas aquí, y nosotros solitos allá hacemos nuestra parte de la descolonización, estos territorios (y los de Europa también) se van a quedar sin las tareas políticas y esperanzadoras que se necesitan para que Uds., las *wawitas*, las niñas y niños que viven en estos territorios también entiendan que no son el centro del mundo. Viven angustiados por querer nombrarlo todo, por saber todo. No van a saber todo. Tenemos que dialogar para saber. Preguntar al hermano, con todo respeto, quién es el hermano. Quién es. Quien mejor que él puede decir lo que él es. Quién, mejor que la hermana puede decir quién es. Porqué pues vamos a ir a pretender dominar y tratar de definirlo todo.: "Ud., es feminista poscolonial; Ud., es una intelectual… de la vieja guardia". Entonces, hermanas y hermanos, para realizar una recuperación de los tiempos, este sanar nuestro planeta, este sanar las relaciones entre nosotras y nosotros, desde el Feminismo Comunitario, proponemos la comunidad. Como ya hemos dicho esta mañana en la discusión de otro panel, 1789, la revolución francesa, planteó "los derechos individuales de los hombres". Ante los derechos individuales de los hombres, en las Europas, "los derechos individuales de las mujeres". Dos redonditos frente a frente. Nosotras del Feminismo Comunitario estamos partiendo de otro lugar, y creo que sirve, hermanas y hermanos. Creo que sirve, porque cuando hablamos en las comunidades, cuando hablamos con los movimientos sociales, con nuestras compañeras y compañeros, nos entienden. Entonces creo que sirve. Ojala que a Uds. les sirva.

A nosotros no nos sirven los derechos individuales de los hombres separados de los derechos individuales de las mujeres. A nosotros nos sirve la comunidad, la comunidad que puede ser el sindicato, la familia, el barrio, el *ayllu*, el grupo de intelectuales, el grupo de cuates, el grupo de amigas, amigos, el Partido—puede ser también el Partido. Todo espacio donde vamos eligiendo, donde vamos construyendo identidad, donde nos vamos uniendo, puede ser convertido en comunidad, mucho más cuando son espacios de lucha, cuando somos sindicato, cuando somos pueblo originario organizado. En esa comunidad es que las mujeres entendemos que tenemos que luchar contra un Sistema. Pero mientras los hombres estén en relaciones machistas de género, ¿cómo vamos a luchar contra un Sistema si en la familia, el barrio, el sindicato, cotidianamente se están reproduciendo las relaciones jerárquicas de opresión? No vamos a poder, no vamos a vencer—no se vence, se convence—no vamos a poder hacer la revolución que queremos. Entonces, hermanos y hermanas, de lo que se trata con el Feminismo Comunitario es de crear esta relación: nuestros hermanos-nosotras trabajando juntos como iguales. Y ellos tienen que entender esto si queremos hacer la revolución, porque nosotras somos sus hermanas. Nos están matando y somos sus hermanas, y somos sus compañeras.

Esta mañana el hermano John estaba hablando del Estado, del Estado de transición. Con esa figura podemos ir analizando el Estado Plurinacional del gobierno de Bolivia (que es un Estado diferente) como un paso para transitar a las utopías. Ahora mucho se dice "ya no creo en las utopías". Nosotras decimos "es que las utopías son algo que podemos realizar". Si planteamos la comunidad y la comunidad la relacionamos con una propuesta de sociedad, nosotras tampoco queremos Estado. En ese sentido seguimos siendo feministas anarquistas, pero en rigor somos feministas comunitarias, porque nuestra propuesta es la comunidad. La comunidad de comunidades. Entonces estamos planteando un camino para hacer realidad la utopía. Cuando el hermano Evo Morales pone en su boca lo que nuestras abuelas y nuestros abuelos hablaban del *Suma Qamaña*, el Vivir Bien, como tarea, nosotras desde el Feminismo Comunitario estamos diciendo que el camino para Vivir Bien es hacer comunidad. Elije tú con quien quieres hacer comunidad. Tu familia puede ser la comunidad. Elije tú. Y en ese sentido elegir la identidad ha de ser un camino profundamente político, porque se ha de posicionar ante las relaciones de poder.

Me quedan 5 minutitos hermanos, en 5 minutitos quisiera explicarles por qué nos seguimos llamando feministas. Uds. se deben estar preguntando "¿por qué habla la Julieta de descolonización, saluda en Aymara, y se sigue llamando feminista?". Es lo mismo que el año 2006 nuestras hermanas nos decían: "Uds. compañeras hablan bien, hacen buenos análisis, pero ¿por qué se siguen llamando feministas? Tan mal está visto. Dice que odian a los hombres, que los quieren matar, y las feministas en todo el mundo no son una maravilla, ¿no ve? No son vistas bien". Para explicar por qué nos seguimos llamando feministas volvamos al tiempo de Europa. En este tiempo de Europa, que coloniza el resto de los tiempos, están planteados los paradigmas hegemónicos, y un paradigma hegemónico, para bien o para mal, es el feminismo. Imagínense Uds. que yo hubiera llegado y hubiera dicho: "aquí han venido las compañeras de *Q'amasa Warminanaka*". Algunos hubieran dicho "ahh...¡va a haber baile! Van a cantar", "A ver, que canten las *Q'amasa Warminanaka*". A alguien se le hubiera ocurrido. Y esas son las relaciones que nos folklorizan. Nosotras y nosotros, hijos de aymaras, de quechuas, de guaraníes, que hemos pisado la Universidad, que sabemos leer y escribir, que manejamos el internet también y que nos estamos informando permanentemente, entendemos que cuando tu pueblo está pasando un proceso tienes la obligación de posicionar a tu pueblo en medio de un mundo globalizado. No puedes ir inocentemente diciendo "sí, somo indígenas. Sí, *Q'amasa Warminanaka*". Tenemos que saber qué es lo que pasa, tenemos que saber que existe ese reduccionismo del que hemos hablado, tenemos que saber que hay esa comprensión, y tenemos que saber que hay una fagotización, hay un comer. Y que nos van a comer si permanentemente no estamos creando, si permanentemente no nos estamos posicionando. Entonces, ante la palabra hegemónica dominante: FEMINISMO, nosotros entramos a esa palabra, la resignificamos. Eso que usaban para dominarnos, para decirte "vos no eres, solo puedes ser discípula de Europa, solo puedes ser aprendiz de Europa", le entramos nosotros de igual a igual y decimos:

—Feminista Ud., señora, señorita, feministas nosotras
—Yaaa... como pues van a ser feministas... Discípulas del feminismo
—No... FEMINISTAS.

Así entramos a discutir. Es una estrategia. Entramos a discutir y decimos: "feminista Ud., feministas nosotras. feministas comunitarias. A ver hermana, qué cosita Ud. está planteando para solucionar el mundo. Cómo ve Ud. hermana las relaciones mujer-mujer, por ejemplo, las mujeres afros, las mujeres migrantes, las mujeres con discapacidades, las mujeres que trabajan en la casa de las feministas, cómo lo ven. ¿Cómo ven a los hombres migrantes que trabajan en la casa de las feministas? ¿Cómo ven a los hombres proletarios que trabajan en la fábrica, en la empresa de la señora o del señor burgués? ¿Cómo lo ven?

Entonces ahí está el diálogo del que estamos hablando. La liberación de la que estamos hablando. No se busca solamente entender que hay intereses de clase y posiciones privilegiadas de color de la piel, de cultura y raza, entre mujeres. Eso de qué nos va a servir si no ponemos una propuesta de descolonización para nosotras y tambien para nuestros compañeros, si no ponemos caminos para entendernos, para solucionar, para luchar juntas y juntos. Ir diciendo "Ud. es blanca y yo soy indígena", de qué nos va a servir, si eso ya es evidente. Lo que estoy diciendo es que hay esos intereses, otras decisiones que tomar. Ahí viene la posición política. Ud. no tiene la culpa de haber nacido donde su familia lo parió. Tampoco Ud. pidió el color de piel, ni pidió la lengua. Ud. Nació, pero Ud. puede elegir ante el Sistema de privilegios y jerarquías al que vino al mundo. Ud. Puede elegir. Y eso es ya una posición política. Eso es lo que estamos haciendo. Ni ser indígena *per se* es una posición política, ni ser blanco, hombre de ojos azules es *per se* una posición política. En el Feminismo Comunitario creemos que podemos sanar al mundo. Y eso, hermano John, ahora que comienzas una nueva etapa, que vas a tener tu sueldito, puedes seguir trabajando con nosotras.

Obras citadas

Beverley, John. Prefacio. En Elizabeth Monasterios P., ed. *No pudieron con nosotras. El desafío del feminismo autónomo de Mujeres creando.* La Paz, Bolivia; Pittsburgh, PA: Plural Editores, 2006. 11-15.

6. Epílogo: Because We Have so Many Stories to Tell...

Laudatio: John Beverley

Jonathan Arac
UNIVERSITY OF PITTSBURGH

It's a treat to speak further in honor of John Beverley. Yesterday, you heard about his role in helping found the Humanities Center at the University of Pittsburgh, today it's even more personal. John played an important part in my ever wanting to join Pitt. I have admired John nearly 40 years, since well before I joined the Pitt faculty. It's written in our academic DNA: John's dissertation director Claudio Guillén was a student of my director Harry Levin, so John's my nephew!

Here's how that destiny played out. It begins with Paul Bové, now Distinguished Professor of English and Editor of *boundary 2: an international journal of literature and culture*. When Paul joined the Pitt faculty, about 1980, he organized a *boundary 2* conference here on issues in contemporary criticism. The philosopher Alexander Nehamas, then at Pitt, gave a talk in philosophical aesthetics, and a passionately bright young man with a dark beard posed powerful critical questions, you might even say objections, pushing against the Kantian formalism of the presentation. I wanted to meet that one, and that's how John and I started knowing each other. *Boundary 2* formed part of our connection over many years, since John took part in the events that began regularly to occur here, once Paul became Editor in 1989, and John joined the masthead first as an advisory editor and then a member of the Collective. He did all he could to make sure that Latin America kept a place in our discussions, and he edited two notable special issues: back in the 90s, *The Postmodernism Debate in Latin America*, and in 2002 an issue on Cuba.

Here's another vignette: in the summer of 1982, I spent a summer week at Amherst College, where Doris Sommer was hosting the "Institute on Culture and Society"—that was the alias for the Marxist literary group. There was John, and I got to know him a good deal better, and also to learn of John's long association, starting back in his doctoral studies at UCSD, with Fred Jameson, who was co-director of the institute. Fred Jameson offers one appropriate standard of comparison for John's breadth of interests, which extend from the most literary of literature into activist writings, and beyond writing to film and music. I learned of John's first book, which I then read, on the achingly difficult Spanish baroque poet Góngora—it's a strong piece of Marxist formal analysis—and I was primed to look out for John's next book, which appeared at the end of the 80s, co-authored with Mark Zimmerman, on literature and politics in the central American revolutions. This, too, largely focused on poetry, but now it was poetry bringing radical change in Guatemala, El Salvador, and especially Nicaragua. Still poetry, but here at work in the world. This book also contained a chapter on the emergent genre of *testimonio*, the subject of the work that I think John is best known for. John's exploration of writing and revolution, his deep analysis of the life-connected form of testimonio, fueled the bracing polemic of his book titled *Against Literature* which challenged the old model of the lettered city and its persistent conservative social hierarchies. Like Laura Kipnis's later *Against Love*—Laura had also been part of the 1982 Marxist institute—John's book doesn't abandon what it criticizes, but you never again see it quite the same way.

Here's another vignette: I first taught at Pitt as a visitor for a semester in Spring 1986. This gave me and Carol Kay, my now deceased first wife, the chance to know John and Gay outside of school, and I remember the drive they took us on to Ohiopyle. That was when I learned that this brilliant, multi-talented intellectual was and is also a vigorous outdoorsman—far more than I am. I remember not only the walk and the rushing waters—John might raft but I wouldn't—but I also remember our speculatively sketching a course we never found the chance to teach together, on what is still too little studied, taught, or understood: the hemispheric process, North and South of making national cultures in the 19th century. When a dozen years later Carol Kay shockingly died, John and Gay were among the dear friends who helped keep me on course. I remember John taking me to a dance performance downtown, and my discovery that the block John and Gay live on had, at least then, a dazzling culture of Halloween display.

It's time for me to stop. I want to thank John for all that he has meant to me, personally and intellectually. I want to honor him as a friend and colleague and teacher who has meant so much to those in this room, and in many other parts of the world.

Not *testimonio*:
Some Notes on John Beverley

John Markoff
UNIVERSITY OF PITTSBURGH

Our university classifies some of our departments as "social sciences," others as "humanities". Thanks for inviting me to ignore these categories and join others here in celebrating the work, and intellect, of John Beverley. This is a testimonial, but I suppose not *testimonio* as John has analyzed that genre. If I recall correctly the first time I encountered John Beverley was through a small text of his that dealt with how Luís de Góngora arranged his poems on the page. But the aesthetic concerns of a Baroque poet were connected to big ideas about power, about a moment in the development of European states, and about the unfolding of conflictive connection between Spain and the Americas. So, this little text (at least I remember it as little) brought together attention to detail and the big picture—several big pictures actually—and established, to me, surprising connections. Hence, it's not a memory that's quite at the center of a symposium on "The Urgency of Latin Americanism in Times of Conflictive Globalization" but geographically large processes, conflict, and Latin America weren't too far off. But what really stood out (again, as I remember it) was the noun this conference title begins with: "Urgency". Even in these few remembered pages John got across that he was writing about something that mattered. Therefore, I wondered who was this guy who wrote this? Our paths crossed numerous times since—at dissertation defenses, at symposia, on prize committees, at committee meetings of many kinds. And off campus, too.

Attention to detail, and to the big picture, too, was characteristic, whether John was holding forth on the latest wrinkle of global capitalism (and on a lot of older wrinkles as well), or giving me advice on the job of department chair when I took on that role in Sociology. On a committee awarding dissertation prizes once we spent much energy comparing the competing dissertations' depth of command of relevant literatures, their theoretical contributions, and the persuasiveness of their analyses of evidence. But John, while sharing his views on such things, also proposed we consider which dissertation was the least "clunky," as he put it, a useful category of aesthetic judgment I've borne in mind since in reading dissertation drafts. This is but a readily recalled instance of a trait John brought to many other meetings: introducing into the discussion something the rest of us were overlooking, not so much some specific neglected fact but some important kind of fact. It's tempting as a social scientist to try to generalize from such encounters to the general value of the humanities for enlarging the vision of the social sciences, and John has certainly been one good reason that social scientists at this university have gained, but I don't want to lose sight of the particular vision of this particular eminent figure in the humanities.

John for me exemplifies the crossing of multiple borders and has helped me cross a few. He has been a very important resource at this university for helping to understand what it means to be on the left in Latin America today through his writing and teaching, but for me, to have first encountered his observations on a Spanish poet from a past century and only later coming to appreciate his enormous contributions to current debates about Latin America, showed that you could be an eminent scholar with deep, detailed, specialized knowledge and also cross boundaries of time and space. I started out in my own research as a specialist on a few years in one European country but when I first began to write on Latin American themes, John was among this university's Latin Americanists to welcome me into their conversations. As one form of welcome: quite some time after I'd published for the first time on Latin America, John sent a number of graduate students my way thanks to my then already aging paper from the 1970s that he'd actually read. But then John is one of these people who seems to have read deeply in a great range of genres, including things to me utterly esoteric. I still remember his explaining to me what "cyberpunk" was and telling me of a particularly worthy exemplar of that genre with the enthusiasm he brought to some important point about Don Quixote. On the numerous committees where we've coincided, I've always been impressed by his capacity to critically reflect on the materials that set our agenda. Getting the details right and keeping some big agenda in view: John exemplifies this conjunction.

Thinking I might find something of John's to help me figure out what I wanted to convey about him today I opened my copy of *Latinamericanism after 9/11* at random and hit the following question he poses: "What is it that we understand a democratic and egalitarian society to be?" More than two centuries after modern democracy was born out of the multicontinental revolutionary big bang at the end of the eighteenth century and its aftershocks on both sides of the Atlantic and beyond, this is still a great, open question, still urgent, and it's still a pleasure to be invited to join John in groping for an answer.

John Beverley y mis retornos a la academia

Ulises Juan Zevallos Aguilar
OHIO STATE UNIVERSITY

Desde que comencé la escuela secundaria tuve problemas con mi educación formal. Mi indecisión en definir una carrera artística o académica contribuyó a no encajar en instituciones educativas. Quería ser director de cine, ingeniero y cuentista al mismo tiempo. Cuando me tocó estudiar en la universidad mis desajustes se incrementaron. Después de haber intentado estudiar ingeniería por presión familiar, escogí ingresar a la Escuela de Literatura de la Universidad Nacional Mayor de San Marcos (Lima) por decisión propia. La Facultad de Letras y Humanidades de la cuatricentenaria era un refugio de escritores y librepensadores en los años ochenta. A pesar de ser un espacio ideal donde se promovía el debate y la creación artística, la Escuela de Literatura no dejaba de ser una institución. Sus formas de ser me hicieron entrar en crisis cuando culminaba mis estudios de pregrado a mediados de los ochenta. En esta situación es donde aparece John Beverley por primera vez en mi vida. Con la ventaja que dan los años, recuerdo que John ha estado presente en por lo menos tres momentos que dieron dirección a una carrera académica no siempre deseada.

I

Terminé mis estudios de Literatura en la Universidad Nacional Mayor de San Marcos en 1985 bastante agobiado. Necesitaba conseguir trabajo y hacer realidad una vocación literaria. La universidad adolecía de los problemas institucionales de siempre. Las redes sociales tenían más peso que el trabajo duro y el reconocimiento del talento a la hora de obtener una cátedra, publicar en una revista prestigiosa o ganar un premio literario. La estética y retórica del boom era el modelo que todos los jóvenes escritores seguían. Variaciones locales de Macondos y Remedios la bella se leían por todos lados. Mi opción personal era alejarme del boom. La elaboración de otros tipos de testimonios se presentaba como una alternativa a la moda literaria vigente. Junto con otros muchachos sanmarquinos que compartían los mismos deseos e inquietudes nos embarcamos en la organización de un taller de testimonio con el apoyo logístico de la Secretaría de Cultura de la Municipalidad de Lima Metropolitana, donde por entonces yo trabajaba. Luego de recibir charlas de capacitación, grabamos las declaraciones de la diversidad de habitantes del Cercado de Lima. Finalmente las transcribimos, editamos y publicamos la recopilación *Habla la ciudad* (1986) en los últimos meses de la gestión del primer y único alcalde izquierdista de Lima, Alfonso Barrantes Lingán.

Mi ex profesor de San Marcos, Antonio Cornejo Polar, ejercía una cátedra en la Universidad de Pittsburgh. En uno de sus viajes de retorno a Lima me regaló el número 25 de la *Revista de Crítica Literaria Latinoamericana* (1987). Conocedor de mis intereses de esa época, Antonio Cornejo Polar me recomendó leer el artículo "Anatomía del testimonio", de John Beverley, incluido en ese volumen. Así me enteré de la existencia de un joven profesor norteamericano de la Universidad de Pittsburgh que reflexionaba sobre el testimonio. Cuando terminamos la conversación para ponernos al día, dejé la vivienda de Antonio Cornejo Polar con el nuevo obsequio. En casa empecé a leer el artículo. Su contenido sonaba como música para mis jóvenes oídos. Su caracterización del testimonio y los desafíos que presentaba a la ciudad letrada daban sentido al trabajo que habíamos realizado en *Habla la ciudad*. Las ideas de John me ayudaron a contrarrestar mi desencanto sobre la institución literaria que había desarrollado y legitimar un proyecto intelectual que había diseñado. En 1988 Antonio Cornejo Polar trajo como novedad *Del Lazarillo al sandinismo: estudios sobre la función ideológica de la literatura española e hispanoamericana* (1987) de John Beverley. En la lectura de los artículos que lo componían, John esbozaba su concepto de contraliteratura que más tarde enunció de manera definitiva en *Against Literature* (1993). Su definición me caía como anillo al dedo. Entendí que John no estaba en contra de la literatura como discurso artístico sino contra las dinámicas de institucionalización y canonización de textos de la literatura latinoamericana desde el periodo colonial. Cuando terminé de hacer mis anotaciones, lo primero que hice fue enviarle un ejemplar de *Habla la ciudad* a la dirección del Departamento de Lenguas y Literaturas Hispánicas de la Universidad de Pittsburgh.

II

Cuatro años después de haber terminado mis estudios de pregrado y haberme dedicado a ser promotor cultural en la Municipalidad de Lima, fotógrafo freelance y editor de libros, Antonio Cornejo Polar, en las temporadas anuales que pasaba en Lima, me exhortó para continuar estudios de posgrado. Uno de los argumentos para convencerme fue recordar que John seguía conservando su cátedra en Pittsburgh. En un contexto de crisis económica y violencia armada su argumento tuvo efecto e inicié mis estudios en Pitt en el otoño de 1989. En los primeros semestres de la maestría llevé sus cursos sobre el renacimiento y barroco español. Durante mis estudios de doctorado me matriculé en sus seminarios sobre testimonio y cine latinoamericanos. En su curso sobre el testimonio latinoamericano demostró que había leído *Habla la ciudad* al calificarlo como "testimonio polifónico" y me invitó a dar una charla sobre su elaboración. La primera vez que estuve en su oficina me sorprendió encontrar un poster de un concierto que "The Clash" dio en Nicaragua en una de las paredes. Esta banda era una de mis favoritas. La visión del poster creó de inmediato una conexión personal. Desde ese día, aparte de hablar del contenido de los cursos conversábamos sobre rock, comics, cine y sobre libros de la generación perdida y los *beatniks*. También lo encontré en marchas de protesta y solidaridad que organizaban los estudiantes y los sindicatos de trabajadores sobrevivientes al vendaval neoliberal. Era uno de los pocos profesores comprometidos con una excelente producción crítica y activismo que defendía las buenas causas de la época.

En 1992 el Departamento que me había acogido entró en una de sus crisis cíclicas. Se reprodujo el mismo escenario que me hizo dudar de la academia cuando terminaba mis estudios de pregrado en la Universidad de San Marcos. Las nuevas autoridades no cumplieron promesas hechas e iniciaron una campaña de hostigamiento contra mi asesor, Antonio Cornejo Polar. Cansado del ambiente hostil y el rumbo que tomaba el departamento, Cornejo Polar aceptó una distinguida cátedra que le ofrecía la Universidad de California, Berkeley, en el verano de 1993. No se le ocurrió llevarme para terminar la tesis con él. John Beverley aceptó ser mi asesor en Pitt. Nos llevábamos bien y compartíamos varios intereses artísticos, teóricos y políticos. En esos años John ya dirigía trece tesis de doctorado. Recuerdo que la primera vez que hablamos sobre mi tema de investigación me preguntó: "¿Qué planeas hacer después de obtener el doctorado?" Le contesté que pensaba volver al Perú. Luego de escuchar mi respuesta comentó: "Tu tema funciona para Perú pero no aquí". Añadió: "No te voy a poder asesorar sobre literatura peruana, es probable que tú sepas mucho más que yo. Mi asesoría va a ser teórica y metodológica más que nada". La escritura de los capítulos de la tesis de doctorado coincidió con la fundación y existencia del Grupo de Estudios Subalternos al que John pertenecía. Me invitó a las reuniones que el grupo tuvo en Washington DC (1992), Columbus (1994) y San Juan de Puerto Rico (1996). Si bien me ofrecía generosamente hospedaje y comidas, yo no podía asistir por falta de dinero para pagar los pasajes. Mis magros ahorros los invertía en las visitas que hacía a mi enamorada que radicaba en Havre de Grace, Maryland. Sin embargo, gracias a las conversaciones en su despacho y las lecturas teóricas que me recomendaba pude avanzar mi tesis. Después de nuestros intercambios de ideas en el piso 13 de la Cathedral of Learning yo salía siempre de su oficina con libros y revistas que me recomendaba leer. Ahora sí puedo decirlo, llegó un tiempo que temía visitarlo para no seguir leyendo fascinantes libros que me prestaba y dejar de escribir los capítulos de la tesis. Para acelerar el proceso de escritura y sabiendo que los doctorandos vivíamos en pésimas condiciones, me dejó su casa mientras él, su esposa Gay y su hija Alisa veraneaban en Florida en 1995. Me puso tres condiciones: terminar de escribir la tesis, comer y beber todo lo que se encontraba en su refrigerador y no entrar a su oficina. Cuando regresó con su familia a Pittsburgh la tesis no estaba lista.

Cambié de planes debido a la desintelectualización del Perú. Alberto Fujimori se jactaba de que a pesar no haber leído un libro completo en su vida fue elegido presidente de la república. Durante su gobierno inició un cambio curricular antihumanista en el sistema de educación universitario que disminuyó las oportunidades de trabajo. Frente a esta situación decidí quedarme a trabajar unos años en los EEUU. Apenas me declararon ABD empecé a buscar una plaza permanente desde 1993 sin mayor éxito. Obtuve el doctorado en la primavera de 1996, dos años después de lo previsto. John aprovechó una excelente oportunidad para enriquecer el contenido de la tesis. Invitó a formar parte del comité al historiador peruano Manuel Burga, que era huésped de la Hillman Library. En mis búsquedas de trabajo llegaba a la fase de las visitas de campus, pero los puestos se los ganaban candidatos egresados de Duke, Stanford, Berkeley, NYU y las Ivy Leagues. Pese a ello, nunca estuve desempleado. En un lapso de ocho años enseñé en las universidades de Michigan, Temple, Darmouth y Villanova. Cada vez que visitaba Pittsburgh por motivos familiares (mi suegra y cuñados vivían en la ciudad del acero), aprovechaba para buscar a John en su casa de Point Breeze o quedábamos en tomar desayuno en su restaurante favorito, el *Pamela's* de Shady Side. Conversábamos sobre muchos asuntos, pero no faltaba el tema de mi situación laboral. Para consolarme recuerdo que John me decía que mi perfil profesional era demasiado rojo para el actual mercado de trabajo, el sistema universitario norteamericano había dejado de crecer, mi tema de tesis era demasiado específico, mi estatus de extranjero me ponía en desventaja por las políticas de identidad que definían las decisiones para contratar. Si realmente me interesaba conseguir un trabajo estable, la única solución viable era reinventar mi perfil profesional. Me recomendó convertir mi tesis en libro o escribir un libro con un tema menos específico y de moda. No le contaba que dejé de buscar un puesto permanente. En conversaciones sobre pésimas experiencias en centros de trabajo, el medievalista jubilado, Carlos Fraker, de la Universidad de Michigan, me dijo. "No existe lugar perfecto, ni se necesita tener mucho dinero para ser feliz. En toda universidad vas a encontrar personas desagradables e inescrupulosas. Lo único que puedes controlar es hacer las cosas que te gustan, mejorar las relaciones que tienes con las personas que amas y te aman y escoger el lugar donde vives". Tomé al pie de la letra sus reflexiones. Por un lado, pasé más tiempo con mi recién formada familia y escogí vivir en una ciudad con una historia y escena cultural muy atractiva como Filadelfia por seis años. Por otro lado, hice muchos amigos, deseché la idea de que un trabajo permanente era la mayor prueba de consagración académica y me dediqué a leer y escribir sobre temas que disfrutaba.

III

No olvidé el consejo de John de convertir mi tesis en libro. Habían transcurrido cinco años y estaba consciente de que si dejaba pasar más tiempo iba a perder vigencia como muchas tesis de doctorado que acumulan polvo en las bibliotecas universitarias. Sandro Chiri, un amigo poeta de la época de San Marcos, me pasó la voz, en el 2001, de que el fondo editorial del Banco Central de Reserva del Perú estaba publicando libros de ensayo previo concurso. El mismo año, otro amigo, Paolo, me advirtió que Editorial Ojo de Agua quería publicar un libro sobre el movimiento artístico Kloaka (1982-1984). Decidí enviar el manuscrito de mi tesis ya convertida en libro a Lima y me comprometí a escribir el segundo libro por encargo. Afortunadamente, tanto el fondo editorial como Editorial Ojo de agua aceptaron publicar los libros *Indigenismo y nación. Desafíos a la representación de la subalternidad quechua y aymara en el Boletín Titikaka (1926-30)*, con prólogo de John, y *Movimiento Kloaka (1982-1984): Cultura juvenil urbana de la postmodernidad periférica*, que coincidentemente salieron a la venta en el 2002. Mi primer libro, sin habérmelo propuesto, se convirtió en un divulgador de conceptos claves y de metodologías de teorías de la antropología postmoderna, postcolonialidad y subalternidad. Lleva dos ediciones. Me he enterado de que estudiantes de literatura y de ciencias sociales lo leen para aprender cómo se realiza un estudio de caso, el grupo Orkopata, desde la teorías de la subalternidad y la antropología postmoderna. Ellos encuentran definiciones y aplicaciones muy simples de conceptos como "esencialismo estratégico", "privilegio epistemológico", "periferias internas", "desaprender nuestro privilegio", etc., que John me ayudó a dilucidar en las amenas conversaciones que teníamos. El libro sobre el movimiento Kloaka fue el primero en reconocer la importancia de la contracultura juvenil durante la inserción del neoliberalismo en el Perú.

Cuando le conté a John sobre las publicaciones en marcha, me dijo: "Éste es tu momento. Con dos libros ha cambiado tu perfil profesional y creo que tienes grandes posibilidades de conseguir un buen trabajo. Postula a universidades de investigación". Seguí su consejo. Envié diez solicitudes. Además, se presentaba otra situación favorable. Viajar a la convención del MLA en la ciudad de Nueva York me iba costar poco dinero. En el 2002 vivía en un suburbio de Allentown, a noventa minutos de Manhattan por ómnibus. Conseguí entrevistas con tres universidades de las que John había pronosticado. Las programé en un solo día para no gastar en alojamiento. De las tres obtuve dos visitas a campus. Finalmente, Ohio State University me ofreció el puesto y lo acepté.

En suma, las intervenciones de John Beverley me recuperaron para la academia. De varias maneras, John hizo que yo volviera a la academia desde cuando lo leí por primera vez en Lima, luego fue un excelente asesor durante mis estudios de postgrado y por último hizo las recomendaciones apropiadas que me ayudaron a encontrar trabajo estable en el momento preciso. No sé si agradecerle, debido al desmantelamiento de los departamentos de literatura y estudios culturales del sistema universitario norteamericano. Sin embargo, las conversaciones que he tenido con él han satisfecho siempre mi curiosidad intelectual, me han dado retos para la mente y me han ayudado a comprobar una vez más que no existe el lugar perfecto. Puedo decir que siempre se gana y se pierde. Gané muchas cosas en Columbus, Ohio, pero, de haberme quedado en Filadelfia, quizás pude haber sido mejor padre y un artista más feliz.

A Counter-Cultural and Anti-Capitalist Academic Life: Tribute to a Mentor, My Uncle

Eric Beverley

SUNY STONY BROOK

Thanks to all of the organizers for putting this together and for inviting me here, and all of you for coming to this wonderful celebration of a life's work.

As many of you know, I am John's nephew. I am also a historian of modern and early modern South Asia. John has had a formative role as a mentor in my own development as a scholar, intellectual, and academic, in addition to be a beloved family member. I would like to say a few words about both of those in some ways linked roles. What I want to emphasize here is that he has remained an insistently counter-cultural and anti-capitalist intellectual and academic in an era where the possibility of being these things in a committed and earnest way is increasingly foreclosed. This inflection is visible in my own experience of talking to John about various things, as well as in learning from his scholarship. His career provides a useful example for reflecting on the possibilities for doing engaged scholarship moving forward.

A bit of background: Growing up in Miami, I saw John usually once or twice a year, but his legend within my family always preceded him. Most of this came from my father, his brother, reminiscing about their time as 'oil brats' growing up mostly in the Caribbean rim where their father was posted as an employee of Esso (a topic about which much more could be said). They moved from Houston to Lima, to Caracas, to Bogotá, to New York, to Miami, and a bunch of other places. My grandfather's last posting was in London, before he retired to Miami. Part of what I heard from my dad were wacky stories about boyish hi-jinks from a bygone era; kids throwing water balloons filled with bodily fluids off of rooftops, the kinds of things you see in magazines and TV shows from the 1950s or early 1960s.

My father followed John to Princeton in the early '60s where my dad, as he never tires of narrating, encountered his brother's long shadow. My dad is a smart and industrious guy and fit in easily at Princeton: involved in university athletics, academically successful even if this was not his sole priority, and comfortable in the collegiate social world of the time. John, on the other hand, had a very different orientation to Princeton's social life. He chose not to join any of the university's 'eating clubs,' which at the time was akin total social exclusion. He also embraced a beatnik leftist intellectual lifestyle on the margins of Princeton's elite establishment world, infamously clad in the same increasingly grungy Andean poncho for all of the winter.

My father also had stories of visiting his elder brother in the New York City area and elsewhere over the years, and being turned on to jazz music, psychedelic rock at its foundational moments, and many other things. For example, a most intriguing story I heard a few times involved John having a box of peyote (somehow ordered by mail) hidden under his bed and getting increasingly rotten and stinky. When I became a teenager, through strategic gifts or suggestions, John turned me on to experimental post-punk music, anarchist comics, and other genres I don't think he himself actually consumed very much, but nevertheless thought could be of value to a curious kid. And this was of course before he had his own daughter to expose to such things and hear her opinion. My brother, who became a professional musician, was always envious of John's hard bop records from the golden age of jazz, and to this day he remains rather dismissive of our uncle's regard for avant-garde and free jazz (genres John always insisted were as important because of the politics they enacted as was for their aesthetic qualities). Beyond these deep roots in the counter-culture (defined by political positioning as much as stylistically) there were also stories of John's life as a communist activist in Latin America and Pittsburgh, which my dad would narrate, always in a respectful if decidedly not envious tone.

In academic terms, John had already established himself as a bright young scholar of Spanish literature by the time my dad got to Princeton. John's work and dedication had left such an impression on the faculty in the Spanish program at Princeton that my dad actually, so he tells it, felt too much weight of expectation to continue in the field himself, which he had initially considered. (My dad eventually decided to major in International Relations, went to law school, decided practicing law was not for him, and became a schoolteacher, teaching Spanish among many other topics over five decades in Miami secondary schools, private and later public.)

In addition to being an interesting and at times controversial family member, John was also very important is in fostering my development as an intellectual and an academic. I did my BA at a public school in Florida during the mid-1990s and hatched a plan to do a study abroad in India during my third year of college. At that point, John, seemingly offhand and as an afterthought, recommended I check out this thing called Subaltern Studies, which I eagerly dove into. I found out much later that John was actually at the core of the Latin American Subaltern Studies project at the same time himself, as many of you know and have discussed today. The kinds of research visions and intellectual commitments at the core of the South Asian Subaltern Studies project which I read at the time became a critical resource for me as I navigated a study abroad program that was, perhaps predictably (at least for its time), oriented towards an orientalist aestheticization of premodern South Asia (Hinduism and temples and all of that kind of stuff). I ended up, inspired in part by the subalternists, doing a field work project about social memory, popular culture, and Hindu–Muslim relations.

The following year I finished my BA and looked towards doing graduate work in South Asian history. My parents, intelligent and avid readers, were supportive of my grad school plans, but when it came to academia, they had very little familiarity. John quickly became a key mentor, open to all questions, giving freely his time and advice, and never intrusive or putting expectations upon me. We had many conversations over family holidays, or on the phone about the nature of cultural difference, colonialism, coloniality in South Asia and Latin America in comparison and in connection, that familiar quandary of applying Eurocentric Marxism to global south contexts, and key concepts (such as Gramscian 'hegemony,' its workings, and the term's frequent misuse in academic writing and popular culture).

His advice on navigating the stages of academia helped guide me relatively smoothly or at least intact and alive through an MA at Texas and a PhD at Harvard, and then into a job at SUNY Stony Brook, as well as publication of articles and a book, and eventually the tenure process. His advice was without exception refreshingly levelheaded. John was frank, humble, and open in comparison with many formal and informal advisors and mentors in Austin, Boston, and elsewhere, many of whom seemed too embittered alienated, absent minded, out of touch, arrogant, or in some cases megalomaniacal or sadistic to offer useful guidance. I got useful, circumspect, and earnest guidance from John. I found in it an oasis from the increasingly hyper-professionalized, competitive, cautious, and careerist academic world that has been deepening its hold on departments and universities across the hierarchical spectrum of U.S. institutions and to a large degree across the world. This is a context that almost all academics of my generation were bred in, which we all now experience, often to the detriment of critical scholarship, and for which we need as many models and approaches as possible for thinking and moving past. John's commitments to political engagement and intersecting counter-cultural positioning, as well as decency, dialogue, exchange, and insistence on correctness, is one such model.

In closing, I will offer one brief anecdote. When I was working on my PhD, a close friend of mine came across John's 1999 *Subalternity and Representation* book, and he commented that I had "big shoes to fill." We all do.

7. Serie Fotográfica

Serie Fotográfica

Baby John Beverley

Young John Beverley, June 1967

John and Gay Beverley, Pittsburgh, Early 70's

Beverley with Marc Zimmerman and Esther Soler. LASA-San Francisco, 2014

Serie Fotográfica

Foto tomada en 2016 por José Manuel Valenzuela en Tijuana

Sara Castro-Klaren delivering her talk at the Symposium, Pittsburgh 2018

John Beverley with Gay and Luis Duno, Pittsburgh 2018

John Beverley with Gay, Martha Mantilla y
Elizabeth Monasterios, Pittsburgh 2018

www.ingramcontent.com/pod-product-compliance
Lightning Source LLC
Chambersburg PA
CBHW021832220426
43663CB00005B/215